法律职业伦理

王继福　编著

燕山大学出版社
2019 · 秦皇岛

图书在版编目（CIP）数据

法律职业伦理 / 王继福编著. 一秦皇岛：燕山大学出版社，2019.12
ISBN 978-7-81142-942-8

Ⅰ. ①法… Ⅱ. ①王… Ⅲ. ①法伦理学一教材 Ⅳ.①D90-053

中国版本图书馆 CIP 数据核字（2019）第 286109 号

法律职业伦理
王继福　编著

出 版 人：陈　玉
策划编辑：孙志强
责任编辑：孙志强
封面设计：朱玉慧
出版发行：燕山大学出版社 YANSHAN UNIVERSITY PRESS
地　　址：河北省秦皇岛市河北大街西段 438 号
邮政编码：066004
电　　话：0335-8387555
印　　刷：北京虎彩文化传播有限公司
经　　销：全国新华书店

开　　本：787mm×1092mm　1/16　　印　　张：14.75　　字　　数：260 千字
版　　次：2019 年 12 月第 1 版　　印　　次：2019 年 12 月第 1 次印刷
书　　号：ISBN 978-7-81142-942-8
定　　价：58.00 元

目　录

第一编　法律职业伦理总论

第二编　法律职业伦理分论

第一编

法律职业伦理总论

第一章 法律职业与伦理

法律职业与伦理的关系是一个极容易被忽视的问题。在法学领域，法学家关注的是法律制度问题，而很少涉及法律职业的伦理问题，认为这个问题法律领域无法解决或者不需要解决，法学家只要能够设计出优良的法律制度就大功告成了；在伦理学领域，伦理学家关注的是整个社会的伦理问题，而对于法律职业这个特殊职业的伦理问题，也很少涉猎。因此法律职业与伦理问题，包括法律与伦理的问题，几乎成为“被遗忘的角落”。实际上，近年来在司法领域暴露出来的很多问题，比如某些司法官员的腐败，部分律师缺乏诚信等，都与法律职业伦理有着密切的关系。固然，制度的改革非常重要，但是再好的制度也需要人来执行，若法律职业者的伦理道德水平不提高，仅仅依靠制度上的修修补补并不能从根本上解决问题。

第一节 法律职业伦理的重要性

对于一个法治国家来说，仅仅有法律还远远不够，没有大批甘愿为法律献身的法律职业者，依法治国就容易成为一句空话。中国古代哲人孟子所说的“徒法不足以自行”，表达的就是这个道理。

法律职业伦理教育的目的，不仅仅是要告诉未来的法律职业者或现在的法律职业者，法律职业是一种什么样的职业，有哪些特殊的伦理要求，而且要通过法律职业伦理教育，培养未来的法律职业者运用职业伦理规则处理各种复杂的法律问题的能力，以及对法律职业所应有的根植于灵魂深处的神圣感、敬畏感和责任感。如果没有达到这种目的，那么我们的法律职业教育就是不成功的，甚至可以说是失败的。

法律职业者在长期的司法实践中养成的职业意识、行为逐渐地演化为这个职业特有的伦理规范和伦理要求。可以说，在司法活动中，脱离法律谈伦理和脱离伦理谈法律一样，都是不可思议的。

中国长期以来是官本位的社会，千百年来人们向往着“朝为田舍郎，暮登天子堂”的境界。过去，当官是实现人生价值最重要的途径。而且中国历史上司法权与行政权不分离，官员拥有生杀予夺的大权，令很多人向往。我们不能说当官不好，但是当把当官的直接目的与自己的个人利益联系起来的时候，就会走到问题的另外一方面。因为从本质上看，当官是要奉献的，不是索取的，从事法律职业，是要维护法律公正、权威，而不能利用职业的优势破坏法律。“维持一种实在法体系，有赖于那些对它的管理和执行负有责任的人如法官、警察和法律界人士的笃诚。如果他们到了腐败的地步，那么法律的作用就会遭到削弱。人们就无法指望得到法律的平等保护，也无法指望利用法律所提供的种种便利。”[1] 在我国，法官、检察官甚至律师（过去也是国家干部身份）都被赋予了官员的权力和身份。要转变这种观念，不是短时间能够实现的。目前在法律职业中出现的许多与法律职业本身极为不协调的现象，一个重要的原因就是这些传统的观念在人们的潜意识里没有从根本上去除。

第二节　法律职业伦理的基本范畴

一、伦理、道德

什么是伦理？简单地说，伦理就是处理人与人、人与社会、人与自然之间关系的规范。伦者，常也；理者，道理也。伦与理原本是两个词，许慎在《说文解字》中，对伦和理的解释是：“伦，从人，辈也，明道也；理，从玉也。”中国古代的伦理更多地局限在亲属之间、君臣之间的关系上。在西方，“伦理”一词源于希腊文 Ethos，该词后来演变为“伦理的”“德性的”。现代伦理学的研究范围早已超越了亲属、君臣领域，扩展到人与人、人与社会的各种关系。伦理学是哲学的

---

[1] [英]A J M 米尔恩 . 人的权利与人的多样性——人权哲学 [M]. 夏勇，张志铭，译 . 北京：中国大百科全书出版社，1995：35.

一个重要分支，由于其以道德为研究对象，因此又被称作道德哲学。

在中国古代，道德是作为两个词分开使用的。“道”原意是道路，后引申为支配自然和人类社会的规律、法度和规范等；“德”是依正道而行、心中有德之意。在西方，道德一词起源于拉丁语 Mores，意思是风俗习惯，引申为规则、规范之意。总之，从道德的起源和社会对于道德的一般理解来看，道德一般意为人们的行为规则或规范，是人类社会特有的普遍的主流意识。

伦理与道德是两个相互联系又有区别的概念。第一次明确地区分伦理和道德这两个概念的是德国著名的哲学家与辩证法大师黑格尔，他指出，伦理是社会的道德，道德是个人的道德。一般而言，伦理和道德并没有严格的区分。伦理更多地倾向于主体、集体、团体、社会、客观等，道德更多地与个体、个人、主观相联系。伦理学研究的就是道德问题。当表示规范、理论的时候，更多地使用伦理的概念，当对具体个体或者一类现象进行描述时则更多地使用道德这个概念。不过在大多数情况下，伦理与道德是被作为同义词来使用的，其差别只是形式和工具上的差别，就其本质内涵而言并无实质的差别。因此，本书论述问题时涉及伦理和道德的概念，在具体使用方面并不作特别的区别。在论述法律职业伦理学科基本理论部分的时候，多使用伦理的概念；而具体到行业伦理方面，为了和司法实践保持一致，则更多地使用道德的概念。从某种意义上看，法律职业道德与法律职业伦理并没有本质的区别，只是存在语境上的差别。

二、法律职业

法律职业是社会生活中众多职业的一种，近年来，法学界呼唤建设法律共同体，人们也开始关注法律职业的概念。就法律职业本身下一个描述性的概念也许并不困难，但是要对法律职业的内涵和外延作出令人信服的阐述则显得非常困难。

法律职业包括法官、律师、检察官，对此应该是没有异议的，这也是一般意义上的法律职业的范围。但是在我国，除了上述三种职业外，与法律职业有着直接或间接关联的还包括法学家、公证人、政府和企业的专职法律顾问、警察、仲裁员、司法调解员、法律服务工作者等，这些职业是否可以纳入法律职业的范围内，则存在较大分歧。笔者认为法律职业是由操作法律事务并以实现法律价值作为共同终极目标的一类人的活动所构成的职业。广义上的法律职业是指所有以操作、研究、实施法律为主要目的的职业，即一般意义上的法律工作者。狭义上的法律职业则主要是指法官、检察官和律师这几种依托深厚法律知识背景而居于法律实施核心层的独立存在的职业。

根据法律职业的历史发展与现实的运行规律，可以概括出法律职业的以下几个特征：法律职业行为具有独立性和排他性；法律职业行为直接产生法律实施上的效果；法律职业道德具备一定层面上的贯通性；法律职业具备严格的资格准入制度和惩戒制度。按照以上几个特征，法律职业的范围就比较广泛。就学术层面而言，在大陆法系国家，法律职业主体的范围较广泛，包括法官、检察官、律师、法律顾问、法学学者。而在英美法系国家，在谈到法律职业时则更多的是指律师、法官。从研究的角度，并参照国际惯例，法律职业采取狭义的概念较为合适。但是从我国目前的司法实践的角度看，如果把法律职业仅仅限定在以法官、律师、检察官为中心的较小的范围，而将其他直接与狭义上的法律职业关联的行业、机关（包括一些政法机关）从法律职业中排斥出去，也难免有脱离实际、失之过狭之嫌。考虑到目前我国法学院学生的职业选择面较宽的现实，本书采取广义上的法律职业概念。

三、职业伦理

职业伦理，也可以称为职业道德，属于专业伦理学或者应用伦理学的范畴。职业伦理是某种职业或专业的从业人员以伦理自然律为基础，根据本行业的专业知识，经过逻辑推演而形成的。职业伦理的历史可以追溯到职业产生的历史，有职业的产生，就必然有职业伦理的要求，比如医生的办公室里经常挂的“救死扶伤，治病救人”的匾额，就体现了医生这一职业的伦理要求。因此，职业道德是随着职业的出现而产生和逐步发展的，是社会道德在职业领域的具体体现。

由于职业的多样性，职业道德也具有多样性的特征，不同的职业有着不同的职业道德要求。如医生有“医德”，艺人有“艺德”，教师有“师德”，官员有“官德”等。随着职业的日益发达，出现了行业协会，行业协会制定的职业伦理章程、规范和条例等都体现了职业伦理的内容。这些职业伦理的内容中体现的是与非往往是不证自明、一目了然的。但是在职业伦理中也会出现职业伦理的悖论，比如律师对当事人的保密义务与维护国家利益的要求冲突时，如何处理，则需要一定的判断和推理，需要诉诸复杂的理性。

《中国大百科全书·哲学卷》将职业道德定义为：“在职业范围内形成的比较稳定的道德观念、行为规范和习俗的总和。它是调节职业集团内部人们之间关系以及职业集团与社会关系各方面的行为准则，是评价从业人员职业行为的善恶、荣辱的标准，对该行业的从业人员有特殊的约束力。”这个定义可以看作是对职业道德的很好的诠释。

职业道德一般包括职业道德意识、职业道德行为和职业道德规则三个层次。职业道德意识是指人们对于职业道德的基本要求的认识，包括职业道德心理和职业道德思想，具有相对稳定的特征。职业道德行为是职业道德意识在职业个体行为的外在体现。从结果上看，它既可以是正面的道德行为，也可以是违反职业道德的行为。职业道德规则是约定俗成或通过一定的规范性形式表现的职业的意识、行为的准则或标准，一般由职业道德原则、职业道德规范和职业道德纪律所组成。职业道德规则是在职业道德意识和职业道德行为的基础上产生和发展起来的，是职业道德的规范化形式。这是职业道德和普通的社会道德的一个重要区别。我们研究法律职业道德更多地侧重职业道德规则。

在职业活动中，如何处理职业活动与社会需要的关系，如何处理职业内部的关系，如何处理职业活动过程中发生的各种利益关系等，就构成了职业伦理的内容。职业伦理是社会一般道德或阶级道德在职业生活中的特殊要求，又带有具体职业或行业的特征，具体表现为以下几个方面的特征：一是主体的特定性。职业道德仅适用于特定行业的职业人员。二是内容上的稳定性。由于社会生活中的大多数职业的形成都要经历漫长的历史过程，由此形成了世代沿袭的职业传统、职业心理和职业习惯、职业规则，这些大多又体现在职业道德内容中，在具体实施的时间上相对连续，内容上具有一定的稳定性。三是职业道德总是与职业惩戒相辅相成。在特定的行业，违反职业道德往往会受到职业组织如行会的制裁，严重的甚至会被开除出所在的行业。

四、法律职业伦理

法律职业伦理，是法律职业主体在法律职业活动过程中以及日常生活中所遵循的基本原则和行为规范的总和。

从法律职业伦理的层次上，可以将其划分为三个层次：初级法律职业伦理，中级法律职业伦理，高级法律职业伦理。初级法律职业伦理，表现为该职业最基本的底线伦理，比如要求法官不受贿，不接受当事人的吃请，平等对待当事人，以及遵循《法官法》中规定的法官的义务和禁止的行为，这些实际上是法官的初级伦理或底线伦理。中级法律职业伦理，指法律职业者能够按照法定程序的要求严格履行相应的职责。中级伦理是绝大多数法律职业者通过自身的努力能够达到的层次。高级法律职业伦理是指法律职业者通过自己的法律职业活动最大限度地实现法律正义，是对法律职业伦理的最高要求。它是指法律职业者在实施法律的过程中达到了程序公正与实体公正、实质公正与形式公正的高度统一。如法官在处理案件时，使得案件处理的影响超越了案件本身，对国家法制的进步、对当事人利益的保护会产生积极的影响。高级法律职业伦理的核心是公正伦理。为什么美国最高法院的大法官掌握了法律的话语权？就是因为他们在处理案件过程中创造了很多规则，这些规则在很大程度上体现了公正，推动了社会的进步与发展。在法律职业者中只有极少数人能够达到这样的层次。

由于法律在人们的心目中是正义和权利的体现，是规范社会、惩恶扬善的最后手段，也是最强有力的手段，因此法律职业伦理和其他职业伦理相比具有更强的象征意义和感召作用。作为法律的具体实施者、执行者、裁判者的专业法律人员所应该具有的道德品行必然要高于其他职业的道德要求，这是由法律职业的特殊性所决定的。在实践中，有的法律职业者抱怨自己所承担的社会义务过多、道德要求过高，就是没有清楚地认识到自己所从事的职业的特殊性，没有认识到自己所从事的法律职业在社会生活中的特殊地位和作用。

法律职业道德建设在现实生活和司法实践中具有特殊的意义。在任何一个国家，法律职业的组成都不是单一的，这是法律制度本身使然，因此完整意义上的具有整齐划一的法律职业伦理的法律职业实际上是不存在的。现实中的法律职业是由若干个分散的职业群组成的，具体可以划分为法官职业、检察官职业、律师职业、公证员职业、警察职业等，虽然这些职业都直接与操作法律有关，但是并不像医生职业那样可以清晰地统一为一体，具体表现在职业伦理要求上也具有很大的差别，比如法官的职业伦理和检察官、律师的职业伦理无论在形式上还是内容上都具有极大的差别。由于法律制度本身对于不同的法律职业者的要求不同，因此设想建立整齐划一并可以统一实施的法律职业伦理规范在现实中是不可能实现的。虽然如此，但并不妨碍法律职业这样一个意义共同体的存在。社会呼吁所有的以法律为职业的人员担负起建设法治国家的使命，并要求其具有很高的职业道德水平。

法律职业伦理除了具备职业伦理的一般特征外，还有自身的一些特征，主要包括以下几个方面：

1. 主体的多样性与特定性的统一。主体的多样性是指为法律职业伦理所规范的包括法官、检察官、律师等在内的多种法律职业者，而特定性是指这些职业人员都仅限于专职从事法律工作的人员。

2. 内容的普遍性与特殊性的统一。法律职业伦理内容上的普遍性是指上述这些主体由于所从事的工作直接关系国家的法律制度的实施，因此这些职业的道德规范就应该体现法律职业的特点，也就是无一例外地要求法律职业者要维护国家法律的尊严、维护当事人的合法权益。这一点在法律职业道德上是具有普遍性的。但是由于法律职业主体的多样性，又决定了不同的法律职业的伦理具有特殊性，比如法官追求司法的公正，律师追求当事人利益的最大化，检察官追求最大限度地保障和实现国家和公众的利益。

3. 形式的规范性与非规范性的统一。一方面，法律职业有大量的伦理规范，如《诉讼法》《法官法》《检察官法》《律师法》中的职业道德规范。此外还有行业规范如《法官职业道德基本准则》《检察官职业道德规范》《律师职业道德和执业纪律规范》等。另一方面，还存在大量的非规范性的法律职业道德，比如法律职业道德习惯、意识等。可以说，从形式上看，法律职业伦理具体体现为法律职业道德规范性与非规范性的统一。

4. 实施的他律性与自律性的统一。法律职业伦理的终极价值在于在司法实践中能够有效地实施。在实施方面，比较一般社会道德而言，法律职业伦理具有更强的他律性或约束性。违反职业道德的法律从业人员要承担纪律责任，严重的要承担刑事责任。法律职业伦理总是和法律职业责任密切联系在一起的，这就体现了鲜明的他律性特征。实践中，法律职业伦理中的很多内容都以纪律规范式体现出来，如2003年6月我国最高人民法院发布的《关于严格执行〈中华人民共和国法官法〉有关惩戒制度的若干规定》、司法部的《律师违法行为处罚办法》、中华全国律师协会的《律师职业道德执业纪律规范》等，这些纪律规范对于违反相应的职业道德规范的行为规定了具体的处罚办法，这对于法律职业者遵循职业道德具有十分重要的约束作用。但是，我们也要看到，法律职业道德也具有自律性的一面，很多法律职业道德规范要求通过法律职业者的自我体验、自我约束而实现。现行的许多法律职业道德规范并没有与法律职业责任一一对应，没有对应的部分就需要完全依靠法律职业者的自律来实现，比如律师职业中广泛存在的利益冲突问题，有的规范在职业道德中，有的就没有具体的规范要求。当律师在执业中遇到这种情况的时候，就要根据职业的使命要求来处理相关的事务，从而不致出现损害当事人利益的情况，这就完全靠自律。法官、检察官、公证人职业规范中也大量地存在自律性规范。因此，法律职业伦理体现了自律与他律的有机统一。

五、法律职业伦理客体

根据辩证唯物主义基本原理，所谓客体，是指主体行为指向的对象和与主体发生现实的关系的客观存在。法律职业伦理客体与法律职业伦理主体相对应，是指法律职业伦理主体的行为所影响和作用的对象。法律职业伦理客体是非常广泛、不可能完全被穷尽的，大体上可概括为以下几类：

1. 法律职业伦理价值。法律职业伦理价值反映的是关于法律职业主体的伦理行为应该如何实现的原则，体现的是法律职业伦理的效用。法律职业伦理对于法律职业主体具有突出的价值。那么这样的价值如何实现呢？我们知道，法律职业伦理是保障法律职业者完成法律职业本身的使命而确立的基本准则、规范的总和。任何法律职业主体在具体的职业过程中都要通过他们的行为来实现职业目的。比如法官通过案件的审理来实现法律上的公正，依法保障法律的有效实施。律师通过代理案件来实现当事人在法律范围内权利的最大化。法律职业主体的行为直接针对目标的实现。当法律职业主体的行为偏离了目标，法律职业伦理的行为本身就是法律职业伦理所反对或禁止的，法律职业主体在具体的法律活动过程中要按照目标不断地修正调整自己的行为，以最大的可能来实现法律职业本身的目标。因此，法律职业伦理的目的直接影响行为的走向、规范行为的走向，但是并不能自动地决定法律职业主体的行为的正当性。法律职业的价值决定了法律职业伦理的价值走向。法官的职业价值是保障法律上的公正，检察官的职业价值是保证国家利益的实现，律师的职业价值是保证当事人利益的实现。因此，法官的职业伦理的最高价值体现为公正，法官的行为在伦理上正当与否都指向这一终极价值。其他法律职业也是如此。因此，法律职业的价值是法律职业主体意志所要指向的对象，并且作为行动的指南和评价行为正当与否的依据。

2. 法律职业伦理关系。法律职业伦理关系是社会关系在法律职业伦理领域的体现。为了实现法律职业伦理上的价值，法律职业伦理主体在职业过程中必然要和其他主体建立各种关系。这些关系有的表现为法律关系，有的则表现为伦理关系。这些关系是否符合法律职业规范和伦理规范的要求，完全取决于法律职业主体的自觉行为。例如，法官在裁判案件中要秉承独立和公正的原则，就要求法官与案件当事人之间无利害关系，与案件处理的结果无利害关系，与代理案件的律师无利害关系，等等。如果法律职业伦理关系遭到破坏，那么我们就可以认为法官的行为违背了职业伦理规范的要求，要求其受到法律职业道德甚至是法律上的制裁。因此，法律职业伦理主体如果破坏了法律职业伦理规范所确定的各种关系，就意味着法律职业伦理主体侵犯了法律职业伦理所确定的法律职业主体所应当遵循的各种关系的客体的利益。

3. 法律职业伦理行为。法律职业伦理行为是法律职业伦理主体的意志的外在反映，是法律职业伦理客体的集中反映。法律职业伦理规范其本质可以看作是行为规范。法律职业伦理的实现不是伦理本身，而是道德活动，不是规范本身，而是行为。法律职业伦理要研究什么样的行为属于应当的行为，什么样的行为属于不应当的行为。因此，法律职业伦理行为本身是法律职业伦理研究的要旨。为了实现法律职业伦理的本质，法律职业伦理中要存在基本的公理。比如法官只应对法律负责就是法官职业伦理中的公理之一。我们说，法官职业伦理要求法官独立地行使裁判权。法官的裁判权不应当受制于法律之外的因素。法官的行为应当是独立的。进一步推导，法官不应当迎合政治、政党、媒体对案件的反映，否则就是不符合法官职业道德要求，不符合法官职业伦理的规律。对法律职业伦理的行为应当如何判断是基于法律职业行为本身的价值。法律职业伦理行为是法律职业主体在与其他主体发生关系时产生的，该行为的正当与否则取决于法律职业伦理的基本价值。

第三节　法律职业伦理的渊源

法律职业伦理的渊源是法律职业伦理的表现形式。法律职业伦理的表现形式除了规范形式外，还包括非规范形式，比如法律职业习惯、传统礼仪等。从规范形式看，法律职业伦理的渊源主要表现为以下几个方面：

1. 法律。法律规范必然要吸收伦理道德规范，这是法律与道德的天然关系的结果。伦理道德规范中的核心内容或最高层次的内容往往被法律所吸收，上升为法律规范。比如《中华人民共和国法官法》（以下简称《法官法》）第三条规定："法官必须忠实执行宪法和法律，全心全意为人民服务。"法官在司法实践中应当遵守的一些伦理规范被纳入法官的法律义务规范中，比如在《法官法》"义务和权利"一章中就规定法官应当"清正廉明，忠于职守，遵守纪律，恪守职业道德"。《中华人民共和国检察官法》（以下简称《检察官法》）中也有类似规定。《中华人民共和国律师法》（以下简称《律师法》）在总则部分规定："律师执业必须遵守宪法和法律，恪守律师职业道德和执业纪律。"在第四章"律师的业务和权利、义务"中规定了许多律师义务规范，比如与司法人员关系规范、与当事人关系规范，这些都是律师职业道德规范的重要内容。除了上述涉及法律职业主体的法律之外，在《中华人民共和国刑事诉讼法》（以下简称《刑事诉诸法》）、《中华人民共和国民事诉讼法》（以下简称《民事诉讼法》）、《中华人民共和国行政诉讼法》（以下简称《行政诉讼法》）三大诉讼法中，对于法官、检察官、律师等法律职业者的职业道德也有规定。比如，我国三大诉讼法关于法律职业者在执业过程中回避、保密等的规定，就是法律职业伦理的重要内容在法律中的具体体现。

2. 司法解释。这方面主要涉及法官、检察官的职业道德，当然很多内容也涉及了律师、警察等其他法律职业者的职业道德。比如最高人民法院、最高人民检察院都有关于执行《刑事诉讼法》的司法解释，其中的许多内容涉及法官、检察官、律师的职业道德问题，如有关回避、辩护、审判中立等的规定中就包含大量的法律职业道德的内容。这些内容把基本法律中规定的、抽象的、原则的和操作性不强的法律职业道德规范加以具体化，变得可以操作，这样也就促进了法律职业伦理规范在司法实践中的实施。

3. 行政法规。这一类规范主要集中在行政管理部门。比如国务院发布的《法律援助条例》中有关律师的法律职业伦理规范。

4. 部门规章。包括司法部、公安部等部门发布的有关法律职业道德的规章，比如司法部制定的《律师违法行为处罚办法》等。

5. 行业规范。目前主要的法律职业大都有自己的行业道德规范，如最高人民法院发布的《中华人民共和国法官职业道德基本准则》（以下简称《法官职业道德基本准则》）、最高人民检察院发布的《检察官职业道德规范》、中华全国律师协会发布的《律师职业道德和执业纪律规范》、中国公证员协会发布的《公证员职业道德基本准则》。这些行业规范集中反映了法律职业的伦理规范。学习和研究法律职业伦理主要依据这些行业规范。

6. 国际公约。这方面主要集中在联合国国际人权公约，特别是有关刑事司法方面的法律文件中，比如《执法人员行为守则》《关于司法机关独立的基本原则》《关于检察官作用的基本准则》《关于律师作用的基本原则》等。这些文件中有大量的对法官、检察官、律师、警察等法律职业者的伦理要求和规范。

7. 道德规范。除上述渊源外，法律职业伦理的渊源还包括一般的社会伦理道德规范。这方面的规范包括国家制定的有关职业道德规范的内容，其中重要的有中国共产党十四届六中全会通过的《中共中央关于加强社会主义精神文明建设若干问题的决定》，以及中共中央 2001 年 10 月发布的《公民道德建设实施纲要》，其中关于职业道德的内容和要求，对于研究和制定法律职业伦理规范也具有直接的指导作用。

第四节　法律职业伦理的基本原则

法律职业伦理的基本原则是法律职业伦理中的一线伦理，是法律职业最为核心的价值原则。法律职业伦理的基本规则为二线伦理。明确法律职业伦理的基本原则对于确定法律职业伦理的基本内容，规范法律职业者的行为标准，形成法律职业共同体所共同遵循的职业使命要求具有十分重要的作用。不同的社会制度，法律职业伦理的原则有不同的内容，我国是社会主义国家，我国法律职业伦理的原则必然要体现社会主义国家的性质。当然，在体现国家性质的同时，也要体现法律职业道德共同遵循的规律。我国的法律职业伦理原则的要求主要包括以下几个方面。

一、忠实执行宪法和法律

我国《法官法》第三条规定："法官必须忠实执行宪法和法律，全心全意为人民服务。"《检察官法》第三条规定："检察官必须忠实执行宪法和法律，全心全意为人民服务。"最高人民检察院发布的《检察官职业道德规范》中的"忠诚"规范就包括：忠于党、忠于国家、忠于人民，忠于事实和法律，忠于人民检察事业。《律师法》第三条规定："律师执业必须遵守宪法和法律，恪守律师职业道德和执业纪律。"《律师职业道德和执业纪律规范》第四条规定："律师应当坚持为社会主义经济建设和改革开放服务，为社会主义民主和法制建设服务，为巩固人民民主专政和国家长治久安服务，为维护当事人合法权益服务。"《公证员职业道德基本准则》第一条规定："公证员应当忠于宪法和法律，坚持以事实为根据，以法律为准绳，按照真实合法的原则和法定的程序办理公证事务。"无论从法律的规定还是实践的要求看，法律职业者都必须把忠实执行宪法和法律、维护法律的尊严这一原则作为本职业的首要原则。坚持这一原则，要求法律职业者明确自己所担负的职业使命，不断通过自己的职业活动服务于国家的改革开放和社会主义经济建设，服务于人民民主专政制度，运用法律手段保障国家的政治、经济、文化等各项建设的顺利进行。

二、以事实为根据，以法律为准绳

以事实为根据，以法律为准绳是我国法制的一项基本原则，法律职业伦理也必然要体现这一原则。我国三部诉讼法中都规定了“以事实为根据，以法律为准绳”的原则。以事实为根据，就是法律工作要做到一切从与案件相关的客观事实出发，以查证属实的证据和凭借这些证据认定的案件事实为基础，而不能以主观想象、推测和查无实据的主观臆想、空口无凭的议论作为根据，必须认真查清事实真相，在充分掌握客观事实的基础上作出判断、决定、行动。以法律为准绳，就是要严格依法办事。作为法律职业者，遵守法律、依法执业是最基本的道德要求。在我国，“有法可依、有法必依、执法必严、违法必究”是社会主义法治的基本原则。以事实为根据，以法律为准绳，是法律职业者贯彻社会主义法治基本原则和正确适用法律的基本要求。法律职业者在执业中必须坚决贯彻这一原则。这一原则在规范法律职业主体的相关法律中都有反映。《法官法》第七条规定，法官“审判案件必须以事实为根据，以法律为准绳，秉公办案，不得徇私枉法”。《检察官法》第八条规定，检察官“履行职责必须以事实为根据，以法律为准绳，秉公执法，不得徇私枉法”。《律师法》第三条第二款规定：“律师执业必须以事实为根据，以法律为准绳。”《公证员职业道德基本准则》第一条规定：“公证员应当忠于宪法和法律，坚持以事实为根据，以法律为准绳，按照真实合法的原则和法定的程序办理公证事务。”可见，“以事实为根据，以法律为准绳”不仅是社会主义法制的基本原则，也是法律职业者的职业道德的基本要求。

三、严明纪律，保守秘密

由于法律职业本身的特殊性，因此客观上要求法律职业者做到严明纪律和保守秘密。严守纪律是法律职业者依法履行职责的基本要求，也是作为法律职业者必须遵守的行为规范，法律职业纪律是维持法律职业活动的正常秩序的重要措施。没有纪律保障，法律职业者的职业活动就会失范，这既影响法律职业者职业活动的有效性，也会给法律职业者的形象带来很大的负面影响。这一原则具体体现在法律行业的许多纪律性、规范性文件中，如最高人民法院的《人民法院审判纪律处分办法（试行）》《关于审判人员严格执行回避制度的若干规定》，最高人民检察院的《关于完善人民检察院侦查工作内部制约机制的若干规定》《关于检察人员严格执行回避制度的若干规定》，司法部的《律师违法行为处罚办法》等。对这些法律职业道德规范的具体内容的认真遵守，是法律职业者完成如审判、侦查、法律监督、起诉、代理、公证等工作的基本保障。不严格遵守法律职业纪律，便没有合理公正的法律行为，更不会有正确的行为结果。

保密问题在法律职业伦理中有着非常重要的地位。保守秘密是严守执业纪律的重要内容。由于法律职业的特点，使得法律职业者在日常的工作中直接接触到各种秘密，包括国家秘密、侦查秘密、审判秘密、商业秘密、个人隐私等，因此，保守秘密成为对法律职业者从事职业活动的必然要求，我国多项法律制度也都对这一内容作出了明确规定。比如，《法官法》第三十二条规定，法官不得泄露国家秘密或审判工作秘密；《检察官法》第八条规定，检察官应当保守国家秘密和检察工作秘密；《律师法》第三十八条规定，律师应当保守在执业活动中知悉的国家秘密和商业秘密，不得泄露当事人的隐私等。法律职业者泄露职业活动中属于秘密事项的内容不仅会给国家和人民以及当事人的利益造成不同程度的损害，同时也会严重损害法律职业的严肃公正的形象。因此，保守职业秘密是法律职业者职业道德中的又一项十分重要的内容。

四、互相尊重，相互配合

由于在法律职业活动中，法律职业者的职务行为不是孤立的，既有职业内部的关系，也有职业外部的关系，法律职业者必须发挥相互协作、互相配合的精神，才能顺利完成工作。在刑事诉讼领域，法官、检察官、律师各自担负着不同的职责，但是目的是一致的，就是要达到依法惩罚犯罪与维护人权的目的。法律职业者之间的相互配合表现在两个方面，一方面是法律职业中同一行业的法律职业者之间的相互配合，如法官之间、检察官之间、律师之间的内部的相互配合、相互协作；另一方面是法律职业内部不同行业的相互配合，如法官、检察官和律师之间的相互配合。

法律职业是享有崇高地位和声望的职业，法官、检察官、律师各司其职、互相区别、互相监督，但是又互相配合、相辅相成。虽然各自担负的职责不同，但是目的相同，就是维护司法公正，维护国家和人民的利益。因此法律职业者在人格和依法履行职责的地位方面是平等的。如果法官、检察官、律师在履行职责的过程中不能互相尊重，而是互相贬低、互相拆台，就会严重损害法律职业在人们心中的崇高形象。互相尊重，相互配合，就要求法律职业者在履行法律职责的过程中做到严格职业纪律，依法执业，不超越职权擅自干预和妨碍其他法律职业者的正常办案。如法官之间不能随便过问其他法官正在办理的案件。法官、律师、检察官在办理案件的过程中，要防止先入为主、固执己见、刚愎自用的心理，要耐心听取不同的法律职业者的意见。有的法官、检察官在审理案件之前就已经对案件有了自己的看法，于是在案件审理的过程中对于律师提出的代理意见、辩护意见采取不耐烦的态度，或打断，或制止，甚至呵斥；有的法官、检察官在法庭上盛气凌人、颐指气使；有的律师在法庭上目中无人、无理取闹。这些都是法律职业者履行职责中的大忌。

互相尊重、相互配合，要求法律职业者谦恭有礼，遵守有关司法礼仪。如最高人民法院的《法官职业道德基本准则》第三十二条规定：法官应当尊重当事人和其他诉讼参与人发表意见；除非因维护法庭秩序和庭审的需要，开庭时不得随意打断或者制止当事人和其他诉讼参与人的发言；使用规范、准确、文明的语言，不得对当事人或其他诉讼参与人有任何不公的训诫和不恰当的言辞。《律师职业道德和执业纪律规范》第十八条规定：律师应遵守法庭和仲裁庭纪律，尊重法官、仲裁员，按时提交法律文件、按时出庭。《法官职业道德基本准则》第三十一条规定："法官应当严格遵守各项司法礼仪，保持良好的仪表和文明的举止，维护人民法院的尊严和法官的良好形象。"第三十二条规定："法官应当尊重当事人和其他诉讼参与人的人格尊严。"

五、恪尽职守，勤勉尽责

恪尽职守、勤勉尽责对于法律职业者而言就是在自身职业活动中严格履行自己的职责，工作积极，认真负责。工作积极就是要求法律职业者勇挑重担，埋头苦干，兢兢业业，一丝不苟，为国家的法律事业多作贡献，为做好法律工作肯花时间，能够吃苦耐劳，必要时牺牲个人利益把工作做好。认真负责最根本的一条就是对分内的职责负责。为此，法律职业者既要认清自己的职责，又要在履行职责中以积极的态度想方设法地按照职责要求做好每一项工作。恪尽职守、勤勉尽责的法律职业者能够以负责的态度、积极的行为来完成自己的工作任务。相反，若法律职业者对待工作的态度是消极的、行为是散漫的，那么其分内的工作任务就不太可能圆满地完成。在司法实践中人民群众对法律职业者的工作存有很多不满，这些不满不仅来自司法腐败方面的问题。还来自法律职业者在具体工作方面的一些不尽如人意的表现，比如办案拖拉、态度生硬冷漠等。这些行为都是法律职业者不能很好地恪尽职守、勤勉尽责的表现，其负面影响是明显的。

我国现行的许多法律规范都有对这一原则明确而具体的规定。比如，《法官职业道德基本准则》第二部分专章规定了“提高司法效率”问题，其第十八条规定：“法官应当勤勉敬业，全身心地致力于履行职责，不得因个人事务、日程安排或者其他行为影响职责的正常履行。”第十九条规定：“法官应当遵守法律规定的诉讼期限，在法定期限内尽快地立案、审理、判决。”《律师法》和《律师职业道德和执业纪律规范》都规定律师在执业过程中，应该尽职尽责地向当事人提供法律服务。《律师职业道德和执业纪律规范》第五条规定：“律师应当诚实守信，勤勉尽责，尽职尽责地维护委托人的合法利益。”这些规定一方面以法律的形式确立了对法律职业者在职业活动中恪尽职守、勤勉尽责的宏观要求，另一方面也明确了这一原则性规定的一些具体要求，这既可增强法律职业者遵守这一原则的意识，又可提高他们遵守这一原则的能力。

六、清正廉洁，遵纪守法

从古至今，从西到中，对法律职业的清廉要求概莫能外。清正廉洁、遵纪守法的原则，就是要求法律职业者在工作中不利用职务上的方便为自己谋取非法利益，不在从事职业活动的过程中做出违反法律以及行业规章规定的行为，保持一身正气、清正廉洁的优良作风。法律职业者要识大体，顾大局，不畏权势，不为权力、地位、名誉、金钱和其他物质利益所动摇，“俯首甘为孺子牛”，真正做到一心为公，强化作为法律职业者的服务意识。也就是说，法律职业者要时时刻刻想到身为一名法律工作者，其一言一行都要表现出良好的职业形象。由于法律和权力、权利、利益紧密联系在一起，因此如果法官、检察官和律师缺乏无私奉献、敬业献身的精神，就有可能利用法律为自己谋取非法利益，徇私枉法，造成损害他人利益、国家利益的后果。法律职业者在司法和提供法律服务的过程中要始终把国家和人民的利益放在首位，保持清正廉洁，秉公执法，取信于民，维护法律职业者的职业形象。

这一法律职业道德原则具体体现在许多具体的规范性文件中，《法官法》《检察官法》《律师法》中都有关于“清正廉洁”的规定。例如，法官、检察官不能私自会见当事人及其代理人、接受当事人及其代理人的请客送礼。《法官职业道德基本准则》专章对“保持清正廉洁”作出了具体规定，明确规定“法官在履行职责时，不得直接或间接地利用职务和地位谋取任何不当利益”。

第五节 法律职业伦理的社会功能

法律职业者实际上就是据法治事之人，因此其职业伦理的外在表现必然会对社会各方面产生影响。法律职业伦理的社会功能包括示范功能、调节功能、提升功能、辐射功能。

一、示范功能

规范意义上的法律职业伦理是对法律职业者个人和法律职业环境的具体道德上的描述。法官、律师、检察官的职业道德面貌如何，主要是通过他的职业行为体现出来的，而其职业行为本身是否合乎法律职业伦理的基本的内在的要求，又是通过将法律职业者的行为本身与法律职业伦理规范对照而反映出来的。我国目前的法律职业大多有成文的职业道德规范，这些规范本身就具有示范性特征。加强法律职业道德建设就是要弘扬这些优秀的法律职业道德，在法律职业者树立先进的法律道德意识，培养其自觉遵守职业道德规范的良好习惯。

法律职业伦理所具有的示范功能可以为法律职业者的职业行为和个人行为作出分类。首先，法律职业者是社会中的一个具体的个人，由于其承担的是法律工作，这种工作的性质就要求他们具有比一般社会公众更高的道德水平和道德素养，这在法律职业伦理规范中就涉及法律职业主体的业外活动规范。这些规范对法律职业者的行为必然具有引导和示范作用。其次，法律职业伦理最本质的内容是通过法律职业主体的执业行为体现出来的，其中反映出来的职业伦理规范为整个执业群体所认可，比如维护司法公正是法官最重要的职业伦理规范，这种规范对于法官的执业必然具有强大的示范作用和影响。法律职业伦理的示范作用不仅在于唤起和影响每一个法律职业者良好的道德品质的形成，更主要的是在法律职业中建立和贯彻一定的道德原则和基本规范，这对于建立起为社会所充分认可的法律职业群体具有十分重要的作用。

二、调节功能

法律职业伦理作为一种道德范畴，是整个社会调节系统中的一部分，因此，调节功能是法律职业伦理的最主要功能。法律职业伦理的调节功能是指道德具有通过评价等方式来指导和纠正法律职业者的行为和实际活动，以协调法律职业者之间、法律职业者与法律职业对象之间关系的能力。法律职业伦理调节以使法律职业者的行为实现从现有到应有的转化为目标。法律职业伦理具有一定强制性，但它表现为内心的命令、舆论的压力和传统习俗的束缚，因此具有内在性的特点，即它是以法律职业者在长期的法律职业实践中所形成的法律职业道德观念、道德感情、道德信念为基础的。总之，法律职业伦理进行调节的特点在于，通过社会舆论、良心、风俗习惯、榜样感化和思想教育等手段，使法律职业者形成内心的善恶观念和情感、信念，自觉地尽到对他人和社会应尽的责任和义务，以调节各种相关的社会关系。可以说.法律职业道德评价是法律职业伦理调节的主要形式。社会舆论、传统习惯和内心信念是法律职业伦理所赖以发挥作用的力量。调节的尺度是“应当怎样”，而不是“是怎样”。法律职业伦理是以“应该不应该”来调节法律职业者的行为，由此使它表现出规劝和引导的特点。法律职业伦理的调节正是以上述特征广泛深入到法律职业者生活的各个角落，触及其他调节手段所触及不到的地方，以此补充其他社会调节手段。当然，法律职业道德的调节并不是孤立地进行的，它和其他的社会调节处于紧密相连的相互影响之中。

三、提升功能

我国法律职业者构成较复杂，法律职业伦理水准差异较大，且总体水平并不尽如人意。加强法律职业伦理建设对于提升整个法律职业队伍的职业伦理水平具有十分重要的作用。法律职业伦理对于法律职业者的提升作用是通过法律职业伦理教育来实现的。

所谓法律职业伦理教育是指法律职业伦理能够通过评价、激励等方式，形成社会舆论，引领社会风尚，树立道德榜样，塑造理想人格，来培养法律职业者的职业道德观念、职业道德境界和职业道德行为。法律职业伦理教育的特殊任务是把某种价值体系、行动与观念准则灌输到法律职业者的意识中，使其形成相应的法律职业道德信念和道德品质，从而在法律职业者身上展开法律职业道德作用的内部机制，使法律职业者不仅能在职业伦理上自我调节和监督，而且能够参与职业伦理的调节过程。可见，对于法律职业者的职业道德提升来说，道德教育起着非常重要的作用，决定着其职业道德的发展方向和自身的精神面貌。

在法律职业伦理教育过程中，每一位法律职业者既是受教育者，又是教育者。

教育者本身也需要受教育，受教育者自己同时也是教育过程的积极参与者。没有任何一位法律职业者只是教育别人而自己不需要受教育的。法律职业道德教育是面向整个法律职业、面向一切法律职业者的，而且任何法律职业者的职业道德信念、品质以及自我调节和干预职业道德生活能力的形成都不是一次完成的，也不是一经形成就一劳永逸的。他们都需要经常受教育，需要由外界不断灌输法律职业道德知识和职业道德要求。在这个教育过程中，外界灌输的道德知识和道德要求需要个人带有积极性、主动性地去分析、理解，并在理解的基础上把外在的知识变为内在的情感和观念，把社会的要求变成自己的诉求。因此，法律职业道德教育强调把对人的严格要求和对人的个性、愿望的尊重相结合，强调调动个人作为职业道德教育过程参与者的积极性.激发人改变和完善自己、改变和完善社会的热情，以唤起法律职业者自我教育的诉求，激励法律职业者在职业道德生活中不仅做先进的职业道德思想的理解者、接收者，而且做先进职业道德思想的探索者和传播者。法律职业者正是在这样的道德教育过程中逐步提升个人的法律职业道德品质的。

四、辐射功能

法律职业者的执业活动涉及社会生活的方方面面，法律职业者的道德意识、道德行为对整个社会也会产生影响。加强法律职业道德建设不仅可以树立良好的法律职业队伍的形象，同时对整个社会的道德建设也具有辐射作用，从而带动整个社会的道德文明、精神文明的进步。

法律职业道德以实践-精神的方式掌握世界，其特征在于它体现着主体对“应有”的追求，它具有直接启动实践的力量，它不会允许掌握对象毫无变化的存在，而要将之转化为符合主体要求的应有状态。这种理想状态同时又以外化于道德主体的方式对非法律职业道德主体起着影响和感召作用，体现出其辐射性的一面。因此法律职业道德具有激发、鼓励人们的主动性和积极性的作用，一方面促使人们自我发展、自我完善，另一方面促进整个社会关系的进一步人道化。正如克鲁鲍特金在《伦理学的起源和发展》一书中所指出的：“新伦理学的职责便在于把那些理想——那些能够激起人们的热诚，而且将建设一个结合个人能力以谋万人福利的生活形态所必需的力量给予人们的理想注入人们的脑中。”克鲁鲍特金在这里讲的伦理学的功能部分地表明了伦理对社会的辐射功能。法律职业道德作为伦理的范畴之一，当然地对社会以及非法律职业者发生辐射作用。

由社会掌握运用，作用于非法律职业者，这是法律职业道德辐射作用的一种方式。它通过一定的社会机制体现出来，这种社会机制包含道德理想、道德榜样和道德批评三个因素。道德理想体现一定的社会道德规范体系的要求，激励人们向往、追求并力图实现完美人格的高尚品德，它为人们的行为提供所应追求的价值目标，向人们展示完美的道德人格应该表现出怎样的精神面貌。道德榜样是道德理想的具体化，他们相对集中地体现了理想人格的至善品德。道德批评运用大众传播工具等各种形式揭露、谴责社会道德生活中的恶行，以克服道德生活发展中的困难和阻碍，只要方法正当，道德批评就既可能达到抑制恶行的目的，又可能达到激发善行的目的。因此，可以说，道德批评是保持社会体制的生机和活力的重要因素。法律职业道德正是通过影响非法律职业者的道德理想确立、为非法律职业者塑造道德榜样和引导社会的道德批评方向，从而实现其对社会以及非法律职业者的辐射作用。这种辐射作用不同于被激励对象的自我激励，它是法律职业道德外向作用的方式。

第六节　法律职业伦理学的学科建设

一、法律职业伦理学

伦理学是研究道德的科学。法律职业伦理学就是研究法律职业活动中的道德问题的科学。法律职业伦理学是跨法学与伦理学两大领域的新兴的边缘学科。

根据法律职业伦理学研究的对象，法律职业伦理学科体系可以分为总论和分论两部分，总论部分主要阐述法律职业伦理学的学科地位、基本范畴、历史渊源、社会功能、伦理规则、内化养成、伦理教育、法律责任，阐述和确立法律职业伦理这门学科的基本理论。分论部分结合法律职业伦理建设的实际，分别阐述法官、检察官、律师、公证员、警察等法律职业的基本伦理要求、规范和实施中的一些具体问题。

法律职业伦理学是法律伦理学的组成部分，不仅研究法律职业主体在实施法律过程中所应具备的基本的道德素质以及职业的行为规则，还要研究当法律职业者在执业过程中遇到法律与伦理冲突的问题时如何选择正确的伦理行为。后者是目前法律职业伦理研究中最为薄弱的环节，比如在拘留逮捕犯罪嫌疑人或被告人时采用强制手段的人性化问题，法官在审判案件中遭遇法律与伦理的冲突时应该如何采取正确行为的问题，律师在执业中经常遭遇的种种利益冲突该如何处理的问题，等等。这些都是法律职业者经常要面对的问题，法律职业伦理学应该给予回答。而目前法律职业伦理学的研究往往停留在法律职业者应该具备什么样的道德要求上，很少涉及职业的深层次问题，这也直接影响了法律职业伦理学的学科发展。

二、法律职业伦理学研究的价值

目前学界对于法律职业伦理学的理论体系很少关注、很少涉及。但随着依法治国进程的推进和司法改革的深入，法律职业伦理问题必将得到高度的重视。因为任何法律的实施以及法律的保障都必须通过法律职业主体来最终完成。要实现法律的目的，显然离不开法律职业主体的伦理问题。法治和人治问题长期以来是政治家和法律家争论不休的问题。实际上只要有国家存在，纯粹的法治和纯粹的人治就都是不存在的。就现代法治而言，法治之治也离不开人治，只不过法治之治在于通过接受过严格的法律训练并且崇尚法律的法律人按照正义和规则来推动法律的实施而已。儒家主张的“为政以德”与现代社会的“依法治国”并不是决然对立的。时下，我们的社会不是缺乏法律，而是缺乏法律的权威，缺乏大批可以树立法律权威的法律人。法律职业伦理教育的目的就是要培养可以树立法律权威的法律人。因此，法律职业伦理的学科建设就显得尤为紧迫。要培养高素质的法律人才，必然要进行法律职业伦理教育。

第一，法律职业伦理学的研究有利于解决依法治国需要什么样的法律人这样一个重大现实的问题。

要成功实现现代法治，仅有法律规范还远远不够，还需要创造实施法治的内外环境，其中非常重要的是法律人人格的塑造。我们需要什么样的法律人，我们需要什么样的伦理规则，这就是法律职业伦理学要回答的现实问题。法律职业伦理学的研究可以说是社会主义法制建设的历史选择和现实呼吁。翻开报纸，打开电视或点击互联网都能看到，一方面，目前法律职业者的职业道德面貌并不理想。有的法官因徇私枉法被判刑，出现“三盲（文盲、法盲、流氓）”法官，法官与律师沆瀣一气坑骗当事人；有的律师诈骗、行贿、参与伪证；有的检察官刑讯逼供；有的警察飞扬跋扈，与黑恶势力有千丝万缕的联系；有的公证员出假证，等等，不一而足。另一方面，我们的司法队伍整顿一浪高过一浪，每年都要出台各种队伍建设的规章制度，比如法院的错案责任追究制度、检察院的廉政建设、政法委的“三条禁令”、司法行政部门试图建立的律师诚信制度。随着依法治国方略的实施，人们对于法律人员的职业道德问题的关注程度越来越高。司法人员的职业道德问题已经超越司法职业本身，成为社会普遍关注的问题。造成这一问题的原因固然是多方面的，但是职业道德素质绝对是其中的关键问题。法律职业伦理学的研究和运用，将进一步促进我国法律职业队伍的精神文明建设，培养法律职业主体的法律道德意识，促使其正确运用法律，客观公正地处理各类案件和调整人民内部的各种纠纷，促进法律的正确实施。

第二，法律职业伦理学的建立和发展，将引起法学和伦理学研究的新进展和新突破，拓宽法学和伦理学研究的视野。

法律职业伦理学的研究可以进一步推动法律边缘学科的形成。长期以来法律领域的边缘学科始终没有引起学界的高度重视，处于边缘化的状态。实际上，法学的研究不应当仅仅局限在法学领域，法学的研究如果不能广泛借助其他社会科学以及自然科学的研究，必然会落后于这个时代。西方国家法律经济学、法律社会学、法律哲学、法律伦理学的兴起都很能够说明这一点。法与道德的关系是法学理论中由来已久且至今争论不休的重大问题。在依法治国的新时期，有必要重新审视和深入探讨法和道德的关系问题。特别是在党中央提出以德治国方略之后，如何处理依法治国与以德治国的关系，更是一个时代的重大课题，其中法律职业伦理建设问题必然是其中的一个重要环节。虽然法律与道德之间存在天然联系，但是并未因此在法学与伦理学领域自然催生法学与伦理学之间的整合。实际上，法学的发展需要借鉴伦理学，以便为法律的创制和实施提供价值评价的依据和标准，一方面，使法律能正确地反映社会主义经济、政治和社会发展的客观规律，另一方面，使法律的实施更好地发挥其社会效果，以便妥善地处理法律与道德规范相冲突的复杂案件。反过来，伦理学的发展也应借鉴法学研究的成果，如吸取法学对人的行为、权利义务和责任的研究，从而使得伦理学研究摆脱对道德现象空洞的抽象分析而与实践紧密结合。同时，法学和伦理学的结合，将促进法律职业伦理科学体系的建立，进一步丰富伦理学的内容。总之，法律职业伦理学的出现，可以进一步促进法律伦理学的研究。法律职业伦理学的建立与研究无疑将拓宽法学与伦理学研究的视野，促进法学、伦理学研究的繁荣，提高司法实践和道德建设工作的规范性与科学性。

第三，法律职业伦理学研究的价值还表现为其具有教育和认知作用。

法律职业人才道德素质的提高离不开法律职业严格的规则和专门的训练。从现状看，一些法律职业者在履行职务的过程中不能依法正确履行职责，有的把法律职业当作发财致富的手段，有的甚至因此酿成犯罪，给国家的法制建设带来了严重的负面影响。这在很大程度上与缺乏严格的职业道德训练和良好的职业道德习惯有着密切关系。进行法律职业伦理的研究并在高等院校开设法律职业伦理课程，使未来的法律职业人才接受良好的法律职业规则的专门训练，将有助于从根本上全面提高法律职业者的总体素质。长期以来，传统的法学教育重视法律知识的传授而忽视了对学生职业规则的严格和系统的训练，不利于培养德才兼备的高素质专业法律人才。我国的法学教育一直重视基本法律知识和基本理论的传授，而对于学生如何在将来的职业实践中运用这些知识来寻求、实现法律的公正，如何保持职业的操守与规范以及职业的廉洁性等，缺乏系统的、严格的和专门的训练。有关法律职业规则的内容散见于刑事诉讼、民事诉讼、行政诉讼等程序法学和律师学等课程中，而且所占的分量也很小，起不到专门的训练与教育的作用。开展法律职业伦理学研究并将法律职业伦理单独作为一门必修的课程在高等法律院校开设将有利于改变这种现状。

对高等院校法科学生开展法律职业伦理教育，同时也是国际上通行的做法。世界上法律制度和法学教育较发达的国家，法学院都普遍开设法律职业伦理方面的课程，并把学生对法律职业伦理课程的学习与通过考试作为其成为具有执业资格的专业法律人才的必备条件。不仅如此，在法律职业人才的继续教育中，法律职业伦理仍然是必修的内容。法科的学生接受正规的、系统的法律职业伦理的训练，将有助于我国法律职业者更好地运用法律执业规则处理各种国际法律事务，更好地应对日益广阔的国际法律服务领域的各种挑战，树立中国法律职业队伍的良好国际形象。我国已经全面实施统一的法律职业资格考试制度，这一制度的实施，有助于形成法律职业共同体，有助于各法律职业者在处理法律事务上的互相配合与协调，从而提高法律职业者执法的效率与公正性，这是贯彻依法治国方略、推进司法改革的重大举措。开展法律职业伦理学的研究与教学正是顺应了这一形势。

三、法律职业伦理学的研究方法

首先，研究法律职业伦理学必须以正确的思想作为指导，即必须以唯物史观为指导，尤其要以邓小平建设中国特色社会主义的道德理论为指导。法律职业伦理学的研究也必然离不开现实的社会经济环境，因为社会的物质生产方式归根结底决定道德的发展。历史唯物主义为法律职业伦理研究指明了根本的方向，也提供了一个根本的方法。

其次，研究法律职业伦理学必须理论联系实际。法律职业伦理学不仅是一门理论科学，也是一门实践性很强的科学。法律职业伦理学必须面向司法实践，回答司法实践中法律职业主体所遇到的各种法律伦理问题，为法律职业主体提供解决道德问题的理论支持。目前法律实施过程中暴露出来的许多尖锐问题都与法律职业伦理有关。在目前社会转型时期的司法实践中，法律与道德的冲突、新旧道德的冲突非常突出。同时由于历史的原因，我国法律职业队伍的构成非常复杂，反映出来的法律职业伦理问题也非常严重。在这样一种情况下，对法律职业伦理的研究必然不能脱离现实，必然要为现实服务。因此，研究法律职业伦理必须面向生活，密切关注法律实践，总结分析实践中出现的各种与法律职业伦理相关的案例，并从中探求法律职业伦理的发展规律和解决问题的路径，为实现依法治国和国家民主政治的发展提供理论上的支持。

再次，研究法律职业伦理还必须运用历史考察的方法。虽然法律职业伦理学是一门年轻的学科，但是法律职业伦理本身的历史是悠久的，法律职业在人类历史上一产生，就出现了法律职业伦理问题。对中西方法律职业发展的历史考察无不折射出法律职业伦理在人类法制文明发展进程中所起到的重要作用。因此研究法律职业伦理就必须要研究中外法律职业发展的历史，研究职业道德在其中所起的重要作用。只有这样，才能为我们对法律职业伦理的研究奠定坚实的基础。

最后，法律职业伦理学的研究还要广泛借助和吸收其他学科的知识和方法，不断丰富和发展自己。现代科学，包括自然科学，发展的重要趋势是渗透式综合发展。由于法律职业伦理学探寻的是传统法学和伦理学很难深入研究的复杂现象和问题，必须把法学和伦理学的方法论优点结合起来，从全新的角度和方法上解答法律职业伦理中的一些复杂问题，因此对于法律职业伦理学的研究不应局限于法学和伦理学范围内，还必须广泛借鉴经济学、社会学、心理学、生物学、政治学、人类学、文化学的方法，以及经济分析的方法、逻辑分析的方法、比较分析的方法。法律职业伦理本身是跨学科的研究，其研究方法必然是多样的、开放的、发展的。任何一种方法只要具有科学性，对学科的建设与发展有促进，对学科规律的认识有启发，我们就应该大胆地使用。

虽然在我国法律职业伦理的研究起步比较晚，在学术界还没有引起足够的重视，但是随着我国依法治国和政治文明的进步，随着法律职业的专门化、精英化、法治化，社会和法律界对法律职业伦理的接受程度和内在要求都会越来越高。特别令人欣喜的是，最近十多年来中国法律职业伦理的学科建设与发展都获得了比较大的进步。无论是法律职业伦理的教学，还是法律职业伦理的学术研究，都获得了长足的发展与进步。法律职业伦理现已成为教育部要求的高校法学专业必开的十门主干课之一，课程的内容更加丰富，教学方法和手段更加灵活多样，学生对该课程的兴趣也在增加；另外，法律职业伦理的学术研究也出现了很有代表性的学术成果。虽然这种进步与主流法学学科的成果相比仍略显稚嫩，但无论如何，法律职业伦理的学科建设已经从过去的“荒芜”中走出，并且不断展露“新芽嫩枝”，在不久的将来必将“枝繁叶茂”。可以预见，法律职业伦理的内在体系将越来越完备和精细，法律职业者的教育将不再局限于一般意义上的思想整顿、教育整顿等传统的思想教育手段，法律职业伦理学的研究和教学必将走向繁荣，从而使得法律职业伦理成为全体法律职业者内在的精神和信仰，成为法律职业取信于民、取信于社会、取信于国家，树立职业尊严、树立法治权威的重要保障。

课后练习题：

1. 关于法律职业道德的理解，下列哪一说法不能成立？（　）

A. 法律职业道德与其他职业道德相比，具有更强的公平正义象征和社会感召作用

B. 法律职业道德与一般社会道德相比，具有更强的约束性

C. 法律职业道德的内容多以纪律规范形式体现，具有更强的操作性

D. 法律职业道德通过严格程序实现，具有更强的外在强制性

[答案]D

[解析]

选项 A、B、C 正确。法律职业道德是约束法律工作者的道德规范，具有示范性、规范性和约束性，因此，法律职业道德具有更强的公平正义象征和社会感召作用，同时，和一般社会道德相比，具有更强的约束性，也更具有可操作性，A、B、C 项正确。

选项 D 错误。法律职业道德虽然不同于一般社会道德，但在本质上是道德要求而不是法律要求，而道德要求主要靠内在的约束，而非外在强制性。

2. 关于法律职业者职业伦理，下列哪一说法是不正确的？（　）

A. 法官职业伦理更强调法官独立性、中立地位

B. 检察官职业伦理是检察官职业义务、职业责任及职业行为中伦理准则的体现

C. 律师职业伦理只规范律师的执业行为，不规范律师事务所的行为

D. 公证员职业伦理应得到重视，原因在于公证证明活动最大的特点是公信力

[**答案**]C

[**解析**]

选项 A 正确。法官职业伦理是法官在履行其职责活动中应当具备的与法官职业的职能、性质相适应的基本素质和应当遵循的行为准则、行为规范。法官职业伦理特别强调法官独立、中立地位和审判职责要求的特殊方面。因此选项 A 正确。

选项 B 正确。检察官职业伦理是检察官在行使检察权、履行检察职能的过程中，或者从事与之相应的活动时应当遵守的行为规范。检察官的职业伦理是检察官的职业义务、职业责任以及职业行为上的伦理准则的体现。

选项 C 错误。律师职业伦理主要对律师的执业行为进行规范，同时也规范律师事务所的行为。

选项 D 正确。公证员职业伦理是指公证员在办理公证事务、履行公证职责的过程中或者从事与之相关的活动时所应遵守的行为规范。公证公信力是公证行业的立业之本，公信力是公证活动最大的特点，因此公证员职业伦理更应得到重视。

第二章　法律职业伦理基本规范

法律职业伦理学作为一门独立的学科，必然要有自己独立的规范体系。本章论述的这些规范是从众多法律职业伦理中抽象出来的最核心的规范，但是与法律职业伦理的基本原则适用于所有的法律职业者不同，法律职业伦理规范在不同的法律行业中的要求明显不同，轻重程度也不同。比如关于维护正义的规范，对法官的要求明显高于对检察官、律师的要求，而诚信规范则更多的是对律师等法律服务人员的要求。所以本章探讨的是法律职业伦理中的基本规范，并不是所有的这些规范都可以同等地适用于各类法律行业。法律职业伦理基本规范体现和反映的是法律职业者伦理规范中的最高层次的规范，这些规范共同构成了法律职业伦理的基本范畴体系。

第一节　正义规范

一、正义规范的内涵

正义是人类社会所追求的崇高理想，是古往今来的哲学家、社会学家、伦理学家、法学家争论不休的一个话题。与正义同义的词语还有公正、公平、公道等。正义在法律领域习惯上称为司法公正。中国古代的思想家就有关于正义、公正的论述。管仲曾经指出："为人君者，公正而无私。"（《管子·五辅》）荀子也提出："公生明，偏生暗。"（《徐子·不苟》）许多思想家还提出了保障司法公正的具体措施。比如在执法过程中，要信赏必罚、明罚慎刑，不能屈法申情。西方思想家如苏格拉底、柏拉图、亚里士多德、孟德斯鸠、休谟、布莱克斯通、爱德华·柯克、约翰·罗尔斯等，都对公正、正义问题作出过很多精辟的论述。从法律的角度看，正义是法律的最高形态。法律职业者崇尚正义，追求法治，这是法律职业的首要的、最基本的伦理规范。因为作为从事法律工作的人，如果不能严肃地对待法律，那就可能最大限度地破坏法律。英国哲学家培根有一句名言："一次不公的判断比多次不平的举动为祸尤烈。因为这些不平的举动不过弄脏了水流，而不公的判断则把水源败坏了。"[1] 正义与法律的关系问题是法律哲学永恒的论题。虽然人们对正义有不同的理解，但是在特定的历史条件下和特定的历史环境中，人们关于正义的判断仍然存在客观的标准。西方正义理论集大成者约翰·罗尔斯认为正义可分为实质正义、形式正义和程序正义。程序正义（procedural justice）是介于实质正义与形式正义之间的一种东西，它要求规范在制定和适用中程序具有正当性。法律职业正是操作法律程序的职业，从这个意义上看，程序的正当性的实现很大程度上取决于法律职业者的道德水平。法律职业者履行正义规范的过程更多地体现为程序正义，具体表现为司法、执法和提供法律服务的公平。

通过法律实现正义是自然正义向现实正义转化的基本途径。什么是正义不仅是哲学的命题，更是法学的命题。法律职业者的执业活动无不渗透着正义问题。法律与正义的关联性体现在立法、司法服务，包括守法活动过程中。维护法律正义是法律职业者的职业使命。西方法律界有一句名言："为了公正，哪怕天崩地裂。"这正是对维护正义原则的最好诠释。

正义规范是法律职业伦理的最高规范的直接逻辑是由法律本身与正义的密切关系所决定的。就法律而言，现代法治国家通过民主程序制定的各种法律可以说很大程度上能够体现正义，因此就法律职业而言，法律职业者正确运用和实施法律就是促进和实现社会的正义。从一定意义上看，正义的实现必须通过司法来保障，而司法又必然离不开法律职业者的参与。司法人员、执法人员的腐败、缺乏基本正义观，必将导致法律制度的缺失，具体表现就是正义的缺失。因此，正义规范是法律职业者职业伦理的最高规范。当然，由于现实生活的多样化和复杂化，并不是所有的法律都能够体现正义，但如果具有正义观的法律职业者本着维护社会正义的原则，在具体执行法律的过程中就可以弥补法律在实现正义上的不足。因此，正义规范对于法律职业者的执业是非常重要也是最为根本的要求，其他伦理道德规范均服从于这一核心规范。

---

[1] [英] 培根 . 培根论说文集 [M]. 水天同，译 . 北京：商务印书馆，1993：193.

二、正义规范在法律职业伦理中的具体体现

正义规范要求法律职业者崇尚法律，因为法律只有被信仰，才能得到切实的遵守。法律职业者比一般的社会大众更应该信仰和崇尚法律。这方面，对法官的要求最高。人们习惯上将法官看作是正义的化身，为实现法律所确立的正义，现代法治确立了一系列司法的基本原则和要求，比如法官独立的原则、法官中立的原则、法官回避的原则等。这些原则为各国现代法律体系和职业道德规范所吸收，成为规制法官职业行为的基本准则。法官只对法律负责，法律是法官的上帝。法官具体履行职责的行为能否体现正义，具体表现在法官是否尊重与服从法律上。当然，法官具体执行法律的过程并不是机械的过程，而是运用法律实现和维护正义的复杂过程。

正义规范要求法律职业者依法维护基本人权。人权是正义范畴中的核心内容。关于维护人权，不仅对法官有特殊的要求，对于其他法律职业者，如检察官、警察以及律师等法律服务人员，也有具体的要求。联合国《公民权利和政治权利国际公约》以国际法的形式确立了一系列保障司法公正、体现司法正义的基本原则和具体标准。例如该公约第十四条规定："所有的人在法庭和裁判所前一律平等。在判定对任何人提出的任何刑事指控或确定他在一件诉讼案件中的权利和义务时，人人有资格由一个依法设立的、合格的、独立的和无偏倚的法庭进行公正的和公开的审讯。由于民主社会中的道德的、公共秩序的或国家安全的理由，或诉讼当事人的私生活的利益有此需要时，或在特殊情况下法庭认为公开审判会损害司法利益因而严格需要的限度下，可不使记者和公众出席全部或部分审判；但对刑事案件或法律诉讼的任何判决应公开宣布，除非少年的利益另有要求或者诉讼系有关儿童监护权的婚姻争端。"第十六条规定："人人在任何地方有权被承认在法律前的人格。"联合国《执法人员行为守则》（1979 年 12 月 17 日通过）第一条规定："执法人员无论何时均应执行法律赋予他们的任务，本着其专业所要求的高度责任感，为社会群体服务，保护人人不受非法行为的伤害。"第五条规定："执法人员不得施加、唆使或容许任何酷刑行为或其他残忍、不人道或有辱人格的待遇或处罚，也不得以上级命令或特殊情况，例如战争状态、战争威胁、国家安全的威胁、国内政局不稳定或任何其他紧急情况，作为施行酷刑或其他残忍、不人道或者有辱人格的待遇或处罚的理由。"联合国《关于检察官作用的准则》第三条规定："检察官作为司法工作的重要行为者，应在任何时候都保持其职业的荣誉和尊严。"第十一条规定："检察官应在刑事诉讼，包括提起诉

讼和根据法律授权或当地惯例，在调查犯罪、监督调查的合法性、监督法院判决的执行和作为公众利益的代表行使其他职能中发挥作用。”第二十条规定：“为了确保起诉公平而有效，检察官应尽力与警察局、法院、法律界、公共辩护人和政府其他机构进行合作。”《关于律师作用的基本准则》第十四条规定：“律师在保护其委托人的权利和促进维护正义的事业中，应努力维护受到本国法律和国际法承认的人权和基本自由，并在任何时候都根据法律和公认的准则以及律师职业道德，自由和勤奋地采取行动。”由此可见，除了法官之外，其他法律职业者在维护正义方面也具有重要的职责。

另外，我国的三大诉讼法和关于法律职业主体的法律同样把维护正义和司法的公平作为法律职业者的重要职业使命。

综上所述，维护正义是法律职业活动的一条基本原则，按照这条原则，以法官为代表的法律职业者在依法履行职责的过程中应当崇尚法律、维护人权，在法律实践活动中最大限度地体现正义、公平的精神。可以说，维护正义不仅是法律职业者的道德义务，更是法律职业者的法律义务，因此正义规范是法律职业伦理的最高层次，也是最核心的规范。

第二节　独立规范

一、独立规范的内涵

独立性是很多职业的内在的要求。法律职业者在履行职责过程中保持独立性非常重要，不是因为法律职业本身需要独立，而是因为达到公正的目的需要独立。独立规范要求法律职业者在职业活动中，只能服从法律，遵循法律的程序和职业道德的要求履行职责，免受法律之外的各种干预和压力。独立规范对于法律的正确有效实施具有十分重要的意义。独立规范在司法领域表现得尤为突出，法律职业的独立往往与其所在的机构的独立性联系在一起。1995 年 8 月 19 日，在北京召开的第六届亚太地区首席大法官会议通过了《司法机关独立基本原则的声明》，特别强调了司法的独立、法院的独立和法官的独立。意大利的法学家 M. 卡佩莱蒂教授指出：“司法独立（尤其是独立于行政机关）本身不具有终极价值；它本身不是一种目的，而只具有一种工具性价值，它的最终目的是确保另一项价值的实现——法官公正而无私地解决争端。”除了对于法官独立性的特别要求外，检察官、律师和公证员在执业过程中也都应该保持一定的独立性。

二、独立规范在法律职业伦理中的具体体现

就职业的独立性而言，对法官的要求特别高。关于法官的独立性，德国学者包尔列举了八个方面：⑴法官必须独立于国家和社会间的各种势力；⑵法官必须独立于上级机关；⑶法官必须独立于政府；⑷法官必须独立于议会；⑸法官必须独立于政党；⑹法官必须独立于新闻；⑺法官必须独立于国民的声望；⑻法官必须独立于自我、偏见和激情。很多国家在本国宪法中都确立了法官独立的原则，意大利《宪法》第一百零一条规定：“法官只服从于法律。”俄罗斯联邦《宪法》第一百二十条规定：“法官是独立的，只服从于俄罗斯宪法和联邦法律。”美国律师协会制定的《司法行为准则》明确规定：“独立的、受尊重的司法机构是在我们的社会中正义所必需的。法官应当参与建立、保持和履行较高的行为准则，并应当身体力行遵守这些准则，从而保持司法操守和独立性。”“法官应尊重或服从法律，并在任何时候都应以增进公众对司法的遵守和公正性的信赖的方式行为。”“法官应当信守法律，保持在法律方面的职业能力，法官不应受政党利益和公众议论的影响，也不应惧怕批评。”该司法行为准则中的许多关于法官职业道德的规定都与保持法官职业的独立性有着密切的关系。

我国《法官法》中明确规定法官必须“忠实执行宪法和法律”“法官依法履行职责，受法律保护”“审判案件必须以事实为根据，以法律为准绳”。这些规定都体现了法官职业的独立性。最高人民法院在2001年发布的《法官职业道德基本准则》第一部分“保障司法公正”中，就法官保持职业的独立性方面更是作出了一系列具体的规定，其中包括：“法官在履行职责时，应当忠实于宪法和法律，坚持和维护审判独立的原则，不受任何行政机关、社会团体和个人的干涉，不受来自法律规定之外的影响。”“法官在审判活动中，应当独立思考、自主判断，敢于坚持正确的意见。”“法官应当抵制当事人及其代理人、辩护人或者案外人利用各种社会关系的说情，并按照有关规定处理。”“法官在审理案件的过程中，应当避免受到新闻媒体和公众舆论的不当影响。”等。

独立规范不仅适用于法官，也适用于检察官。联合国《关于检察官作用的准则》中规定：“检察官作为司法工作的重要行为者，应在任何时候都保持其职业

的荣誉和尊严。”“各国应确保检察官得以在没有任何恐吓、阻碍、侵扰、不正当干预或不合理地承担民事、刑事或其他责任的情况下履行其专业职责。”“检察官在履行职责时应不偏不倚，并避免任何政治、社会、文化、性别或其他形式的歧视。”“有些国家规定检察官拥有酌处职能，在这些国家中，法律或已公布的法规或条例应规定一些准则，增进在检控过程中作出裁决，包括起诉和免予起诉的裁决的公正和连贯性。”这些规定在一定程度上体现了检察官的职业独立性原则。在我国，检察机关属于司法机关，我国《刑事诉讼法》明确规定：“人民检察院依照法律规定独立行使检察权。”检察机关的独立最终要通过检察官的独立来实现。我国《检察官法》和《检察官职业道德规范》中也都有关于检察官保持执业独立性的要求的规范。

独立规范同样适用于律师职业。由于律师在执业中要接受当事人的委托授权，律师的执业对于当事人具有一定的依附性，因此律师的职业独立性相对于法官的独立性显得不是那么突出，但是这并不意味着律师执业就没有独立性。联合国《关于律师作用的基本原则》规定：“律师在保护其委托人的权利和促进维护正义的事业中，应努力维护受到本国法律和国际法承认的人权和基本自由，并在任何时候都根据法律和公认的准则以及律师的职业道德，自由和勤奋地采取行动。”美国律师协会制定的《律师职业行为示范规范》就有关于“律师职业独立性”的专节规定，在“代理范围”一节中更是明确指出：“律师代理客户，包括被指定代理，并不意味着建立起一种对客户政治、经济、社会道德观点和活动的认可。”中华全国律师协会在2001年修订的《律师职业道德和执业纪律规范》第二十七条规定：“为维护委托人的合法权益，律师有权根据法律的要求和道德标准，选择完成或实现委托目的的方法。对委托人拟委托事项或者要求属于法律或律师执业规范所禁止的，律师应告知委托人，并提出修改建议或予以拒绝。”这些规定都体现了律师执业独立性的要求。

独立规范也适用于公证员。《中华人民共和国公证法》第二条规定：“公证是公证机构根据自然人、法人或者其他组织的申请，依照法定程序对民事法律行为、有法律意义的事实和文书的真实性、合法性予以证明的活动。”公证活动本质上是一种证明活动，如果公证员缺乏职业的独立性，就会很容易破坏公证的权威性。关于公证员的独立性，2002年3月中国公证员协会第三届三次理事会通过的《公证员职业道德基本准则》第二条规定：“公证员在履行职责时，应当恪守独立、客观、公正的原则．不受非客观事实和法律之外因素的影响。”可见，独立规范是公证员非常重要的执业规范。

第三节　效率规范

一、效率规范的内涵

“与秩序、正义和自由一样，效率也是一个社会最重要的美德。一个良好的社会必须是有秩序的社会、自由的社会、公正的社会，也必须是高效率的社会。”传统上，效率主要是经济学的概念。但是现在，随着法律对社会生活的影响逐步深入，特别是近年来经济分析法学的兴起，效率范畴被广泛应用于法学领域。在程序法律方面，效率问题尤其受到人们的强烈关注。一般而言，效率是指投入和产出、成本和收益的比例关系。司法要讲效率，法律服务也要讲效率。在法律职业伦理规范中，效率规范要求法律职业者勤勉尽责。美国著名的法学家理查德·A.波斯纳就指出，公正在法律中的第二个意义是指效益，在资源稀缺的世界，浪费是不道德的。西方法学界有句著名的格言：“迟到的正义是非正义。”说明了效率在维护正义方面的重要性。

二、效率规范在法律职业伦理中的具体体现

许多国际和国外的涉及法律职业行为的司法文件和准司法文件都对效率规范作出了明确的规定。联合国《公民权利和政治权利国际公约》第九条规定：“任何被逮捕的人，在被逮捕时应被告知逮捕他的理由，并应被迅速告知对他提出的任何指控。”第十四条规定：“在判定对他提出的任何刑事指控时，人人完全平等地有资格享受以下的最低限度的保证：（甲）迅速以一种他懂得的语言详细地告知对他提出的指控的性质和原因；（乙）有相当时间和便利准备他的辩护并与他自己选择的律师联络；（丙）受审时间不被无故拖延……”这些规定虽然针对的是人权的保护，但也间接地规定了司法机关包括司法人员的义务。从这些规定上看，法律职业者的执业效率问题直接关系到当事人的人权。再如美国律师协会制定的《司法行为准则》有关效率的规定就更为详细。该《准则》第三部分第八条规定：“法官应当迅速地、有效地、公正地处理各种司法事务。释义：在迅速地、有效地、

公正地处理事务时，法官必须表明其合理地考虑到了将要出庭的当事人的权利，在解决纠纷时没有付出不必要的花费或迟延，在控制成本且保护当事人的基本权利的同时保护了证人及公众的利益。法官应当控制和监督案件合理进度以减少或消除拖拉现象，避免迟延或不必要的花费。法官也应当鼓励和寻求和解，但当事人不应感到为了由法官解决争议而被迫放弃权利。有效地处理法院的事务，要求法官必须为履行义务付出足够的时间、准时出庭、及时就提交的事宜作出裁决并为此目的与法院工作人员、诉讼当事人及其律师相互合作。”美国律师协会制定的《律师职业行为示范准则》规定：“律师必须合理告知客户事情进展的情况并及时适应新信息的要求。”“律师必须合理努力加速诉讼，如果加速与其客户利益一致。”这些规定都体现了效率原则。

效率规范在我国的相关法律职业伦理规范中也有体现。最高人民法院的《法官职业道德基本准则》第十一条规定：“法官应严格遵守法定办案时限，提高审判执行效率，及时化解纠纷，注意节约司法资源，杜绝玩忽职守、拖延办案等行为。”《律师职业道德和执业纪律规范》第三十条规定：“律师应当严格按照法律规定的期限、时效以及与委托人约定的时间，及时办理委托的事务。”第三十一条规定：“律师应当及时告知委托人有关代理工作的情况，对委托人了解委托事项情况的正当要求，应当尽快给予答复。”《公证员职业道德基本准则》第十条规定：“公证员应当按规定的程序和期限办理公证事务，及时受理、审查、出证，不得因个人原因和其他主观因素拖延推诿。”这些规定都体现了效率规范。

效率问题是如此重要，那么当效率规范与正义规范相冲突的时候，应当如何处理呢？这就涉及效率规范与正义规范之间的关系。经济学领域提出效率优先，兼顾公平。那么在司法和法律服务领域能否适用这一规范呢？“合法权利的初始界定会对经济制度运行的效率产生影响。权利的一种调整会比其他安排产生更多的产值。”由于法律资源配置上的效率优先，“效率与公平相冲突时，为了效率之价值目标，公平可以退居第二位，直至暂时作出必要的自我牺牲”。但是从总体上，在处理正义与效率的关系时，我们需要运用现有的法律机制尽可能平衡二者的冲突，扩大其互补性，缩小它们之间的矛盾与差别。

第四节　平等规范

一、平等规范的内涵

平等是指公平地对待一切当事人的权利与义务。在法律上，平等规范又可以分为形式平等规范与实质平等规范。形式意义上的平等规范针对法律的普适性，是指所有人都受法律的约束，任何人都不享有法外特权，就法律的普遍约束力而言，年龄、性别、民族、出身、财产、肤色、信仰、职业等个性因素均被排除。实质意义上的平等规范针对个案的特殊性，即权利义务的配置应当与公民个人的年龄、性别、民族、出身、信仰、财产、职业等个性化因素相对应，同等情况同等对待，不同等情况不同等对待，公民个性化因素与法律适用的正当关联性是这里的关键所在。实质意义上的平等规范表现为公民的平等权，具体表现为公民的信息平等权、劳动平等权、教育平等权、救济平等权等，同时具有给付权和防御权的属性。

就法律职业伦理上的平等规范而言，就是通过法官、检察官、律师的司法行为体现出程序正义，实现对公民利益的平等保障。平等规范更多地体现在确保程序平等上。一般认为，平等规范在司法中体现为以下四个原则：

第一，程序中立规范。中立的要义是独立，程序中立即为程序独立，是指程序的进行只受法律的约束，任何与案件无关的因素均应当排除在程序之外。

第二，平等武装规范。这是指程序的设计应当保障各方当事人具有同等效果的进攻和防御手段，禁止强者利用与法律无关的天然因素压服弱者。为此，仅仅在形式上确认各方当事人的平等参加人地位是不够的，在此基础上还需要进攻和防御手段配置的平等化。首先，通过阅卷权、先悉权、证据交换等制度进行信息权平等武装，确保一方当事人获得对方当事人掌握的证据，使各方当事人在事实方面的进攻和防御手段对等。其次，通过裁决机关的调查取证制度，弥补弱势当事人的信息获取能力，消除当事人之间的证明能力差距。再次，通过律师委托、法律援助等制度，弥补当事人在法律认知能力上的差距，使各方当事人处于同一起跑线上展开竞争。平等武装的关键在于排除一方当事人拥有的天然优势对程序的影响，因为这种优势与程序无关。

第三，程序负担均衡规范。这是指当事人各方承担的程序义务应当与其实体权利和主张相对应。程序不仅是当事人财力、专长、环境等天然优势的过滤器，而且是当事人实体法律地位差距的平衡器。在法律上拥有公权力或者其他垄断性地位的当事人应当在程序中承担加重的义务，积极事实的主张者承担举证责任。程序负担均衡的实质是通过加重程序负担的方式抵消一方当事人的实体法律地位优势，避免当事人实体权利差距的绝对化。

第四，程序透明规范。公权力的行使程序应当透明，这是世界各国公认的一般法治要求。具体是要求当事人双方信息要对称，平等对待对方的诉讼权利和诉讼利益，不允许在法庭上搞证据突袭，确保公正。

二、平等规范在法律职业伦理中的具体体现

对法官而言，平等规范要求其恪守职业操守，做到公正、中立、平等地对待案件的每一方当事人。如果法官对一方当事人心怀偏私，那么另一方当事人就申告无门了。法官在工作中要做到对待当事人一视同仁，不应当公私有别、内外有别。要坚持在法律面前人人平等，平等地保护各方主体的合法权益。法官应保持诉讼过程的平等性。《法官职业道德基本准则》第十条规定：“法官在履行职责时，应当平等对待当事人和其他诉讼参与人，不得以其言语和行为表现出任何歧视，并有义务制止和纠正诉讼参与人和其他人员的任何歧视性言行。”法官应当充分注意到由于当事人和其他诉讼参与人的民族、种族、性别、职业、宗教信仰、教育程度、健康状况和居住地等因素而可能产生的差别，保障诉讼各方平等、充分地行使诉权。法官要认真听取当事人的辩解与理由，还有律师、其他诉讼参与人的意见，在法官评议中、在裁决理由中、在法律文书中作出有理有据的回应，或采纳或批驳，即做到裁判说理。不能你说你的，我判我的，如果这样的话，就是司法专断。法官作出的裁决结论，不但要在实体、程序上是公正的，而且要让这种公正获得合情合理的形式，能够说服普通人，为广大人民群众所接受。法官应当尊重律师的平等权利，不能无端打断律师的辩论陈词，或者对律师的陈词或主张加以道德上的指责，这样不但会使律师尴尬，也将损害法官在当事人与律师心目中的形象。司法公正不仅要求法官作出一个公正的判决，还要求公正以人们看得见的方式实现，其中也包括了法官应公正行事，平等对待诉讼当事人。

对检察官而言，平等原则表现为，依法尊重当事人的合法诉讼权利，尊重法

官和律师，遵守法庭秩序，依法履行好国家赋予的职责。

平等规范要求律师应公正对待当事人及其他律师。《英格兰和威尔士出庭律师行为法典与出庭律师理事会指导准则》第 305.1 款规定：出庭律师不得因他人（包括委托人、其他出庭律师、民众或者法庭实习生）的种族、肤色、民族、国籍、性别、性倾向、出身、身体残疾、宗教信仰或者政治主张的差异而对其产生直接或者间接的歧视。律师不得妨碍另一方律师搜集证据。他们不得变更、损坏或隐瞒将被视为有价值的证据，或协助别人这样做。律师应以文明和体面的方式执业，尊重法官和律师同行。律师不得为个人便利或仅仅是挫败对方、试图得到救济而使事态复杂化或拖延诉讼、辩护。不得进行不公平的竞争。律师有责任维护整个法律界的团结，有责任向某机关报告任何不当职业行为，包括他们熟悉的其他律师或法官。法国学者认为，律师对待法官和其他司法辅助人员同样应保持独立平等的态度。鉴于法官和律师两者都是在执行法律，律师不得以任何借口对法官表现出不拘礼节或过于亲热，因为这样可能使那些初次从事辩护的人以为这个律师在法庭上享有特殊的地位而怀疑司法的公正性。平等规范的确立是实现司法正义的必要前提。

第五节 诚信规范

一、诚信规范的内涵

许慎的《说文解字》对诚信的解释是：“诚，信也，从言成声”“信，诚也，从人从言”，二者互训。诚信不仅是个人的立身处世的基本原则，也是从政、经商的基本原则。诚信规范既是道德规范，也属于法律规范。诚实信用原则在法律上被称为“帝王条款”。我国《民法总则》《合同法》《反不正当竞争法》都规定了诚实信用的基本原则；《公司法》《证券法》都有关于诚信的规定。随着社会主义市场经济体制的逐步完善，市场经济的道德体系问题日益突出，因此诚信问题在经济领域受到了前所未有的关注，建立市场主体的诚信体系问题已经提上了日程。目前国家正在致力于建立政府诚信体系、企业诚信体系、个人诚信体系。其中，关于诚信制度建设问题，主要在经济领域里开始为人们所重视。司法领域、法律服务领域诚信体系的建设还没有引起足够的重视。在法律服务领域，特别是律师行业正在探索建立律师诚信体系，如北京市司法局制定了《北京市律师诚信信息管理办法》。

二、诚信规范在法律职业伦理中的具体体现

诚信为一切秩序之本。现代社会中诚信的价值正在受到越来越广泛的关注。法治国家的实现同样有赖于整个社会对法治权威的尊重。为了获得这种尊重，普通法甚至创设了藐视法庭罪、侮辱法官罪等，以强调法律的权威性。但是法治的权威除了建立在暴力惩戒的基础上，还有一个重要方面，就是公众与社会对法律的信仰。而建立一个具有公信力的法治社会离不开司法人员对法治精神的诚信信仰。法律是灰色的，只有司法实践之树常青。因为法律本身从形式上看仅仅是一种条文的规定，如同一架机器，完全由使用人来操纵。由于社会生活纷繁复杂，法律可能会缺位，可能会有缺陷，会对实现法治造成障碍。因此，司法人员在运用法律的时候必须首先确立诚信观念，才能真正地保持法律之树常青。

从法官的角度来说，诚信原则主要体现在法官应该忠实于法律，忠实于法律精神的本质，依法裁判，慎重运用自由裁量权。而法官如何正确地行使自由裁量权，则对法官的良知提出了要求。因此，对于那些明显违背自然与理性的恶法，法官应大胆地拒绝服从并拒绝在判决中援引。而对于那些有缺陷的法律，法官应正确地行使自由裁量权，通过符合法律精神的解释而使它们变得没有缺陷，以达到实现正义的目标。法官应当意识到裁判的作用不仅仅是定分止争，也不仅仅是对权利和权力冲突的裁断，它更是社会正义的最后一道防线，是社会公共福祉的最终保障。司法判决的意义重大，不仅个案正义需要通过法官的判决来体现，而且整个社会的正义也要通过司法审判制度来体现，只有秉持诚信之心，遵循法律精神，才能赢得人们的理解、尊重、热爱，才能使人们更加信仰法律。对司法判决的信服的力量，源头产生于法官自身对法律的诚信。因此，法官在判决的时候绝不应做不假思索的法匠，而应时时体现法律真正的价值，同时，体现善和美的价值，体现人性的光芒与理性的光辉及社会的关怀，以使人民亲近而自觉接受。那种枉法作出的不合法的判决，以及机械地运用法律条文作出、没有逻辑和心证过程、虽合法但却“不讲理”的判决，或者是滥用自由裁量权作出的荒诞的、不近人情的、强词夺理的判决，绝不会使人民从中对法律产生任何信任感。

对于检察官来说，诚信意味着忠于党，忠于国家，忠于人民，忠于事实和法律，忠于人民检察事业。检察官履行好包括支持国家公诉和行使法律监督的各项

职责，维护好广大人民群众的根本利益，就是最大的诚信。

对律师而言，诚信原则的主要体现是我国《律师执业行为规范》第六条的规定："律师应当诚实守信，勤勉尽责，依据事实和法律维护当事人合法权益，维护法律正确实施，维护社会公平和正义。"良好的信用是律师执业的必备条件。律师只有具备良好的信誉品质，才能取得委托人的信任和社会的重视，才能成为公民、法人的保护神，也才能成为对抗强权、保护弱者的正义之神。律师工作的本质和法律服务的特点，决定了它必须以诚信为本。一方面，律师本身就是诚信制度的维护者。无论是律师的诉讼业务，还是非诉讼业务，其本质都是对信用制度的维护。另一方面，律师应该是信用的实践者，如果向社会提供法律服务的律师都失去了信用，那么整个社会的信用状况只会更加糟糕。当事人委托律师为自己提供法律服务，表明他在某一方面或某一事项上存在困难，需要得到法律帮助。当事人按照与律师事务所签订的法律服务合同，所付出的不仅是金钱，更多的是对律师事务所和律师的信任。在市场经济社会，法律服务也是一种贸易，也必须以等价交换和诚实信用为前提。当前，律师事务所对当事人的义务性条款的规定含糊不清，经常含有免除其责任、加重当事人责任的内容。即使有的法律服务合同详细地表述了律师应尽的义务，但是在履行时，也存在敷衍了事、玩忽懈怠、千方百计收费、想方设法开脱，为了取得当事人的代理费，故意作虚假承诺等情况。根据调查，律师业收费不透明已成为进行法律服务的消费者对律师不信任的重要原因。没有价格标准的服务，是一种没有规范的服务；没有规范的服务，是一种不透明的服务；不透明的服务，是一种不讲信用的服务。律师违纪案件的投诉有以下趋势和特点：一是投诉案件数量逐年上升；二是当事人向律师主管部门几经投诉无果；三是投诉内容多为律师不能诚信执业或律师事务所管理混乱。律师违纪情况的主要表现是不正当竞争。具体表现为收费无标准，为争夺案源任意压价，走后门，办关系案、金钱案，虚假宣传，贬低同行；不能勤勉尽责、诚实守信；不在钻研业务上下功夫，刻意拉关系，建网络；一旦钱到手，怠慢客户；说大话，作虚假承诺，误导当事人；沾染不良习气，严重损害律师形象。这些问题的存在与律师自身对诚信的态度不端正有很大关系。对一名律师来说，信用就是一种向当事人信守承诺的责任感，信用就是对自己提供的法律服务之后果负责的道德感。在市场经济发达的国家，人们会把律师视作一种神圣的职业，赋予律师维护基本人权、实现社会正义的职责。如在美国，律师被认为是法院官员，此角色需要他们不得从事不诚实的活动，不得作出与事实不符的陈述，或者不得以其他形式破坏司法运作。律师不得向法庭提供虚假的事实或法律或其他已知的虚假证据，不得协助证人作伪证。律师已提供的证据，如随后发现有错误，必须通知法庭纠正错误。律师有责任通知法庭他所掌握的所有法律规定，包括对客户不利的但对方尚未发现的。这些规定作为律师责任的一部分，有助于维持法庭的公正和严肃。这也是对控方律师的特别规定，表明他们代表政府和公众，而非一个客户，因此必须确保被告得到公正的审判，定罪必须有充分的证据。日本《律师道德》第二条规定："律师应注重名誉、维护信用，努力培养高尚的品德和精深的修养。"忠诚是对律师与客户关系的基本要求，所以许多国家关于律师与被代理人利益冲突的法规都规定，当律师代理了有直接利益冲突的双方当事人或因为律师其他责任或利益不能为客户作出判断、推荐或执行合适的法律诉讼时，他们就被认定是不忠诚的。

上述事实说明，诚信原则是律师的职业道德制度的核心。无论是律师本人还是律师事务所，要生存，要发展，要在激烈的市场竞争中立于不败之地，就必须诚实守信，信用已经成为律师最重要的资本。可在现实中，法律服务中的信用危机仍然是中国律师业发展的主要障碍。因此，加强律师诚信执业的任务仍然十分艰巨。诚实守信是现代文明社会的基础，只有依靠诚信来推进法治建设，才能取得有效的法治之果。

第六节　保密规范

一、保密规范的内涵

保密的内涵就是要求特定的人员在一定的期限和范围内以一定的手段保守特定信息和资讯，不公之于众。秘密是与公开相对而言的，就是个人或集团在一定的时间和范围内，为保护自身的安全和利益，需要加以隐蔽、保护、限制，不让外界客体知悉的事项的总称。构成秘密的基本要素有三点：一是隐蔽性，二是莫测性，三是时间性。一般地说，秘密都是暂时的、相对的和有条件的，这是由秘密的性质所决定的。司法活动中一样也会产生一定的秘密。司法秘密的基础是确保司法公正和司法利益，维护司法秩序的正常运行。保密规范对法官、检察官、律师的要求是，对各自在执业过程中知悉的国家机密、商业秘密、当事人的个人隐私都应该按照法律规定予以严格保密，在一定时间内只能让一定范围的人员知悉，不能泄漏，否则会对司法程序的运行和司法公正产生极大的损害。

二、保密规范在法律职业伦理中的具体体现

法官需要保守审判工作秘密。所谓审判秘密是指按照有关的法律规定在审判活动中不宜或不应向他人公开的内容，具体包括审判委员会笔录、合议庭笔录、院庭领导的批阅意见、涉案个人隐私和商业秘密、案件收结案统计情况、案件排期情况、庭审动态等。而审判泄密就是指以上内容通过不适当的途径为不宜或不应知悉的人所知道。法官职业道德要求法官应当严格做到：⑴除履行审判职责或者管理职责外，不得询问其他法官承办案件的审理情况和有关信息；⑵不得向当事人或者其代理人、辩护人提供有关案件审理情况和其他有关信息；⑶不得为当事人或者其代理人、辩护人联系和介绍承办案件的法官和透露承办法官的联系方式。

对法官而言，按照其所处的审判阶段的不同，审判泄密有以下的一些表现形式：有关人员违反规定携带案卷外出或随意放置、保管不慎致案卷材料遗失；将有密级的信息、材料随意传阅、复制，扩大知晓范围；将案卷或诉讼材料借给无阅卷权的人员参阅；案件尚未审结即向新闻媒介透露案件的审理情况或公开发表评论；将未经宣判的案件的合议庭评议意见、审判委员会讨论决定的具体内容或法律文书原本等透露给当事人及其诉讼代理人、辩护人；在调查阶段将证人证言、某一当事人的供述情况等传递给相关的当事人、诉讼代理人或其他人；将法院对犯罪嫌疑人采取的强制措施、财产扣押等决定提前透露给相关人员；泄露当事人的个人隐私、商业秘密，等等。其危害主要有以下几个方面：⑴损害当事人的合法权益。有些案件涉及个人的隐私或商业秘密等内容，当事人本不愿或不想为社会公众所知晓，如果这些内容泄露出去，便会造成当事人名誉之损害或是应有利益之损失，不利于当事人合法权益的保护。⑵严重影响人民法院执法的公正性。法律最终的理念是公平与正义，人民群众把纠纷交给人民法院裁决，也是为了能够找到第三方公平诚实地去判断谁是谁非以及责任的归属问题，而公平与正义也是对一个法官最严肃、最基本的要求，但审判泄密明显有悖于公平与正义。对案件的双方当事人来说，对于同一案件事实，提早获悉的一方必然比另一方有更充足的时间去收集资料和证据，也会给当事人规避法律、逃避责任创造条件，这对于另一方来说显然是不公平的。⑶审判泄密容易导致审判人员滥用职权，故意偏袒一方当事人，枉法裁判，索贿受贿，从而滋生司法腐败，妨碍司法公正，不利

于法院的廉政作风建设和队伍素质的提高。

检察机关同样也存在保密原则。例如最高人民检察院和国家保密局将“检察机关正在立案侦查（包括立案前的初查）的案件的侦查计划、处理意见及有关材料（包括举报材料）”定为机密级保密事项。根据调查，目前检察机关泄密的情况类型有：⑴检察人员的故意或过失泄密。知晓案情的检察人员泄露案件的机密有两种方式，一是过失泄露，因为平时保密意识不强，将自己保管的案卷随意丢放，不注意影响，与亲人、朋友、邻里，甚至在公共场合谈论案情，造成案件机密泄露；二是故意泄密，如部分了解案情的检察人员，故意向案件当事人的亲属、朋友通风报信，泄露案件机密。检察人员泄露案件机密无论是过失还是故意，其后果都是十分严重的，他们的泄密行为，为不法分子逃避法律制裁创造了条件，严重干扰了检察机关的执法活动。⑵检察人员通过电话（包括移动电话）谈论案情，将案件机密资料录入上网的计算机而导致的泄密情况时有发生。⑶新闻报道方面的泄露。保密规范要求检察人员必须做到严格遵守《保密法》和检察机关保密规定；不因工作以外的原因打听国家秘密和案件情况；不在公共场所和家属、子女、亲友面前谈及国家秘密和检察工作秘密；不在私人交往中泄漏国家秘密和案件情况；不私自抄录、复印秘密文件资料；不携带秘密文件和卷宗到宿舍和公共场所；不用电话和无线电话传递国家秘密事项；不用明码电报和不加密传真机传输秘密文件、资料；不在个人著作和文章中引用国家秘密，未经批准不向任何单位提供正在办理的案件情况；发现失泄密问题要及时向领导报告，并立即采取补救措施，防止扩散。

律师的保密原则体现的范围更为广泛。在美国，关于律师保守职业秘密的规范，体现在三类不同的规范中。证据法中的律师——委托人特权保护的对象是律师和委托人之间的秘密交流，按照证据规范特权，不得强迫律师就其与委托人之间的秘密职业交流作证。程序法中的律师工作成果豁免原则保护的对象是律师在诉讼过程中准备的工作成果，避免为对手知悉而降低诉讼的必要对抗性和律师的工作积极性。另外就是职业道德中的保密规范。对律师而言，保密原则体现在保守当事人的秘密上。尽管律师保守职业秘密有可能使自身的权利受到损害，但却赢得了当事人的信赖。律师揭露当事人的秘密，也许在个案中是实现了个体公正，但是它却割断了当事人与律师之间的联系纽带，破坏了当事人与律师之间的信赖基础，从而将导致整个辩护制度走向衰落。辩护制度是现代诉讼为追求程序公正所设计的伟大制度之一，如果因此而使辩护制度夭折，那么程序公正的实现则成为不可能。法律在追求公正的过程中，必然存在着多种价值的取舍，律师保守当事人秘密的义务正是法律取舍的结果，它充分地保障了当事人对律师的信任，保障和促进了律师辩护制度的发展，从而为公正的实现奠定了基础。

美国律师协会颁布的《职业行为示范规范》（MRPC）1.6（a）规定，律师不能泄露任何与代理当事人有关的信息，此范围更宽于律师——当事人特权所保护的秘密信息。《法国刑事诉讼法典》和有关律师的职业规范也规定律师负有保守秘密的义务，该项义务甚至适用于实际上已为他人知晓的事实。作为法国现行法律的第468号法令第八十九条规定："律师绝对不得泄露任何涉及职业秘密的事项。律师尤其必须保守与刑事侦查活动有关的秘密，而不得传播从案卷材料中了解到的情况，也不得公开与正在进行的预审程序有关的案卷材料、文件或信件。"如果违反上述规定，不论产生的实际后果如何，均按"既遂"处理。《法国刑事诉讼法典》第一百零一条规定，任何人在被法院传讯出庭作证时都必须出庭作证，但如果律师被传唤出庭作证，他必须独立确定哪些事情属于职业秘密，并根据其本人的良心决定是否要在法庭上公开这些事实。在有些地区，即使当事人主动让律师公开有关的情况，律师也可以拒绝泄露。《法国刑事诉讼法典》明确规定，预审法官有责任预先采取一切有效的措施以保护职业秘密和保障被告人的权利。2002年修订的《英格兰和威尔士出庭律师行为法典与出庭律师理事会指导准则》第七百零二条规定："无论律师与委托人之间的委托关系是否存续，律师必须对委托事务保守秘密。未经委托人许可或者没有法律的准许，律师不得将委托事务中有关文件的内容泄漏给第三人（包括其他律师、普通民众或者需要该信息开展工作的其他人），也不得与第三人就该信息进行沟通，这些信息是委托人交由律师秘密使用的。律师更不得使用这些信息为自己或者第三人牟取利益。"

我国《律师职业道德和执业纪律规范》第八条规定："律师应当严守国家机密，保守委托人的商业秘密及委托人的隐私。"第三十九条规定："律师对与委托事项有关的保密信息，委托代理关系结束后仍有保密义务。"《律师法》第三十八条规定："律师应当保守在执业活动中知悉的国家秘密、商业秘密，不得泄露当事人的隐私。"《行政诉讼法》和《关于律师参加诉讼的几项具体规定的联合通知》也有相应规定，从而表明我国已基本上确立了律师保守职业秘密的义务。

在确定律师保守职业秘密原则的同时，我们必须将保守职业秘密与故意隐藏证据区分开来。律师保守职业秘密尽管有时的后果是使他人不能了解案件的情况，从而放纵了犯罪，但是它涉及的只是律师不告知其他人有关当事人与其之间的交流内容，而并不涉及律师故意采取其他一些手段使案件的事实情况被隐藏起来。律师保守职业秘密并非等同于放纵犯罪。

保密规范同样适用于公证员。公证员在公证活动中对于接触到的当事人的秘密、国家秘密、商业秘密和其他非公开的信息应当保密。许多国家和地区都规定了公证保密制度，如遗嘱、赠予、保全证据和继承事项等都需严格保守秘密。因为当事人申请公证的事项大多与自身的利益密切相关，如果泄露出去，就有可能会损害当事人的利益。因此，保守秘密是公证员职业道德中的一项十分重要的内容。

第七节　勤勉规范

一、勤勉规范的内涵

勤勉的含义就是要求司法人员应当充分运用自己的专业知识和技能，勤奋工作，恪尽职守，及时、准确、保证质量地完成工作。具体来说，法律职业伦理中的勤勉规范要求法官、检察官、律师都应按照各自的职责要求，在符合法律规定的情况下，迅速履行自己的职责，保障司法程序的正常运作。要为当事人的利益、方便着想，在法律制度上，程序的设置要考虑当事人和社会的承受能力。法官、检察官、律师要在法定的时限内快捷办案，实现司法职能，解决当事人之间的纠纷，使得司法成本降低，节省当事人的开销，使法律的救济职能得以发挥。在当代社会，科技的进步给人们的生活带来了极大的冲击和改变，大量的社会纠纷和矛盾以诉讼的形式涌现。如何在最短的时间内解决纠纷，就变成是否维护当事人合法权益、是否体现司法公正这样一个首要问题。而勤勉规范就是使司法环节畅通有序的一个重要保证。

二、勤勉规范在法律职业伦理中的具体体现

依照美国《司法行为准则》之三的要求，法官要勤勉地履行裁判职责，迅速地、有效地、公正地处理各种司法事务。法官在履行其司法职责时，应当表现出

其已适当、合理地考虑到将要出庭的当事人的权利，法官同时还要保证证人和公众的利益，以控制和监督案件的合理进度，减少或消除拖拉现象，避免不必要的花费。法官必须为履行司法义务付出必要的时间，准时出庭，及时就提交的事宜作出裁决，并为此目的与法院其他工作人员、诉讼当事人及律师互相配合。法官还应该公正无私地、勤勉地履行其管理义务，保持其在司法管理方面的职业能力。另外，美国《初审法院操作规范》对案件及时处理、起诉到结案时间、结案和诉案之比、遵守审判时间等作出了详细的规定，从制度层面上保障了法官勤勉原则的履行。

勤勉规范对我国法官而言首先是指法官应具备严谨的工作作风。由于审判工作是一项实践性、操作性很强的国家活动，需要法官具有求实、严谨、公正、慎言的工作态度和工作作风，不能马虎轻率；需要法官具有更完备的知识构成、更广阔的视野和更强的能力。培养这种高层次的法官，需要通过对法官队伍的严格培训、不断再教育来实现。根据法官道德规范的要求，法官在行使他（她）的司法权力时，应当勤勉、公平。法官与诉讼当事人、律师和证人以及其他法官打交道时，应当谦恭、得体。法官应尽量果断处理法庭事务，以使陪审员、律师和诉讼当事人不浪费时间，防止积压大量的未决案件，避免诉讼的迟延。法官应当注意双方当事人和律师、检察官的论点，并理智、正直地断案。法官应具备专业能力，对可能出现的法律事务具有全面的法律知识，充分掌握法律的变化。这要比对律师专业能力的要求更为重要，因为知识渊博的法官可以弥补律师出庭时的不足。法官勤勉原则还应体现在：法官要有追求公正之心，要热爱审判事业，要有上进心，要有严谨的工作态度和扎实的工作作风，不能追求不正当的经济利益，要勤勉尽责、忠于职守；在裁判活动中要信守法律，不受权力和公众议论的影响，不惧怕批评与指责，在审理活动中要耐心细致，不通过言语和行为表现出不公正和偏见的情绪，避免拖延审判和不必要的花费。

勤勉规范对检察官而言，要求检察官及时处理案件，遵守立案、侦查、提起公诉等各个诉讼环节的审限要求，做到快速办案、快速结案。这就要求检察官具备良好的业务素质，才能保障这一任务的实现。职业技能是检察官的基本素质，检察工作是一项专业性和实践性很强的工作，检察官不仅要有深厚的法律知识，还要有丰富的社会知识、广博的科技知识、基本的经济知识以及哲学、历史、逻辑等各种知识。特别是随着社会经济和科学技术的发展，检察工作涉及领域不断拓宽，新型疑难案件不断增加，是否具有合理的知识结构、优化的综合素质、高超的办案能力，成为检察官能否全面、正确履行检察职能的基本标准。认真学习相关的知识也是勤勉原则对检察官的要求。

勤勉规范对律师而言，要求律师时时自觉按照职业道德的要求，充分运用自己的法律专业知识和技能，处理好受委托的法律事务。律师同样应当具有专业能力，忠诚于客户，热情提供服务，必须诚实，不得欺诈或从中作梗。我国《律师职业道德和执业纪律规范》对律师和客户的关系作了详细的规定，要求律师应该有代表客户的专业能力，即他们必须有法律知识、技能，工作全面细致，准备必要充分。律师必须遵守客户对代理目的的决定，必须与客户磋商寻求达到代理目的的途径。律师给客户提供帮助时应运用独立的专业判断力，给予客户诚实的建议，不仅要考虑法律因素，还要考虑与客户的状况相关的道德、经济、社会和政治等诸多因素。最终是否接受由客户自行决定。律师以维护委托人的最大利益为工作核心。美国关于律师职业道德的法规规定，律师代理客户过程中应勤奋、迅速。他们必须向客户及时报告案件的进展并及时答复客户所需的信息。律师必须向客户解释有关事实以使客户及时作出代理的决定，使当事人的利益能够在最短的时间内得到实现。

第八节 清廉规范

一、清廉规范的内涵

“清”与“浊”相对应，原是指水的澄澈，后来引申为高洁的意思。“廉”与“贪”相对应，意为不随意去拿取，同时还有俭约的意思。清廉作为职业道德规范，就是要求司法人员不贪图小利，洁身自好，公正执法。对所有从事公职的人员而言，都有廉洁的要求，但对法律职业者来说，清正廉洁意义更加重大。在市场经济条件下，物质极大地丰富，诱惑也大大增加。同时目前法律职业的社会尊重程度、待遇还未达到一个合理的格局，更导致少数法律职业者违背职业道德而违法乱纪，使得人民群众对司法公正的信心动摇，损害了司法的威信性。从历史上看，我国历代王朝都注重对司法官员的廉洁要求，并且以严刑峻法予以保障。综观世界各国，也都建立起一系列严格的制度和职业道德守则来规范法官的行为。清正廉洁是对法官、检察官、律师的共同制度要求。联合国《执法人员行为守则》

第七条规定："执法人员不得有贪污行为，并应极力抗拒和反对一切贪污行为。"《美国司法行为准则》之准则二B款规定：法官不得允许其家庭的、社会的、政治的或其他的关系影响其司法行为和裁判，法官不得利用其司法官的声望牟取其个人的或其他人的私人利益。其准则四D款（5）规定：法官不应当从任何人那里收受礼物、馈赠、恩惠、贷款，还应当监督法官及其居住在一起的家庭成员不应收受他人的礼物、馈赠、恩惠、贷款。《加拿大法官职业道德准则》第六章第一项第二目规定：法官应尽可能合理地处理其个人事务和商业事务，从而把自己被要求回避的机会降到最低程度。

二、清廉规范在法律职业伦理中的具体体现

法官扮演着正义守护神的角色。其廉洁与否直接关系到公众对法官裁判能力的信任与否，进而影响到公众对司法制度的信任，因此法官必须具备廉洁的品行，包括不收贿纳礼，不要求当事人提供和不接受当事人提供的各种请吃享乐活动，不允许其亲属、朋友或其他社会关系对其裁判行为产生影响，等等。此外，因为法官职业的特殊性，法官的个人行为必须保证不能使社会公众对其裁判案件的公正性产生怀疑，不能有损于法院的形象。因此，法官的个人行为必须正当，包括不利用法官的地位谋取个人私利；在社会活动中，不利用法官的地位获得与众不同的优待；不在商业机构中担任职务，等等。

但现实中，少数司法人员行为不良，妨碍了司法公正。例如2001年的最高人民法院工作报告写道："一些法官的思想政治素质和法律专业素质不高；少数法官特权思想严重；有的法官滥用审判权和执行权，有法不依，执法不严，裁判不公，久拖不执或者违法执行，甚至贪赃枉法，严重败坏了人民法院和法官的声誉。"法官具有双重身份。作为一个理性公民，他要遵守社会行为规范，尽一个公民的社会责任；作为国家法律的执行者，要受到法院性质和法官职业特点的限定。在有的国家，法院专门设立了法官职业道德的保障机构。例如美国加州的"司法风纪委员会"由法官代表、议员代表和律师代表组成，德国法院内部设有"纪律法庭"，全部由法官组成。我国也应该建立法官职业伦理考评机制。

清廉同样是检察官的职业本色。清廉规范要求检察官在执法活动中要严格做到一身正气，两袖清风。如果把追求个人物质利益作为执法的目的和内容，就必然会违背社会主义法制的要求，进而做出为钱卖法、贪赃枉法的行为。我国检察官职业道德的清廉基本要求是检察官模范遵守法纪，保持清正廉洁，淡泊名利，

不徇私情，自尊自重，接受监督；行使职务过程中必须正确运用手中的权力，自觉抵制来自各方面的干扰和腐蚀。

对律师而言，清廉规范要求律师不得私自向委托人收取报酬或者其他费用；律师不得在律师事务所正常业务收费外索要、收受报酬或实物；律师不得违反律师事务所收费制度和财务纪律，非法挪用、私分、侵占业务收费款项；律师在从事法律服务时，只能按照法律合理取得报酬，不能牟取非法利益。我国的《律师职业道德和执业纪律规范》第三十五条第二款规定，律师不得挪用或者侵占代委托人保管的财物。第三十七条规定，律师不得与对方当事人或第三人恶意串通，侵害委托人的权益。因此，清廉原则同样适用于律师。

第九节 礼仪规范

一、礼仪规范的内涵

“礼”主要是指礼节，即表示尊敬、祝颂等态度、心情的形式，例如鞠躬、握手、起立等礼节。“仪”是仪式，一般指某种活动进行时为表现其正规性、庄重性或神圣性而采取的某种形式，包括人的仪表和典礼的形式等方面。司法礼仪，是司法人员在司法活动与交流中遵循一定规范而形成的言行方式。一般是指司法人员的外表、行为、言语等符合一定的道德规范，体现一定的法律素养，反映出一定的审美趣味，给人留下良好的印象，并且通过这种礼仪形成一定的司法秩序，维护法治的尊严。礼仪首先代表着一定的协调，是指一个人的仪表要与他的年龄、职业和所在的场合吻合，表现出一种和谐，这种和谐能给人以美感。保持良好的仪表和文明的举止，有助于维护司法人员的尊严和良好形象。反之，如果司法人员不注意遵守司法礼仪，行为失检，庭审不规范，开庭不准时，衣冠不整，言语粗鲁，滥用强制措施等，就会使得人们对法治的信心大打折扣。司法礼仪往往具有比较丰富的“程序正义”的价值内涵，其可以视为广义上的“正当法律程序”的重要内容之一。正是经过一系列复杂而庄重的程序化乃至仪式化的运作，法律超越世俗的非人格化的权威性和神圣性才能最终凸显出来。

二、礼仪规范在法律职业伦理中的具体体现

对法官而言，司法礼仪的一个重要目的是体现法官的个人修养和人格魅力，具有良好司法礼仪的法官往往办案态度谦和，语言文明，耐心听诉。任何不文明、粗暴的言行都是对法官形象的损害。例如《美国司法行为准则》第三条规定，法官应公正和勤奋地履行司法官的义务；应保持其审理案件时的法庭秩序，注意礼仪；对当事人、陪审团成员、证人、律师和其他在正式场合与法官打交道的人耐心，具有尊严，且彬彬有礼。法官也应当要求律师、法官助手、法院工作人员及其指导和控制的人士如此行为。澳大利亚行政审查委员会制定的《裁判所法官行为准则》第四部分规定，法官应当耐心、尊敬、热忱地对待各方当事人、证人、诉讼代理人、裁判所职员和官员以及其他相关人员，并应要求接受其领导和指挥的人员也同样行事。同样，国外对检察官的按时出庭、遵守法庭秩序也作了类似的规定。国外的法官穿法袍、戴假发是为了很好地界定法官职业的特殊性。英国法官的服饰无论让当事人还是旁听的人，都会感觉到这个职业的特殊性和神圣性，也就是他不能玩忽职守，他不能贪赃枉法。事实上，从 1873 年起英国法官保持了一百多年的高度廉洁。

法官的司法礼仪的一个重要目的就是通过法官的外在形象表明法律权威。现实中法律不可能没有权威，如果法律没有权威，就不可能实现法治。从这个意义上讲，由司法礼仪支撑起来的法官尊严、司法尊严构成了一个国家法律权威的重要组成部分，也是法律权威的一种体现和保障，而最终体现的，是国家法治的要求。依法治国，建设社会主义法治国家，已作为我国的一项基本方略庄严载入我国宪法。要实现依法治国，建立法律权威是应有之义。法官在这一过程中则扮演着十分重要的角色。法官作为一个国家的司法者，负有保障法律的实施、保护公民和法人合法权利的神圣使命，因此，他是社会公平和正义的代表，也是法律的代表。法律权威由此演变为一种司法权威，法律尊严也演变为一种法官尊严。国外法官着黑色长袍开庭审理案件、出席重大法律纪念活动或庆典活动，代表着庄重和严肃，象征着思想的成熟和独立的判断力，体现的是一种尊严，昭示着法律的权威、法治的权威。法官司法礼仪不仅反映了现代司法的文明、有序和效率，而且也成为建立法律权威、推进依法治国进程的努力的一部分。

在我国，就司法礼仪而言，不合理、不文明、不合法的现象尚在一定范围内存在。一些基层法庭开庭时，当事人拖拖拉拉，迟迟不到；开庭中呼机、手机声

此起彼伏，递烟、敬茶、早退、外出；此外还存在书记员办案，合议庭人员不齐，庭前庭后法官和当事人随意接触等现象。这些实际上是对司法神圣的亵渎，破坏了法庭和法官的形象，是司法不公平和缺少公信力的重要原因。可见，我国的司法礼仪和法庭秩序急需进一步的革新和重建，法官的职业形象急需树立。法官形象由法官的着装、庭审言谈和举止三要素构成。

第一，2000 年我国法官、检察官制服的使用体现出我国司法理念和司法形象的转变。从传统的行政色彩极为浓厚的军警式样的制服转化为体现公平正义的法袍与西装制服、佩戴胸徽，体现出我国在司法礼仪方面与国际接轨的进步。

第二，法官、检察官的言辞也有一定的礼仪要求。主要是应当简明严谨、庄严，符合法言法语，客观公正，避免偏激化的语言，避免方言土语、流氓黑话，而要体现语言的逻辑美、声音美、修辞美、态度美。言语是法官、检察官的一面镜子，反映出他们的内在素质、业务能力、文化水平、生活作风以及思维的敏捷性、思辨性和洞察力。

第三，法官、检察官的举止，即准确的角色定位和恰当的形体语言展示出法官、检察官的庄严、高雅、大方、稳重的外在美。法官不能在法庭上超越检察官的指控范围，主动出击，采用定罪式样的语言讯问被告人．使公众怀疑司法公正。检察官不能在支持公诉过程中威胁、辱骂律师或犯罪嫌疑人、被告人。在工作之外，法官、检察官都要保持审慎的社交形象。国外有法学家认为“法官是一个孤独的职业”，也有人说“法官是仅次于上帝的人”。这些都说明社会公众对法官、检察官的期待。美国法律规定，法官应在其所有活动中，避免各种不正当的行为；法官不得允许其家人或朋友干涉司法行为，不得利用其职位、声望谋取利益或使人产生类似的印象。这些规定都是为了确保司法公正。

对律师而言，同样需要遵守法庭礼仪要求，对待当事人时应该体现出良好的法律素质。律师着装的改革也是律师司法礼仪制度建设的一大进步。2000 年 3 月，中华全国律师协会四届十二次常务理事会通过《律师出庭服装使用管理办法》。根据该办法，律师担任辩护人、代理人参加法庭审理时，必须穿着律师出庭服装。律师出庭服装由律师袍和领巾组成，出庭应按规定配套穿着：内着浅色衬衣，佩带领巾，外着律师袍，律师袍上佩带律师徽章，下着深色西装裤、深色皮鞋，女律师可着深色西装套裙。律师徽章内圈图案为由一大一小两个同心圆、五颗五角星、三组正反相背代表律师的“L”图案组成的律师协会标志，外圈标有“中国律师”黑体、中英文字样。律师袍仅使用于法庭审理过程中，不得在其他任何时间、场合穿着；服装不整洁或有破损的不得使用；不得穿着或佩戴其他衣物或饰品。律师袍的出现是我国司法改革在形式上的一大进步，对于维护法律尊严、树立律师形象都有积极意义。与对法官、检察官的要求一样，律师同样应该注重其言语文明和行为文明，以反映出律师良好的精神风貌。

课后练习题：

下列哪一法律职业者的行为不违背相应职业纪律要求？（ ）

A. 金法官向自己审理案件中受尽屈辱的原告推荐社会知名律师为其代理诉讼

B. 闻律师在办理无偿的法律援助案件后，收取受援人交通费

C. 公证员黄某在派发的名片上印有“法学硕士、法学副教授”的头衔

D. 曾律师发起举办了“金融危机下律师业的挑战”研讨会并邀请一些教授、法官、检察官、公证员朋友出席

[**答案**]D

[**解析**]

本题考核法官职业责任、法律援助制度、公证员职业责任、律师制度与律师职业伦理。

选项 A 错误。《人民法院工作人员处分条例》第三十二条规定：“违反规定为案件当事人推荐、介绍律师或者代理人，或者为律师或者其他人员介绍案件的，给予警告处分；造成不良后果的，给予记过或者记大过处分。”因此，本题中，金法官的行为违背了该条的规定。

选项 B 错误。《法律援助条例》第二十二条规定：“办理法律援助案件的人员，应当遵守职业道德和执业纪律，提供法律援助不得收取任何财物。”因此，本题中，闻律师的行为违反了该条的规定。

选项 C 错误。《公证员惩戒规则（试行）》第十二 条规定：“公证员有下列行为之一的予以警告：①无正当理由，不接受指定的公益性公证事项的；②无正当理由，不按期出具公证书的；③在媒体上或者利用其他手段提供虚假信息，对本公证机构或者本公证机构公证员进行夸大、虚假宣传，误导当事人、公众或者社会舆论的；④违反规定减免公证收费的；⑤在公证员名片上印有曾担任过的行政职务、荣誉职务、专业技术职务或者其他头衔的；⑥采用不正当方式垄断公证业务的；⑦公证书经常出现质量问题的；⑧其他损害公证行业利益的行为，但后果尚不严重的。”因此，本题中，公证员黄某违反了该条规定。

选项 D 正确。《最高人民法院、司法部关于规范法官和律师相互关系维护司法公正的若干规定》第二条规定：“法官应当严格依法办案，不受当事人及其委托的律师利用各种关系、以不正当方式对案件审判进行的干涉或者施加的影响。律师在代理案件之前及其代理过程中，不得向当事人宣称自己与受理案件法院的法官具有亲朋、同学、师生、曾经同事等关系，并不得利用这种关系或者以法律禁止的其他形式干涉或者影响案件的审判。”本题中，曾律师发起举办了“金融危机下律师业的挑战”研讨会并邀请一些教授、法官、检察官、公证员朋友出席，属于正常的学术交流，不属于不正当方式对案件施加影响。

第三章　法律职业伦理教育

法律职业伦理在法律职业者的职业生活中占有十分重要的位置，但是如何对法律职业者进行系统的教育与训练，是一个非常复杂的工程。本章试图从法律职业伦理教育的任务、方法与途径等方面探索法律职业伦理教育方面的规律，以促进法律职业伦理教育的科学性和规范化。

第一节　法律职业伦理教育概述

一、法律职业伦理教育的概念

顾明远教授主编的《教育大辞典》中，关于教育的定义是："教育是传递社会生活经验并培养人的社会活动"。教育的含义有广义和狭义之分。广义的教育，泛指影响人们知识、技能、身心健康、思想品德形成和发展的各种活动，产生于人类社会初始阶段，存在于人类社会生活的各种活动过程中。狭义的教育，主要指学校教育，即根据一定的社会要求和受教育者的发展需要，有目的、有计划、有组织地对受教育者施加影响，以培养一定社会或阶级所需要的人的活动。

法律职业伦理教育作为法律教育的重要内容，是内化法律职业伦理理念、提高法律人职业素养的社会活动。法律职业伦理教育存在于法律职业的执业活动中，同时延伸至法律职业准入前的阶段及法律职业执业活动结束以后的阶段。

二、法律职业伦理教育的发展

广义的法律职业伦理教育应该说从法律职业产生伊始就已存在，但狭义的法律职业伦理教育的发展则经历了一个漫长的过程。

对于法律职业的伦理要求，思想家们较多地从法律职业者的人格方面加以论述，“公正”“正义”“廉明”等是一种普遍适用于一切官职的道德，同时也是对法律职业者的道德要求。不少法理学家在其论著中都有关于法律人作为政治家的讨论，认为作为法律人应具备忠诚、承诺、超然、坦诚、审慎等品德。早期的法律职业实行学徒制的培养方式，法律职业的新进入者，需要通过学徒期的训练。在训练中资深的法律人在对新成员进行技巧训练的同时，也通过言传身教，进行职业伦理的思想灌输。而法律职业行会也在努力地培养成员具体的个人道德，强调忠诚、平等、服从、个人责任等价值。在法律职业的准入方面，道德品质良好是必要的条件之一。

罗马是古代法学教育的发源地，从共和国后期以来，国家就容许法学家广收青年传授学业，开办私塾法律教育，首创私人法律学校，至帝国时期又改私立法律学校为公立性质。公元 425 年，狄奥多西二世在康士坦丁始设第一所法律大学。罗马法律教育经过查士丁尼法典编纂时期的改革，在师资条件、课程设置、教学方法、考试制度乃至毕业分配等各个方面，都达到相当完备、健全的水平，在历史上首创了五年制大学法律教育的典型。在当时，受过专门的高等法律教育，成为国家任免司法官吏的先决条件。

美国现代形式的法学院是在 1870 年左右发展起来的。在起初的一百年中，法律职业伦理课程并没有成为法律教育内容中独立的部分，当时采用“普遍法”的方式进行职业责任教育，即假设律师们面临的道德问题会随着各种课程的出现而被“普遍地”贯穿始终地进行讲授，很少或者没有专门讲授职业责任的课程。而有学者认为用普遍法进行法律职业伦理教育是失败的，因为法律职业伦理问题非但没有得到普遍讲授，反而被普遍忽略。1970 年前后，由前美国最高法院法官汤姆•克拉克领导的委员会断定存在一种有关律师纪律的“可耻的”事态，并认为律师行为规则的实施是相当差的，公众大多没有受到能力差或不讲职业道德的律师们的保护。1972 年的“水门”事件暴露出律师们已经卷入尼克松执政时期各种各样的不道德事件中。社会呼吁关注法律教育中的律师职业责任教育。在克拉克委员会的报告以及“水门”危机后的 30 年间，美国的法律职业伦理教育发生了若干变化。首先，美国每一所法学院学生都被要求修一门专门讲授律师职业责任的课程。这些课程要求法律学生花30课时或更多的课时学习律师们在执业时所面临的职业道德问题、适用于律师的行为规则以及其他有关职业道德指南的材料。这些课程属于强制性课程，学生要想毕业必须完成并通过这些课程。许多法学院教授专门研究律师职业责任，把它看作全部课程中的一个重要部分，并将相当的学术力量用于该题目的研究。其次，美国绝大多数州要求法学院毕业生在获准执业前须通过一个关于律师职业责任法的特别考试，未通过考试的学生不能执业。这一考试有助于每位律师了解职业行为的基本规则。最后，美国大多数州都对律师实施了继续教育。

在我国古代，《吕氏春秋·离谓》记载：邓析教人诉讼，但伦理的内容并不在其教授之列。明清两代代写诉状的讼师已成为普遍存在的一种社会现象，甚至在社会中还出现了传授“代写词状”的“专著”，如明代的《做状十段锦》就是讲述写状子的要领。但由于这些人的活动没有法律依据，也没有法律来规范和约束，不少讼师敲诈勒索、坑害当事人，深受百姓痛恨，也为统治阶级所不容。直到清朝末年，中国才出现了专门的法学教育机构。1904年，清政府建立了中国有史以来的第一所专门的法学教育机构——直隶法政学堂。后来，在北京和各省先后建立起了一些法政学堂，一些综合大学里设有法律系科，清末的法政学堂的课程设置、教材、师资无不深受日本影响。在南京国民政府时期，大学法学教育与法律职业紧密联系在一起，法律学校专注于法律学的灌输，而忽视道德的训育，全国的法律学校的课程中，讲到法律伦理学的，除中央大学法学院与东吴法律学院外，其他学校都没有设置。[1]新中国的法学教育历来注重法律理论课程，对法律职业伦理的教育一直不够重视，往往依赖于一般的政治和道德教育。一些学校在开设的律师学课程中也涉及律师的职业道德和执业纪律，但没有将法律职业伦理作为单独的一门课程开设。

现阶段，“依法治国”被明确写入宪法，成为治国基本方略，社会主义法治在不断地建立和完善。对初任法官、检察官和律师实行统一的法律职业资格考试制度，标志着法律共同体正在逐步形成。中国的法律教育正面临着前所未有的挑战，这意味着法律教育担负的不再仅仅是传授法律知识和培养法律智慧的责任，更主要的是要担负起建构法律共同体、塑造法律的品格进而塑造法治社会之秩序的重任。此问题引起了国家的充分重视，2018年4月，教育部出台《普通高等学校法学本科专业教学质量国家标准》，规定法学专业核心课程采取“10+X”分类设置模

[1] 孙晓楼．法律教育 [M]. 北京：中国政法大学出版社，1997：34.

式。“10”指法学专业学生必须完成的10门专业必修课，包括：法理学、宪法学、中国法律史、刑法、民法、刑事诉讼法、民事诉讼法、行政法与行政诉讼法、国际法和法律职业伦理。“X”指各院校根据办学特色开设的其他专业必修课。而这10门专业必修课中就包括法律职业伦理。

法学教育应当重视素质教育的理念在法学界已经形成共识，中国法学教育中的素质教育应当包含以下几个方面：培养追求真理、维护正义的崇高理想；培养崇尚法律、法律至上的坚定信念和具备法律职业伦理、恪守法律职业伦理的精神品质。

三、法律职业伦理教育在法律教育中的战略地位

法律职业伦理对于法律职业是十分重要的。从法律职业发展史来看，是否存在法律家职业伦理被认为是法律职业产生、存在与否的标志之一。如果没有法律职业伦理，那么法律家纯粹技术性的功能也会受到威胁。有学者认为，法律家的职业技术是一种有意识地排斥道德与政治等诸种法外因素的所谓“人为理性”或“技术理性”，其中道德的含量很低。法律职业除了要加强其职业技能专长即“业务”能力之外，还需要通过职业伦理来抑制其职业“技术理性”中的非道德性成分，使之控制在最低程度；需要通过职业伦理来保障其职业技术理性中的道义性成分发挥到最高程度。这就使业内人士更关注职业伦理。法律职业伦理的形成是法律职业形成的一个重要标志，没有法律职业伦理的社会是不可能存在成熟的法律职业的。

在我国，关于法学教育的目标，有三种鲜明的观点。第一，精英说。即将我国的法学教育目标定位为法律精英教育。如有学者提出，我国的学院式法学教育应当突破非职业化模式，而转向重视素质教育和职业教育，同时还应借鉴国外的法学教育模式（如日本的“法律职业精英”模式），在法学教育上侧重精英教育。原因在于，一方面，精英教育是作为高度经验理性的法治的需要；另一方面，法律职业者作为“产品”要有渊博的知识，更需要高尚的职业道德和职业品格。第二，职业教育说。有学者认为，我国的法学教育目标应当定位在培养适应社会经济、政治、文化等各方面发展要求的职业法律人才。法学教育的最终目的在于对有志于从事法律实务的人进行科学且严格的职业训练，使他们掌握法律的实践技能及操作技巧，能够娴熟地处理社会当中各种错综复杂的矛盾。因此，法学教育的使命在于进行职业教育或者在于进行职业训练。第三，通识说。有学者指出，

具有高尚的职业道德是培养法律人才的首要价值标准。平等、公正、正义的民主思想应当是法律人才职业道德品质的应有内容。有学者指出，法学教育作为现代普通大学教育的一部分，其所提供的应当是一种通识教育。

无论哪一种学说，大家的共识就是法学教育要注重职业技能及法律职业伦理的培养，因此，法律职业伦理的教育在法律教育中起着举足轻重的作用。

第二节　法律职业伦理教育的任务

一、提高法律职业群体的素养

法律职业者担负着正确适用法律、公正解决纷争、有效维护社会秩序的重要职责。“徒法不足以自行。”司法的最终目的是使法律得到严格遵守，司法正义得以完全实现，作为司法活动行为者，人的因素至关重要，因为法律的成效最终取决于法律职业者的素质。一般而言，现代法治社会都要求法律职业者必须具备较高的职业素质，这种素质的内涵或特征至少应包括以下三个方面：第一，对法律知识的掌握。“知法懂法，信仰法律”是对其简单的描述。法律职业者应当成为法律的专家，通晓程序法和实体法，同时也要知道如何正确地应用法律。更重要的是具有法治意识、法律理念。第二，法律职业者还必须具备在处理法律事务所必需的社会知识和人文素养，具有文化修养和广博知识。第三，对法律有着深刻的理解和准确的把握并能将其灵活地运用到具体案件中的技术化的高素质。它包括法律思维与推理能力、对法律规范的理解与解释技能、法律意识、掌握证据和事实的能力、思辨、辩论和撰写法律文书的能力等。这种技能，使法律职业者在从事司法的过程中，能够对各种证据作出正确的认定，对各种案件事实进行准确的分析。它决定着法律运作过程及其结果的质量与效率。

一个国家法治化程度高低与其法律职业素养的要求呈正比，二者应当相互适应、相互促进。法律职业素养的构成包括职业语言、职业知识、职业思维、职业技术、职业信仰和职业伦理六个方面。法律教育是从事法律职业的必经之路，从逻辑上讲，法律教育提供的系统的法律学问为法律职业技能和职业伦理铺设了专业基础，否则法律职业就是无源之水、无本之木。法律职业的技能与伦理的统一主要是靠法律教育来实现的。未经法律专业训练者是不大可能在实践中靠自学、靠摸索而系统地掌握一整套法律职业技能与职业伦理的。因为法律职业素养是一种不同于大众的“自然理性”的专业化的“人为理性”。即使是法律职业伦理，也只能在法律专业学习过程中结合法律原理从而得以理解和培养。

二、培养法律职业者的职业荣誉感，促进法律人个体职业伦理的内化

作为以社会正义为最终追求目标的法律职业人士，法官、检察官以及律师应具备为其他行为人所尊崇的品质，具有很高的伦理要求。然而，法律职业者同其他自然人一样，有着一般人所具有的感情和弱点，有着常人趋利避害的平凡心理，因此，法律活动的特性要求他们超越一般的日常生活行为模式，即他们的法律职业身份使他们多了一份监督——内化的职业伦理和法律职业共同体具体制度规范的制约作用，法律职业者因遵循有别于其他职业的职业伦理而形成了一种身份意识，这种身份意识或职业伦理对法律职业人士构成了一种无形的约束，使之保持警觉和自我批判，以自觉维护自身作为法律职业代表的荣誉。社会对追求公平正义的法律职业有着较高的伦理期望，赋予法律职业神圣的社会使命。法律职业的职业荣誉感及法律职业者的身份意识反过来要求他们遵循法律职业伦理，他们需要严格地遵循相关的职业伦理规则，并且达成职业内部对这些规则的共识。面对今天的司法腐败问题，人们往往过于倚重思想教育和来自职业之外的严厉监督，却忽略了真正有效的监督机制恰恰不是来自外部，法律职业者相互之间对相关职业伦理形成一致认识并将这种认识加以内化，在这种情况下，法律职业人才更有可能自觉地恪守法律职业伦理，维护法律职业荣誉，任何对伦理准则的违反都可能为同事所觉察，并受到来自周围的一致鄙视。这样的环境会形成巨大的压力，同时也是一种巨大的动力，因为它会在心理上激发人们在一个职业共同体内部崇尚法律职业荣誉，有效地减少腐败和其他不当行为。

三、培养法律职业者的法治观念及程序正义观念

法律职业的最高品格是公平、公正，对法律职业者而言，这既是执法的技术问题，更是一种道德要求。尤其是司法人员所从事的司法活动常常被视为是主持公道、伸张正义、惩恶扬善、抑浊扬清，是社会正义的最后一道防线，这就要求

他们必须具有不可动摇的正直品格，能够成为社会公众信赖的楷模。没有了这种正气，司法就不再是正义之源。维护公正首先被视为一种对法律职业者职业道德品质方面的要求。鉴于法律职业者的活动具有较大的独立性和自治性，其基本要求是对实体法和程序法的严格遵守。这些职业道德不能仅仅停留在观念的层面或沦为口号，而应当成为具体的行为规范，它是内部控制司法腐败的重要防线。通过法律职业伦理教育培养法律职业者的依法治国观念、司法独立与公正观念，使之在司法工作和法律服务工作中，真正做到依法独立行使职权，公正地裁决或者提供优质的法律服务，从而树立我国法治的良好形象。

职业伦理使法律职业能够与社会相互融合，法律职业者在适用法律的活动中要基于这种共同的伦理要求为产生这种法律制度的社会服务，以恢复被破坏的社会秩序。法律职业伦理不同于普通的社会道德或职业道德，有时甚至相互“抵触”。在法律职业中，他们可能追求“客观真实”，但更主要的是遵从“法律真实”；他们因为“十个有罪的人逍遥法外，远胜过一个无罪的人冤枉坐牢”而“宁纵勿枉”，等等。实质正义反映的是普遍的道德要求，而程序正义反映的则主要是伦理要求，两者的有机结合使“正义不仅应当得到实现，而且还应以人们能够看得见的方式得到实现”。

四、更新法学教育观念

伦理学通常将建基于人性之上的伦理自然法则（moral natural law）分为三个层面：第一层面的伦理自然法则是自明的道德法则，不需要通过理性的思考即可以为人所认知。第二层面的伦理自然法则由第一层面的伦理自然法则直接演绎出来，譬如：父母应当爱护子女，子女应当孝敬父母，不可杀人，不可盗窃等。这些都是第一层面法则的分析和说明，也具备了自明的特性。第三层面的伦理自然法则是以第一层面伦理自然法则为基础，加上客观的认识论，经过逻辑推演而形成的。这种伦理自然法则的性质并不是自明的。它涉及人类知识的不同的方面，往往必须经过缜密的思考和研究，才能看出其性质。职业伦理便是属于第三层面的伦理自然法则。它是某种职业或专业的从业人员以第一层面的伦理自然法则为基础，根据本行业的专业知识，经过逻辑推演而形成的。法律职业伦理除普通职业道德中共通的要求之外，还包括法律职业特殊的道德，它们来源于法律职业的专门逻辑，因而区别于大众的生活逻辑。法律家的职业逻辑包括两部分，一是法律家的“技术理性”，即法律家特有的语言知识体系和技能思维方法，二是法律职业伦理中的程序伦理。前者属于技术问题，后者属于伦理问题。法律职业特殊的道德要求是表现法律职业伦理的个性方面的内容，因为它们主要表现在法律程序中，法律职业伦理的绝大部分内容都与法律程序有关，所以我们称之为“法律家在法律程序内的伦理”，亦可简称“程序伦理”。程序伦理是法律职业伦理的主要构成部分。

中共中央、国务院《关于深化教育体制改革全面推进素质教育的决定》指出，实施素质教育，要以培养学生的创新精神和实践能力为重点，造就“有理想、有道德、有文化、有纪律”的德、智、体、美、劳全面发展的社会主义事业建设者和接班人。法科学生将来毕业后所从事的职业，是一种执掌和维护国家法律的特殊职业，因此，法科学生的素质教育，除应符合素质教育的一般要求外，还要特别注意培养他们公平正义的理念、崇尚和献身法治的精神、清正廉洁的职业道德、忠于法律和维护法律的使命感与责任感。而法律职业伦理教育一直为我国的法律教育所忽视，我们只是依赖于一般的政治和德育教育。当今中国法学教育中最缺乏的不是一般法学知识的教育，而是法律职业伦理道德的教育。法律职业伦理的教育不仅应该融于法律职业信仰的培养和法律技能的训练之中，体现在法律教育的各个环节，还应设置专门的法律职业伦理课程加以强化。职业伦理的训练是伴随着接受法律教育的过程而进行的，一个人如果没有经历过专门的法律教育，则不可能形成系统的法律职业伦理素养。法律职业教育要改变长期以来法学教育存在的重视法学理论的教学而忽视职业伦理教育，依赖于一般的政治教育和德育的做法。

司法腐败的危害巨大。屡治不止、日益严重的司法腐败现象，迫使人们反思和关注法律教育体制和传统存在的问题。我们长期以来没有把握法律教育的职业性特点，忽视法律职业伦理教育。法律职业伦理是法律职业产生与存在的重要标志，如果没有法律职业伦理，那么法律职业者纯粹技术性的作用不仅难以正确体现出来，而且还会变异出背离法律职业要求的非职业化行为。司法体制的改革，不仅仅是对制度加以变革，更应该考虑的是法律职业者的素质问题，良好的立法如果不能通过具备良好素质的法官、检察官、律师甚至广大行政执法人员适用和执行于社会生活之中，落实在每一个具体的司法和执法行为之中，也只能是一纸空文。法律职业的特殊性对于法律职业者的素质和职业操守提出了超出其他职业的特殊要求。要培育这一特殊职业素质和道德，大学法律教育责无旁贷。

第三节　法律职业伦理教育的途径和方法

如前所述，法律职业伦理教育存在于法律职业的执业活动中，同时延伸至法律职业准入前的阶段及法律职业执业活动结束以后的阶段。法律职业伦理的教育包括：法学院有关法律职业伦理的课程教学，法律职业准入的职业伦理考试，法律职业有关法律职业伦理的继续教育。

一、法学院有关法律职业伦理的教学

在课程体系中，各国普遍重视有关伦理的课程，试图建立伦理与职业、法律知识与技术相互结合的富有人文基础的课程。在美国，从 20 世纪 70 年代中期律师协会就已要求合格的法学院提供职业责任的教育，尽管绝大多数法学院通过强制性的伦理课程满足了这一要求，但一些法学院选择将一体化的伦理问题融入核心课程中，还有小部分学校综合了这些方式。道德责任是一切法律实践至关重要的因素。在这些课程中，有的给一年级的学生灌输一种简要的观点，有的给三年级的学生提供高级的、精深的计划。在教学方式上采用了讲解、角色扮演、分析讼案记载、假设问题讨论、录像以及邀请实践部门或相关学科的嘉宾参与的方式。

“法律诊所课程”是 20 世纪 60 年代在美国法学院兴起的一种新型的法学教学方法。这种教学模式已成为当今世界法学教育改革的一种趋势。它的教学目标是培养学生从事法律工作必备的职业道德，帮助学生学会如何从实践中学习法律知识、办案经验和综合处理疑难问题的技能。课程分为课堂内和课堂外两部分。课堂内主要讲授相关的实体法与程序法，进行模拟案例操作，进行协商、谈判、辩论、询问等一些诉讼基本技能的训练；课堂外给学生提供代理真实案件、接触司法机关和当事人的机会，让学生参与办理真实案件的全过程，并以学生为主要承办人，由学生具体操作办案步骤，教师针对学生代理案件中遇到的问题给予适时、必要的指导，借以传授和培训学生有关法律实践的基本技能。

二、严格的法律职业准入制度

现代法律人才不仅应具有专业知识和专业技能，还必须具有很高的思想道德素质和文化科学素质，正因为如此，当今世界几乎所有国家都有严格的法律职业准入制度。对从业资格考试、选任、培训、纪律和职业伦理惩戒以及业务素质的不断提高加以规范，以保证法律职业者的基本素质，维护法律职业的声誉。法律职业成为社会中最为训练有素的一个行业。

在法律职业资格的取得上，当今世界各国对此都作了严格的规定，一般都要求必须具有法学高等教育学历，经过相当长一段时期的见习，再通过法律职业资格考试或考核合格，同时必须品行良好。

三、制定完备的法律职业伦理规范

在西方，律师以及医师、牧师等被称为专业人士（professional）。这三种职业都有一种特色，医师是照顾人的身体，律师是照顾人的生命权、身体的自由权、财产权，牧师是照顾人的灵魂，所以这三种职业的从业人员，从中世纪开始就被视为专业人士，他们被赋予比较高的伦理要求，各国也都对这三种职业有比较高的社会期待，这些职业的从业人员需要靠内部的自治来建立起职业伦理规范，以维护行业的良好社会形象。法律行业的职业道德及行业规则构成了完整的法律职业伦理，两者相辅相成，共同维系着法律职业伦理体系。职业道德规范较为概括、原则，针对性差，可操作性差；而执业规则由职业道德演绎而来，更为具体，针对性强，可操作性强。违反执业规则的行为会受到相应的制裁，在执业规则没有规定的方面职业道德则起着指导的作用。联合国《关于律师作用的基本原则》中规定：“律师在任何时候都应根据法律和公认的准则以及律师的职业道德，自由和勤奋地采取行动。”作为一个独立、自主，以评判正当性与合法性为职责的职业群体，职业水准的高下并不完全取决于专业知识的掌握，具有为其他行为人所尊崇的品质是法律正义的前提，因而必须强调群体成员的自律，而增强其自律意识的关键又在于自律机制的建立和完善。这种机制应该能够给职业地位与专门知识带来荣耀，具有可操作的制度与手段，使其成员严格地执行规范，一有违反必然惩戒，加上共同体成员之间相互熟知所产生的来自同事的关注和监督等，将可以有效地维护这一群体成员的职业道德。

西方法律教育中，法律职业伦理教育是通过相当严格、非常详细和具体的职业法规体现和实施的，虽然这些规则主要不是由国家的强制力保障的，而是由法律职业团体强制实行的，但在实际上具有法律的效力。这些职业规范也并非仅仅是对法律职业的限制，同时也是对职业的一种建设性的支持，通过它们保证了法律职业行为的规范化，保证了司法公正和社会公众的利益，同时也维护了法律职业共同体的存在和团体利益。法律职业伦理一方面应通过法律伦理学、法律道德、法律职业伦理与执业纪律规范、法律名家名著等课程教化，一方面也应通过法律史学、程序法、实体法等专业课程强化。

美国律师协会作为美国各州投身律师行业的律师们组成的志愿性组织，成立于 1878 年，该协会的目标是提升司法水准，寻求美国法律的统一，以及维系法律职业的崇高标准。协会之下有 30 个委员会，它们负责诸多的法律问题，比如海商法、职业伦理、法律教育委员会、司法制度以及穷人的法律援助。它的分支机构包括美国法律学生协会、美国律师基金会（该组织致力于法学研究和教育）等。

通过正规的法律教育和考试所强化和内化了的知识、技能、伦理乃至信仰能够在司法过程中对法律解释进行严格而细致的制约，对司法过程参与者的行为加以规范。在西方国家，不论是英美法系还是大陆法系国家，都有非常完备的法律职业培训制度。这种培训有以下基本特点：第一，设立专门培训机构。各国普遍都成立有专门的培训机构，对法律职业者进行在职培训和继续教育，如日本的司法研修所，德国的法官进修学院，法国的国家法官学校，美国的国家司法学院，英国的法官学习委员会等。第二，设立强制性规章，要求法律职业者在一定的时期接受不得低于一定时间的培训。第三，经费保证。大陆法系国家培训机构由国家设立，经费也由国家统筹保障。第四，培训方式灵活多样。培训的目的是使从业者不断适应社会需要，提升理论水平和理论素养，掌握新的适用法律技术。因此，培训采用各种不同的形式，如学习讨论会、讲授学习班、专题研究等。规范化的培训制度，使法律职业者始终保持较高的业务素质，保证诉讼活动的高质量。

课后练习题：

关于法律职业伦理，下列哪一表述是不正确的？（ ）

A. 基于法律和法律职业的特殊性，法律职业者被要求承担更多的社会义务，具有高于其他职业的职业伦理品行

B. 互相尊重、相互配合为法律职业伦理的基本原则，这就要求检察官、律师

尊重法官的领导地位，在法庭上听从法官的指挥

C. 选择合适的内化途径和适当的内化方法，才能使法律职业者将法律职业伦理规范融进法律职业精神中

D. 法律职业伦理教育的途径和方法，包括提高法律职业者伦理认识、陶冶法律职业者伦理情感、养成法律职业者伦理习惯等

[**答案**]B

[**解析**]

选项 A 正确。法律的严肃性、精确性和公正性要求法律职业者具备很高的职业伦理水准，且相比其他的职业伦理，法律职业伦理具有更强的象征意义和感召作用，因此，法律职业者被要求承担更多的社会义务，具有高于其他职业的职业伦理品行。

选项 B 错误。法律职业者在人格和依法履行职责上是平等的，不存在领导关系。B 项关于“检察官、律师尊重法官的领导地位，在法庭上听从法官的指挥”的表述错误。

选项 C 正确。法律职业伦理具有规范性、道德性，其具有明显的内在强制性，而不具有普遍强制性。因此，只有选择合适的内化途径和适当的内化方法才能使法律职业者将法律职业伦理规范融入法律职业精神中。

选项 D 正确。法律职业伦理教育的途径和方法，主要包括提高法律职业者伦理认识、确立法律职业者伦理信念、陶冶法律职业者伦理情感、锻炼法律职业者伦理意志、养成法律职业者伦理习惯等方面。

第二编

法律职业伦理分论

第四章　法官职业伦理

第一节　法官的角色定位与职业属性

一、法官的角色定位

关于法官的角色定位，目前在理论界与实务界存在争议，没有达成统一的共识，在此概述代表性的观点以激发思考。

有观点认为，法官的角色行为或许存在两维度，即常识、理性。在常识中，法官是作为裁判员角色。法官是法定的通过适用法律的方式裁断当事人之间纠纷的职业人士。法官的基本职责是审判案件，但是法官的职责也不限于庭审案件，根据《法官法》第八条之规定，法官还应当履行庭审案件以外的“法律规定的其他职责”，主要是指人民法院组织法、刑事诉讼法、民事诉讼法、行政诉讼法等法律规定的除审判职责以外的其他职责。回归理性，法官应该是作为社会工程师，具体表现为：法官是社会秩序的维修工；法官是社会公正的建设者；法官是社会灵魂的守护者。[1]还有学者也持类似观点，认为法官的角色定位应该兼顾理想与现实。在理想中，法官应是居中裁判者角色，无论是在何种纠纷中，法官作为纠纷的仲裁者，应从一元利益格局下的国家利益、社会公共利益代表中挣脱出来，保持中立的立场，通过自己的理性和良知，权衡各种利益，探寻法律精神。在现实中，法官应作为纠纷解决者。“案结事了”是制度给予法官的期待，正如法官在作出判决时要考虑效果一样，而这个效果就包括政治效果、法律效果及社会效果。[2]

---

[1] 江国华．常识与理性（二）：法官角色再审思 [J]. 政法论丛，2011（3）：11-18.

[2] 陈奎，梁平．司法运行的一般机理 [M]. 北京：中国政法大学出版社，2014：69-70.

有观点认为，对法官在不同场域中予以不同的角色定位是造成角色冲突的根本原因，背离了司法权的本质属性。承认法官可以扮演多重角色并不代表承认对法官进行多重的角色定位，法官扮演司法角色永远都应当是其主要工作。司法改革的目的是实现司法权的合理配置与独立运行，而实现这一目的离不开起支撑作用的司法职业主体。作为司法职业主体之一的法官的角色定位之所以如此重要，是因为法官是一种高度同质化的司法象征符号，并且涉及如何回应以审判为中心这一体现司法本质的改革要求。因此，让法官角色回归司法本质，既是明确法官角色的根本原则，也是实现法治建设总体目标的前提条件。让法官角色回归司法本质应当遵循以下三项原则：

1. 法官的角色定位应当围绕着人民法院这一整体性的司法权载体进行思考，确立人民法院在诉讼程序中保持中立第三方的地位。人民法院不得主动启动司法程序，不得自主设定纠纷处理的范围，不得主动干预当事人（控辩）双方之间的争讼，而只应予以适当引导。

2. 任何一种角色的扮演都应以体现法律精神的职业化和专业化为底线。面对角色冲突时，法官应当本着原则性与灵活性相结合的态度，运用其专业的法律思维和司法技术，将其他角色行为纳入司法范畴内。

3. 法官职权的配置应当由宪法、组织法等法律规定，政府部门不得以政策、指令等形式影响法官的审判活动。同时，厘清人民法院与人民检察院、公安机关的职能区别，废除三机关“分工负责、相互配合、相互制约”这一原则性规定，确立司法审查原则，以保证法官角色的独立性与权威性。[1]

二、法官的职业属性

关于法官的职业属性，目前不同的学者有不同的观点，在此概述具有代表性的观点以激发思考。

有观点认为，法官的职业属性主要包括客观性、公正性、中立性、正当性、便利性，具体阐述如下：⑴客观性是指法官在没有合法地审查全部证据和听取辩论之前，绝不能轻易作出判决。⑵公正性是指法官要平等对待诉讼当事人，不偏袒任何一方，对所有人平等适用法律。⑶中立性是指法官审理案件具有独立性格，法官既不能受诉讼当事人（包括律师）意志的支配，也不能受公众舆论的控制。

[1] 黎晓露 . 论我国法官的角色定位 [J]. 法商研究，2016（3）：121-130.

⑷正当性是指正当的目的必须通过正当的手段体系来实现。⑸便利性是指司法程序应当方便人民群众实现诉权，保护实体权利，同时也要讲究诉讼效率。[1]

有观点认为，就司法职业属性而言，法官具有保守性、平等性和专业性，具体阐述如下：⑴保守性是法官的职业特色。在现代文明社会，司法权威越来越多地依赖于公众对司法的信任，因此，法官要严格约束自己的业务活动，尽量减少业务活动与司法职责的冲突，以最大限度地树立法律的权威，而这必然形成法官保守的职业风格。⑵平等性是指法官之间的平等。法官之间不存在领导与被领导的关系，不存在权力高低大小之分。法官之上不允许再有法官凌驾，法官有资格深浅之别，但并不意味着资深法官就可以命令资浅法官。⑶专业性是法官职业的必然要求。法官的司法工作是一项专业性很强的工作，特别是随着社会的快速发展，纠纷数量越来越多，法律关系越来越复杂，这势必要求法官更加强化和提升其专业技能。[2]

我们认为，法官作为法律职业的重要组成部分，其职业属性与法律职业本身的特征密切相关。因此，法官的职业属性主要体现为独立性与专业性。法官的独立性或独立地位在内容上可以归纳为如下两个问题：⑴法官独立于什么？⑵何种程度的独立？从严格意义上来讲，法官的独立性体现为法官享有独立的权利、法官负有保持独立的义务。[3]具体而言，法官的独立性主要体现在法官的身份独立和法官的职业判断独立两个方面。法官的身份独立是指为了确保法官不受政府干涉，法官职位的条件及任期等应当有适当的保障。法官的职业判断独立是指法官在面对案件时应该根据自己的知识、技能、良知独立作出职业判断，不受其他干涉。法官的专业性来源于法律职业本身的专业性，法律职业不同于其他职业，法律职业者区别于一般人的主要方面在于特殊的职业技能，这种职业技能是一种“理性技术”，不同于其他技术，需要经过完整及系统的训练与学习才能习得与掌握。[4]

---

[1] 张朝华 . 法官的角色定位和职业特性 [N]. 人民法院报，2001-01-28（3）.

[2] 谭世贵，等 . 中国法官制度研究 [M]. 北京：法律出版社，2009：18-19.

[3] 孙笑侠 . 法律人之治——法律职业的中国思考 [M]. 北京：中国政法大学出版社，2005：113.

[4] 孙笑侠 . 法律家的技能与伦理 [J]. 法学研究，2001（4）：3-18.

第二节 法官职业伦理概述

在所有的司法活动中，审判活动居于核心地位。审判伦理失效是司法活动的最大失败。足球场上发生过“黑哨”“假球”事件，如果说“假球”还可以通过公正的裁判补救，那么如果裁判是“黑哨”，又如何补救？司法中的裁判活动又何尝不是如此？

如果法官的裁判行为出了问题，那么即使代理活动、起诉活动乃至于侦查都是合法的，整个案件也将被引入歧途，前功尽弃，其破坏的不仅是当事人和诉讼参与人的利益，而且更为重要的是破坏了国家的法治。审判伦理在法律职业伦理中居于核心地位，其伦理上的要求要高于其他法律职业。裁判是否公正是衡量法官是否坚持和实现正义的基本尺度。为了保证法官裁判的公正，除了法律制度的设计外，还要求法官严格遵守职业伦理的要求。

法官职业伦理是指法官在审理案件的过程中以及在审判活动之外为了保障审判的公正应当遵循的伦理规则。在我国，法官职业伦理的规范主要体现在三大诉讼法、《法官法》、《法官职业道德基本准则》以及《法官行为规范》中。《法官法》中规定了法官的义务，其第七条规定：“法官应当履行下列义务：（一）严格遵守宪法和法律；（二）审判案件必须以事实为根据，以法律为准绳，秉公办案，不得徇私枉法；（三）依法保障诉讼参与人的诉讼权利；（四）维护国家利益、公共利益，维护自然人、法人和其他组织的合法权益；（五）清正廉明，忠于职守，遵守纪律，恪守职业道德；（六）保守国家秘密和审判工作秘密；（七）接受法律监督和人民群众监督。”这些规定体现了法官职业伦理的基本内容。《法官职业道德基本准则》和《法官行为规范》有关法官职业道德的规定是对《法官法》中的规定的具体化。

在审判活动中强调法官职业伦理或者法官职业道德，是完全符合司法规律、体现司法公正的基本要求的。造就一支政治坚定、业务精通、作风优良、清正廉洁、品德高尚的法官队伍，是依法治国、建设社会主义法治国家的重要条件，是人民法院履行宪法和法律规定职责的重要保障。法官具有良好的职业道德，对于确保司法公正、维护国家法治尊严至关重要。由于法官是法律的“掌管者”“裁判者”，因此，在众多的法律职业中，对法官的职业道德要求最高。

中国目前正在推进司法体制改革，包括法官员额制度改革、司法责任制度改革、省以下地方法院人财物统一管理体制改革和法官职业保障制度改革等重大改革，这些改革对于提升法官的职业伦理，特别是理顺司法权力运行机制，突出法官主体地位，保障法官依法独立公正办案具有重大意义。需要指出，法官的员额制度改革，按照司法的基本规律配置司法资源，有利于实现法官队伍专业化、职业化。法官员额制度改革，将有利于调动法官的办案积极性，让优秀的法官资源集中到审判的第一线，推进法院审判中心制度的改革，真正做到让审理者裁判，让裁判者负责。法官司法责任制度改革、法院人财物省级直管和法官的职业保障制度改革，对于保障法官独立的审判主体地位的确立，同样具有重大的意义。可以预见，伴随这些重大突破性的改革方案的实施，中国法官的整体社会地位和素质必然会得到大幅度提升，司法公信力也必然会大幅度增强。

法官职业伦理所调整的关系包括法官与律师、检察官、当事人等与案件有关的诉讼参与人的案件关系，法官与法官、法院的内部关系，以及法官与媒体、社会公众的外部关系等。法官职业伦理是规范法官行为的准则，是评价法官行为正当与否的标准，对于职业法官具有伦理上的约束力。对法官职业伦理的理解主要应把握以下几个方面：

第一，法官职业伦理的主体是法官。在我国，由于法制建设的发展历史上的原因，法官队伍本身构成比较复杂，法官的职业化水平和程度比较低，严格的、系统的法官职业伦理一直没有形成。近年来，随着法官职业化建设进程的加快，法官职业的独立性开始突出，与过去传统意义上的国家公务员身份开始区分出来。法官的职责之一是审判，从严格意义上说只有参与审理案件的法官才是真正意义上的法官。所以从研究问题的角度看，法官职业伦理的主体应当是审理案件的法官。当然，现实中我国法官职业伦理规范所规范的主体是很宽泛的，这反映了法官队伍的现状和实践的需要。

第二，法官职业伦理规范的行为主要是法官履行审判职能中的职务行为。作为法官，其基本职责是审判案件，因此法官职业伦理所约束的是法官在审理案件过程中，包括立案、法庭调查、主持辩论、裁判等一系列活动中的行为。当然，由于案件的处理并不是孤立或完全封闭的行为，必然会和社会上的各种主体发生关系，因此产生的这些影响审判公正的关系规范，也是法官职业伦理调整的内容。比如，法官与媒体的关系等。

第三，法官职业伦理本身的要求要高于起诉伦理和代理伦理或辩护伦理的要求。由于法官的审判活动决定一个案件是否能够按照法律规定来处理，是否体现了公正的要求，是否有效地保护了当事人的合法权益，因此裁判活动是司法过程中的终局环节，在司法活动中处于核心的位置。所以对法官职业伦理的要求比对其他法律职业活动的伦理要求要高是很正常的。

第三节　法官职业伦理规范

一、审判公正规范

追求公正是审判活动的最高价值。罗马法学家凯尔斯把法律定义为“公正的艺术”。古希腊哲学家亚里士多德说过：“去找法官，也就是去找公正。因为人们认为，法官就是公正的化身。”[1]公正是法官的最高职业伦理，也是法律职业的最高伦理。什么是公正、如何寻求公正是一个极其复杂的问题，古往今来的法学家都曾试图回答这个问题。但是这个问题仍然是法律领域中有待不断探索的重大命题。审判领域的公正与一般伦理学意义上的公正是有区别的，审判领域的公正指的是法官通过审判活动，根据法律和法理的要求，保障每一个人在法律的范围内获得公正的裁判。伦理学上的公正的内涵和实现途径则超出了法律和司法的范围，是更广泛意义上的公正。

习惯上，在司法活动中人们追求的是结果公正，只要结果公正就达到目的了。但是随着现代司法制度的发展，司法程序日益严密、科学和严谨，对程序公正的要求也越来越高。人们不仅仅满足于结果公正，而且要求程序公正。司法公正应当是实体公正和程序公正的统一。我国《法官职业道德基本准则》第十条规定：法官应牢固树立程序意识，坚持实体公正与程序公正并重，严格按照法定程序执法办案，充分保障当事人和其他诉讼参与人的诉讼权利，避免执法办案中的随意行为。

（一）实体公正

实体公正是指法官裁决案件的结果公正。法官裁判案件达到结果公正，绝对

[1] [古希腊] 亚里士多德 . 尼各马可伦理学 [M]. 廖申白，译 . 北京：商务印书馆，2003：138.

不是一件容易的事。即使程序公正，也不必然能够保证结果公正。现实生活中案件千差万别，没有两个完全相同的案件。社会生活是纷繁复杂的，法律也不可能覆盖所有的社会关系，因此不可能简单靠三段论推理出案件的结果。那种把法官的判案看成是“对号入座”式的工作实在是对裁判活动的极大误解。如果真的是这样的话，用计算机取代法官就会保证绝对公正。“在整个宇宙中，甚至没有两个原子的物质是属于同样形式的，这是物理学的伟大法则；法律向这个法则挑战，企图把由无数变化无常的因素构成的人类行动归纳为一个标准……就是因为考虑到有这种法律制度，才有人发明了这样一个奇怪的原理：‘严格公正的裁判往往证明是极端非正义的。’想把人类的行动归纳为一定的类别，并不比我们刚刚提到的想强使人类的身材长短一致的企图具有更多的真正的正义。相反，如果裁判是对于每一个单独案件的一切情况都作了考虑后得出的，如果裁判的唯一标准是普遍利益，那么，必然的结果一定是，我们的公正裁判越多，我们也就会越接近真理、道德和幸福。”[1]正是因为案件的处理和裁断是一个非常复杂的过程，法官的职业道德在这一复杂的决策过程中就显得至关重要。

（二）程序公正

程序公正观念发端于英国，并在美国获得了发展和完善。西方程序公正的观念经历了从自然公正到正当程序的演变。在英美法系国家的司法活动中，奉行的是“程序优于实体”“救济先于权利”等。在大陆法系国家则更多地强调实体的公正。当然，大陆法系国家对于程序公正也越来越重视，在很多国家的司法改革中都强调或加入了更多的保障程序公正的内容。我国目前进行的司法改革，在很大程度上就是要改变过去的重实体、轻程序的做法。

法国哲学家戈尔丁在其《法律哲学》一书中提出了程序公正的九项规则，我们可以把它看作是程序公正的一般规则：

中立性：

1. 与案件自身有关的人不应该是法官；

2. 结果中不应含纠纷解决者个人的利益；

3. 纠纷解决者不应有支持或反对某一方的偏见。

劝导性争端：

4. 对各方当事人的诉讼都应给予公平的注意；

5. 纠纷解决者应听取双方的论据和证据；

---

[1] [英] 威廉•葛德文 . 政治正义论 [M]. 何慕李，译 . 北京：商务印书馆，1998：576-577.

6. 纠纷解决者应是在另一方在场的情况下听取意见；

7. 各方当事人都应得到公平机会对另一方提出的论据和证据做出反响。

解决：

8. 解决的诸项条件应以理性推演为依据；

9. 推理应论及所提出的论据和证据。[1]

上述规则的内容已经为世界上大多数国家的法官职业规范所吸收。我国《法官职业道德基本准则》吸收了其中的绝大多数规范，包括以下规则：

1. 回避规则

回避规则是保障法官在与案件本身没有利害关系的条件下审理案件。世界各国都将回避制度纳入各自制定的诉讼法之中，作为具有法律效力的程序法规范。回避规则不仅是道德上的义务，也是法律上的义务。法官在审判活动中，除了应当自觉遵守法定回避制度外，如果认为自己审理某案件时可能引起公众对该案件公正裁判的合理怀疑，应当提出不宜审理该案件的请求。一般认为，遇有下列情况法官就应当提出不宜审理的请求：⑴与案件当事人及其代理人、辩护人以前是同事关系、亲戚、朋友关系的；⑵与一方当事人或者其代理人、辩护人有经济利益关系的；⑶与一方当事人或者代理人有过利益冲突的。由于自行回避要由法官自己提出来，这就要求法官有很高的职业道德水平。

2. 平等规则

法律面前人人平等，这是我国法制的基本原则。审判活动中同样要贯彻这样的原则。审判平等就是要根据法律的规定平等地对待当事人，不搞亲疏远近。法官在审判活动中，不得私自单独会见一方当事人或者其代理人。根据诉讼的平等权利保护原则，法官在履行职责时，应当平等对待当事人和其他诉讼参与人，不得以其言语和行为表现出任何歧视，并有义务制止和纠正诉讼参与人和其他人员的任何歧视性言行。法官应当充分注意到由于当事人和其他诉讼参与人的民族、种族、性别、职业、宗教信仰、教育程度、健康状况和居住地等因素而可能产生的差别，保障诉讼各方平等、充分地行使诉讼权利和实体权利。这些都体现了审判平等的要求。法官审理案件应当保持中立。法官中立地位的要求，主要是确保法官始终处在中立裁判的地位，而不偏向任何一方当事人。法官在宣判前，不得通过言语、表情或者行为流露自己对裁判结果的观点或者态度。法官在调解案件

---

[1] [美] 戈尔丁 . 法律哲学 [M]. 齐海滨，译 . 北京：读书 • 生活 • 新知三联书店，1987：240-241.

时也应当注意言行审慎，避免当事人和其他诉讼参与人对其公正性产生合理的怀疑。为实现司法公正，法官应当为双方当事人提供实现诉讼权利的平等的条件，其中之一便是保证当事人都有平等的机会向法官阐述自己对案件的看法和自己的主张、理由。如果法官单独会见一方当事人，实际上等于剥夺了对方当事人申辩的机会，有损司法公正。法官除履行审判职责或者管理职责外，也不得探询其他法官承办案件的审理情况和有关信息；不得向当事人或者其代理人、辩护人泄露或者提供有关案件的审理情况、承办案件法官的联系方式和其他有关信息；不得为当事人或者其代理人、辩护人联系和介绍承办案件的法官。以上这些规定都体现了审判活动中平等的要求。

3. 独立规则

美国法学家德沃金在其所著的《法律帝国》一书中指出："法院是法律帝国的首都，法官是帝国的王侯。"[1] 在追求程序公正的过程中，法官的独立性尤为重要。德国学者将法官的独立不受干涉之事情分成八项：⑴由国家与社会间诸势力之独立；⑵由上级官厅之独立；⑶由国家政府之独立；⑷由议会之独立；⑸由政党之独立；⑹由报章之独立；⑺由国民时好之独立；⑻由自己之自我、偏见及激情之独立。[2]

在司法实践中，法官的独立性无时不受到干扰。对法官独立产生影响的因素有很多，比如政治、人情、媒体、公意、宗教等，但是在所有的因素中政治权力对法官的独立性破坏力最强，冲击最大。为了保障法官的职业独立性，很多国家都给予法官特殊的待遇、特殊的保护，建立起严格的法官保障制度，如法官非因故意犯罪不受弹劾罢免等。但是，实践证明，仅有良好的待遇还不够，更为重要的是法官应具有为法律献身的职业道德。法官在强大的权势面前能够坚持独立办理案件是非常不容易的，但这又是要求法官必须做到的，否则这个法官就不是真正意义上的法官。因此，对法官来说，独立，并不是一件轻松的事。法官独立，说到底，是法官人格的独立，法官道德的独立。保障法官审判独立，除了职业道德的要求外，更为重要的是国家要建立保障法官独立的制度。纵观人类历史，越是具有深厚的法治传统和高度发达的民主制度的国家，法官独立程度就越高，反之则越低。在专制统治的国家，法官的独立是根本无法实现的。在纳粹统治时期，德国的法院系统完全沦为希特勒政权镇压民主的工具，"恐怖的法官"就是在这样

---

[1] [美] 德沃金 . 法律帝国 [M]. 李常青，译 . 北京：中国大百科全书出版社，1996：361.

[2] 史尚宽 . 宪法论丛 [M]. 台北：台湾荣泰印书馆，1973：329.

的条件下产生的，“恐怖的法官”执行的是纳粹的恐怖的法律。恐怖的法律是不需要审判独立的。我国《宪法》第一百二十六条规定：“人民法院依照法律规定独立行使审判权，不受行政机关、社会团体和个人的干涉。”《法官法》第八条规定，法官“依法审判案件不受行政机关、社会团体和个人的干涉”。《人民法院组织法》和三部诉讼法也有类似的规定。我国的审判独立制度同西方的司法独立有着显著的区别。首先，人民代表大会在国家机构中处于国家权力机关的地位，立法权、行政权、司法权分别由不同的国家机关行使，但都对国家权力机关负责，受其监督。另外，我国的审判独立是指人民法院独立行使审判权，在行使审判权上，上级法院与下级法院是监督与被监督的关系。从法律上看，我国的审判独立是法院独立，法官的独立要受制于法院的独立。

由于中国传统上是人伦社会，对人情关系非常重视，人情关系是最容易影响司法公正的因素之一。有的法院规定，对于所有拉关系、讲人情的案件，都应当将有关情况制作笔录入卷，或者将书面材料入卷。这实际上也是为了防止人情对司法独立的干扰。

法官职业伦理中审判独立侧重于法官的个体独立。法官在审判活动中要体现独立的意识、行为和要求。审判独立是严格执法、公正裁判的前提，是实现程序公正的保障，是维护司法的权威性和统一性的基础。《法官职业道德基本准则》第八条要求法官在审判活动中，应当独立思考、自主判断，敢于坚持原则，不受任何行政机关、社会团体和个人的干涉，不受权势、人情因素的影响。独立思考、自主判断并不是一件容易的事情，需要法官深入研究案件，正确地提出自己的法律意见，正确适用法律，而在人情、权力等复杂的关系中敢于坚持正确意见更是需要勇气和魄力。

审判独立的规则还要求法官尊重其他法官的独立。影响法官独立的因素不仅来自外部，更多的时候还是来自内部。法官在履行审判职责时，应当保持相互独立。法官与法官之间，包括院长、庭长与普通法官之间，应当建立相互尊重、相互支持的正常关系。法官应当尊重其他法官对审判职权的独立行使，并做到：⑴除非基于履行审判职责或者通过适当的程序，不得对其他法官正在审理的案件发表评论，不得对与自己有利害关系的案件提出处理建议和意见；⑵不得擅自过问或者干预下级人民法院正在审理的案件；⑶不得向上级人民法院就二审案件提出个人的处理建议和意见。

4. 公开规则

公开审判是我国诉讼制度中的一项基本原则，是保障司法公正的重要条件。近年来，我国的公开审判制度得到了很好的贯彻，公民旁听案件、电视直播庭审、网络直播庭审、媒体跟踪报道等方式，在很大程度上实现了审判的公开化。当然，特殊案件，比如涉及国家秘密、个人隐私的案件应当不公开审理，除此以外的绝大多数案件都可以做到公开审判。法官应当公开并且客观地审理案件，自觉接受公众监督。但是，法律规定不公开或者可以不公开审理的除外。案件的公开，对法官审理案件提出了更高的要求。同时法官也应当正确处理与媒体的关系。法官在公众场合和新闻媒体上，不得发表有损生效裁判的严肃性和权威性的评论。如果认为生效裁判或者审判工作中存在问题的，可以向本院院长报告或者向有关法院反映。

5. 说理规则

裁判文书的说理是体现审判公正的重要形式，一份不讲理的判决书、裁定书对于当事人来说是获得了一个结果，但是他对于为什么是这样的结果却一无所知，这样的判决书能够体现公正吗？长期以来，我国的审判文书千人一面，千篇一律，盛行裁判“八股文”，在很大程度上影响了法院、法官的公正形象。裁判文书是否进行充分说理非常能够反映法官的职业水平、伦理水平，因此《法官职业道德基本准则》第十二条强调：“法官对与当事人实体权利和诉讼权利有关的措施和裁判应当依法说明理由，避免主观、片面地作出结论或者采取措施。”

二、审判效率规范

我国审判效率较低的问题一直比较严重。长期以来，我国法院审理案件久拖不决，超期限审理的现象十分普遍。2003 年 9 月 3 日，《法制日报》刊载了一篇题为“一案二十年，何年能了；裁判十八次，哪次是头”的文章，报道了一起民事案件，经过三个法院审理了 20 年，裁决作了 18 份，至今仍没有定论，从一个侧面反映了我国法院审判效率低下的问题之严重。影响司法效率的因素固然是多方面的，有体制上的原因，有法律不完善的原因，但是关键是人的因素。法律职业者在履行职责过程中不遵守法律、不尊重当事人的权利是造成审判效率低下的根本原因。

有资料表明，在美国曼尼克巴高级法院，一位民事法官一年可结案数百件甚至 1000 件以上，而梅莎市法院的刑事法官年结案可达 3000 件以上（主要是轻微刑事案件），且在梅莎市法院，一个法官每天开庭审理 5 件以上的案件是常事。另外，按照有关资料统计，1999 年美国法院共有 299023 名法官，共受理案件 91494114 件，人均受理案件的数量为 3152 件。司法效率是现代司法的特征之一，体现了国家、诉讼当事人和社会公众对诉讼过程的结束时间上的期望与要求，关系到司法的公信度。司法的及时可分为法定及时和操作及时。法定及时是司法者遵守立法者为诉讼活动规定的时序和时限。时序是诉讼行为的先后顺序，它不仅体现了公平、合理，而且体现了诉讼行为的有条不紊，从而保证诉讼行为的快速和有效。时限是对诉讼活动时间的限制和规范，这种限制和规范不但及于诉讼当事人，而且及于所有诉讼参与人，包括审判人员。操作及时包括法院操作及时和法官操作及时。法院操作及时与整体管理水平有关，法官操作及时与个体素质有关。

公正与效率是审判工作的主题。没有效率的公正不是真正意义上的公正。效率的基本准则包括以下三项内容：

1. 勤勉敬业。法官应当勤勉敬业，全身心地致力于履行职责，不得因个人事务、日程安排或者其他行为影响职责的正常履行。作为一个法官，勤勉敬业是司法职责得以优质高效实现的基本条件。勤勉尽责，要求法官全身心地投入工作中，高效率、高质量地完成审判工作。

2. 在执行案件审理期限的规定的前提下，尽快立案、审理和裁决。我国三大诉讼法以及最高人民法院的司法解释对于法官审判案件应当遵循的审限作了明确的规定。法官应当遵守法律规定的诉讼期限，在法定期限内尽快地立案、审理、判决。法官在执行生效法律文书时，应当依法采取有效措施，尽快予以执结。在司法实践中，有的法官审理案件本来可以一个月就完成，有的当庭就可以完成，却总是拖到接近法定审理期限才作出裁决，这种做法表面上看并不违法，但是实际上是不讲效率的表现。

3. 合理安排审判事务，提高审判效率。法官除严格按照法定的审限审理案件外，还应当在工作的每一个环节中注重效率，减少拖延，节约时间。法官必须杜绝粗心大意、无故拖延、贻误工作的行为，认真、及时、有效地完成本职工作，并做到：合理安排各项审判事务，提高诉讼效率；对于各项司法职责的履行都给予足够的重视，对于所承办的案件都给予同样审慎的关注，并且投入合理的、足够的时间；在保证审判质量的前提下，注意节省当事人及其代理人、辩护人的时间，注重与其他法官和其他工作人员共事的有效性。

三、审判涵养规范

法官代表国家审理案件。树立法律的尊严和审判的权威，不仅是通过裁判活动体现出来，而且在法官各方面的言行上都有反映。诉讼活动是人类通过国家建立的并以国家强制力来作为手段保证社会各种纠纷得到公正合理解决的过程。在和平时期，通过诉讼解决纠纷，以期获得公正的结果，这是最后手段。而法官是诉讼活动中的裁判官。裁判如果不公正，诉讼就走入了邪道，就偏离了正义之途，诉讼就成为制造邪恶的渊薮。面对错综复杂的各种社会矛盾，法官要能够通过审判化解矛盾，解决纠纷，惩恶扬善，弘扬正义。在这一过程中，法官自身的道德涵养、道德品行至关重要。

法官在裁判活动中要接触和面对形形色色的人，有的是令人憎恶、作恶多端的罪犯，有的是命运多舛、令人潸然泪下的被害人，有高举维护正义旗帜的检察官，有滔滔不绝施展辩才的律师，等等。此情此景，作为一个普通人，你尽可以舒展你的情怀，表现你的爱憎。爱憎分明是作为一个普通人的基本品质，是被作为优秀品质而受到褒扬的。作为个人，法官同样要爱憎分明，但是法官爱憎分明的表现形式却和普通人有所区别。特别是在庭审活动中，即使法官十分厌恶一个人，也只能隐藏在内心深处，而不能显露声色。有人把法官看作“理性之王”，确实有一定道理。但是完全排除法官的个人因素是不现实的，只有尽可能地排除法官个人的个性、情感等因素，才是可能的。一个高素质的法官，必然会在判决中尽可能地减少个人性格和外在非法律因素的影响，以达到司法的公正。法官在审判案件的时候要做一个不偏不倚的中间人，这是对法官的基本要求。程序公正的很多制度设计都是围绕这一点展开的。“找法官也就是找中间，人们的确有时把法官叫作中间人，因为找到了中间也就找到了公正。所以公正也就是某种中间，因为法官就是一个中间人。”[1]

我国台湾地区法学家史尚宽指出：“虽有完美的保障审判独立之制度，有彻底的法学之研究，然若受外界之引诱，物欲之蒙蔽，舞文弄墨，徇私枉法，则反以其法学知识为作奸犯科之工具，有如虎附翼。是以法学修养虽为切要，而品格修养尤为重要。”“法官应独立审判，不可为贫贱所移，为富贵所淫，为威武所屈，应时时以正义为念，须臾不离。法官应不畏艰难，任劳任怨，不为报章所惑，不为时好所摇，不为俗论所动，不为虚荣所牵，不为党派所胁，不为私利所诱，不为私情所移，不为升高自己人望地位或达成自己个人野心而利用其职权。总之，法官应养成高尚人格，聪明正直以达成其神圣任务。”[2]可见，法官的道德修养必须要达到相当高的境界，作为一名法官就不能按照普通人的标准来要求自己，而必

---

[1] [古希腊]亚里士多德．尼各马可伦理学[M].廖申白，译．北京：商务印书馆，2003：138.

[2] 史尚宽．宪法论丛[M].台北：台湾荣泰印书馆，1973：338.

须志存高远。我国关于法官的涵养方面的规定，在《法官职业道德基本准则》中也有很充分的体现，具体可表述为以下方面：

1. 保持清正廉洁

保持清正廉洁，是法官应当具备的基本素质，也是法官的基本涵养。我国法官属于国家公职人员，手中掌握着决定当事人命运的“生杀予夺”的裁判权。保持清正廉洁是法官代表国家行使司法权的基本保障，如果法官接受当事人的钱物，案件就会得不到公正审理，可以说，法官腐败是司法中最大的腐败。对法官保持清正廉洁的要求包括：

⑴法官不得接受诉讼当事人的钱物。《法官职业道德基本准则》第十六条规定，法官不得接受当事人及相关人员的请客送礼。这一要求主要是针对诉讼活动主体直接、间接地送给法官的礼品、礼金、财物和其他好处所作的约束。严格说来，法官对于诉讼当事人的任何利益都应当拒绝接受，不论这种利益是大、是小，是直接对法官的收买，还是以其他没有直接利害关系的方式出现。只有这样，法官才能保持清正廉洁。

⑵法官不得经商办企业。法官介入经济关系就不可避免地会与其他工商业者发生经济往来，可能影响法官公正司法，影响法官的本职工作，同时有利用职务之便的嫌疑，从而导致公众对法官的廉洁形象产生合理怀疑。因此，法官不得参与可能导致公众对其廉洁形象产生不信任感的商业活动或者其他经济活动。

⑶法官不得以其地位、身份、声誉谋取各种利益。法官的地位、身份本身可以对社会产生一定的影响。法官应当妥善处理个人事务，不得为了获得特殊照顾而有意披露自己的法官身份；不得利用法官的声誉和影响为自己、亲属或者他人谋取私人利益。

⑷保持正常的生活方式。我国法官的收入现阶段尚不算高，因此，法官的日常生活消费应当与自己的和家庭的收入基本相符。法官如果生活过于奢侈，就会引起公众对其收入来源的合理怀疑，从而影响司法公正的形象。同时，法官应当按照国家有关规定如实申报财产。

⑸不得提供法律服务。法官是法律争议的裁判者，必须保持中立的地位。如果法官兼任律师、企事业单位或者个人的法律顾问等职务，则可能丧失中立立场，影响司法公正。另外，法官不得就未决案件给当事人及其代理人、辩护人提供咨询意见和法律意见，不论这种咨询是有偿的还是无偿的。

2. 遵守司法礼仪

司法礼仪，是指法官、检察官、律师等法律职业者在进行司法活动过程中遵循的礼节、仪式等。法官职业是最讲究礼仪的职业之一。审判活动中的司法礼仪是维护法律尊严的要求，是司法神圣性和权威性的具体体现，是维护法庭上正常活动秩序和树立法官公正形象的基本要求。严格遵守司法礼仪，也有利于法官建立履行审判职责的责任感和荣誉感，有利于当事人对国家司法权产生敬畏感和信赖感。在我国，法官遵守职业礼仪主要包括两部分内容：

⑴遵守法庭规则。法庭规则是进入法庭的所有人都应当遵守的纪律和规则，在很大程度上属于司法礼仪的范畴。法官开庭时应当遵守法庭规则，同时监督法庭内所有人员遵守法庭规则，保持法庭的庄严，并做到：按照有关规定穿着法官制服、佩戴徽章，并保持整洁；准时出庭，不缺席、迟到、早退，不随意出进；集中精力，专注庭审，不做与审判活动无关的事。

⑵尊重诉讼参与人。法官应当尊重当事人和其他诉讼参与人的人格尊严，并做到：认真、耐心地听取当事人和其他诉讼参与人发表意见，除非因维护法庭秩序和庭审的需要，否则开庭时不得随意打断或者制止当事人和其他诉讼参与人的发言；使用规范、准确、文明的语言，不得对当事人或其他诉讼参与人有任何不公的训诫和不恰当的言辞。

3. 加强自身修养

法官审理案件是一个复杂的过程，需要具备较高的法律素质和职业技能。作为一名法官，必须加强自身修养，不断提高自己在政治、文化和道德方面的素养。我国法官加强自身修养的基本要求是："法官应当加强修养，具备良好的政治、业务素质和良好的品行，忠实地执行宪法和法律，全心全意为人民服务。"

根据《法官职业道德基本准则》和《法官行为规范》的规定和原则，我国的法官应当具备以下三个方面的修养：

⑴良好的政治素质。政治素质决定着法官行使审判权的立场、方针，体现着"为谁掌权、为谁服务"的政治倾向。因此在中国，不论对公务员还是法官，都要求具备良好的政治素质。法官还应当具有丰富的社会经验和对社会现实的深刻理解。

⑵较高的业务素质。业务素质的高低直接影响着法官工作的质量与水平，影响着国家审判权作用的正常发挥。这些素质主要包括扎实的法学理论基础知识和高超的职业技能等。法官有权利并有义务接受教育培训，树立良好的学风，精研法理，汲取新知识，提高驾驭庭审、判断证据、制作裁判文书等各项司法技能，具备审判工作所必需的知识和专业能力。

⑶良好的道德素质。法官除了遵守职业伦理道德的要求外，还要做一个具备

优良道德的公民。法官应当具备忠于职守、秉公办案、刚正不阿、不徇私情的理念，惩恶扬善、弘扬正义的良知，正直善良、谦虚谨慎的品格，拥有良好的个人声誉。法官在日常生活中，应当严格自律，行为检点，培养高尚的道德操守，成为遵守社会公德和家庭美德的楷模。

4. 约束业外活动

法官的业外活动也是法官职业伦理规范的重要内容。由于业外活动与业内活动紧密相关，因此对法官的这方面的要求特别高，这是法官职业伦理区别于其他法律职业的重要方面。法官在业外活动中应当遵循的准则包括：

⑴法官从事各种职务外活动，应当避免使公众对法官的公正司法和清正廉洁产生合理怀疑，避免影响法官职责的正常履行，避免对人民法院的公信力产生不良影响。

⑵法官必须杜绝与公共利益、公共秩序、社会公德和良好习惯相违背的，可能影响法官形象和公正履行职责的不良嗜好和行为。

⑶法官应当谨慎出入社交场合，谨慎交友，慎重对待与当事人、律师以及可能影响法官形象的人员的接触和交往，以免给公众造成不公正或者不廉洁的印象，并避免在履行职责时可能产生的困扰和尴尬。

⑷法官不得参加带有邪教性质的组织。

⑸法官在职务外活动中，不得披露或者使用非公开的审判信息和在审判过程中获得的商业秘密、个人隐私以及其他非公开的信息。

⑹法官不得参加营利性社团组织或者可能借法官影响力营利的社团组织。

⑺法官可以参加有助于法制建设和司法改革的学术研究和其他社会活动。但是，这些活动应当以符合法律规定、不妨碍公正司法和维护司法权威、不影响审判工作为前提。

⑻法官发表文章或者接受媒体采访时，应当保持谨慎的态度，不得针对具体案件和当事人进行不适当的评论，避免因言语不当使公众对司法公正产生合理的怀疑。

⑼法官退休后应当继续保持自身的良好形象，避免因其不当言行而使公众对司法公正产生合理的怀疑。

第四节 法官惩戒制度

一、法官惩戒的具体事由

我国《法官法》在第六章第四十六条中对法官的禁止行为作了规定。法官不得有下列行为：(1)贪污受贿、徇私舞弊、枉法裁判的；(2)隐瞒、伪造、变造、故意损毁证据、案件材料的；(3)泄露国家秘密、审判工作秘密、商业秘密或者个人隐私的；(4)故意违反法律法规办理案件的；(5)因重大过失导致裁判结果错误并造成严重后果的；(6)拖延办案，贻误工作的；(7)利用职权为自己或者他人谋取私利的；(8)接受当事人及其代理人利益输送，或者违反有关规定会见当事人及其代理人的；(9)违反有关规定从事或者参与营利性活动，在企业或者其他营利性组织中兼任职务的；(10)有其他违纪违法行为的。如果说上述规定较为笼统的话，那么《人民法院工作人员处分条例》则规定得较为具体。在第二章“分则”中，《人民法院工作人员处分条例》列举了 7 大类 85 种行为。

（一）违反政治纪律的行为

根据《人民法院工作人员处分条例》第二章第一节的规定，违反政治纪律的行为主要包括以下几种：(1)散布有损国家声誉的言论，参加旨在反对国家的集会、游行、示威等活动；(2)参加非法组织或者参加罢工；(3)违反国家的民族政策，造成不良后果；(4)在对外交往中损害国家荣誉和利益；(5)非法出境，或者违反规定滞留境外不归；(6)未经批准获取境外永久居留资格，或者取得外国国籍；(7)有其他违反政治纪律的行为。

（二）违反办案纪律的行为

根据《人民法院工作人员处分条例》第二章第二节的规定，违反办案纪律的行为总共有 26 种，按照案件的进展程度，大致可以分为：(1)立案过程中的行为。主要是违反法律关于立案的规定、给司法活动制造障碍、妨害司法形象和司法权威的行为。(2)庭审过程中的行为。主要是指违反回避规定，或违反规定与当事人联系，不遵守证据规定、保密规定等行为。(3)诉讼调解中的行为。主要是指违背当事人意愿，违反法律关于调解的规定的行为。(4)文书制作中的不当行为。主要是指违反法律关于文书制作的规定，妨碍法院司法审判和执行的行为。⑸执行过程中的不当行为。主要是指违反执行纪律，给当事人或其他相关人员造成不良后果的行为。

（三）违反廉政纪律的行为

违反廉政纪律的行为主要是指法官违反了清正廉洁的法官职业伦理，利用自己职权或职务之便，为自己或他人牟利的行为。《人民法院工作人员处分条例》在第二章第三节中对违反廉政纪律的行为作了列举，共 11 种表现形式。其中需要注意的是对单位或者以单位名义违反廉政纪律行为的处罚。

（四）违反组织人事纪律的行为

违反组织人事纪律的行为主要是指不按照国家或单位集体制定的章程或程序，违反组织人事纪律，给人事关系和人事制度的管理带来不良后果的行为。主要表现为：违反议事规则，个人或少数人决定重大事项，或者改变集体作出的重大决定，造成决策错误；故意拖延或者拒不执行上级依法作出的决定、决议；对职责范围内发生的违纪违法问题隐瞒不报、压案不查、包庇袒护，或者对上级交办的违纪违法案件故意拖延或者拒不办理；压制批评，打击报复，扣压、销毁举报信件，或者向被举报人透露举报情况；在人员录用等工作中徇私舞弊、弄虚作假；弄虚作假，骗取荣誉，或者谎报学历、学位、职称，等等。《人民法院工作人员处分条例》第二章第四节列举了 11 种违反组织人事纪律的表现形式。

（五）违反财经纪律的行为

违反财经纪律的行为主要是利用自己经手财务的便利，违反规定牟利或浪费、违反国家财经管理纪律的行为。《人民法院工作人员处分条例》第二章第五条列举了 5 种违反形式，主要包括：违反规定进行物资采购或者工程项目招投标，造成不良后果；违反规定擅自开设银行账户或者私设“小金库”；伪造、变造、隐匿、毁弃财务账册、会计凭证、财务会计报告；违反规定挥霍浪费国家资财；其他违反财经纪律的行为。

（六）失职行为

法官的失职行为主要是指法官因为过失而在履职过程中出现失误、影响司法过程的顺利进行、造成不良或严重后果的行为。《人民法院工作人员处分条例》第二章第六节列举了 9 种表现形式，主要是：因过失导致依法应当受理的案件未予受理，或者不应当受理的案件被违法受理；因过失导致错误裁判，错误采取财产保全措施、强制措施、执行措施，或者应当采取而未采取，造成不良后果；因过失导致所办案件严重超出规定办理期限，造成严重后果；因过失导致被羁押人员脱逃、自伤、自杀或者行凶伤人；因过失导致诉讼、执行文书内容错误，造成严重后果，等等。

（七）违反管理秩序和社会道德的行为

违反管理秩序和社会道德的行为主要是指法官因故意或过失违反国家的管理规定、扰乱社会管理秩序、败坏社会公序良俗的不当行为。《人民法院工作人员处分条例》第二章第七节列举了16种表现形式，主要包括：因工作作风懈怠、工作态度恶劣，造成不良后果；故意泄露国家秘密、工作秘密，或者故意泄露因履行职责而掌握的非公开信息；参与赌博；吸食、注射毒品或者参与嫖娼、卖淫、色情淫乱活动；等等。

二、法官惩戒的主要形式

法官承担法官职业责任的形式基本上是两种：纪律责任和刑事责任。根据《人民法院工作人员处分条例》，法官因违反法律、法规或者该条例规定，应当承担纪律责任的，依照该条例给予处分。人民法院法官违纪违法涉嫌犯罪的，应当移送司法机关处理。

（一）纪律责任

法官违反法官职业伦理，其行为尚未构成犯罪，情节较轻且没有危害后果的，要给予诫勉谈话和批评教育；构成违纪的，根据人民法院有关纪律处分的规定进行处理。根据我国《法官法》和《人民法院工作人员处分条例》的规定，纪律处分的种类分为：警告、记过、记大过、降级、撤职、开除。警告的期间为6个月，记过的期间为12个月，记大过的期间为18个月，降级、撤职的期间为24个月。受处分期间不得晋升职务、级别，其中，受记过、记大过、降级、撤职处分的，不得晋升工资档次；受撤职处分的，应当按照规定降低级别。受到开除处分的，自处分决定生效之日起，解除与人民法院的人事关系，不得再担任公务员职务。《人民法院工作人员处分条例》具体还规定了两种以上处分的合并执行、共同违纪，以及在法定幅度范围内从重、从轻、减轻和免除的情形。关于纪律责任和刑事责任的竞合问题，该条例也作了非常详细的规定。在人民法院作出处分决定前，已经被依法判处刑罚、罢免、免职或者已经辞去领导职务，确实需要给予处分的，应当根据其违纪违法事实给予处分。被依法判处刑罚的，一律给予开除处分。该条例还在第一章第三节详细规定了“处分的解除、变更和撤销”。从总体上说，根据我国《公务员法》和《法官法》制定的《人民法院工作人员处分条例》中的纪律处分是行政处分，相应承担的是行政责任。《人民法院工作人员处分条例》第二章“分则”对 7 类、85 种表现形式都规定了相应的纪律处分。最高人民法院《关于违反“五个严禁”规定的处理办法》规定，人民法院纪检监察部门要按照管辖权限及时对违反“五个严禁”规定的线索进行检查。一经查实，需要调离审判、执行岗位的，应当及时提出处理意见报院党组决定。人民法院政工部门根据院党组的决定，对违反“五个严禁”规定的人员履行组织处理手续。

（二）刑事责任

法官因违反法官职业伦理而触犯刑律的，需要承担刑事责任，由纪检监察部门负责移送相关部门。根据刑事司法相关法律，法官触犯的罪名可以分为两类：一类是普通主体都能构成的犯罪，如杀人罪、抢劫罪等；另一类是特殊主体的职务犯罪。这里主要是指我国《刑法》第八章、第九章规定的一些罪名，具体包括：贪污罪，贿赂罪，滥用职权罪，玩忽职守罪，泄露国家秘密罪，徇私枉法罪，枉法裁判罪，徇私舞弊减刑、假释、暂予监外执行罪。这一类犯罪的主体是法官，一般是法官在履行职务过程中，或者法官利用职务便利实施的犯罪。只要法官触犯刑律，构成犯罪，就应该追究其刑事责任。

三、法官惩戒的基本程序

法官是国家的公务员，因此，其纪律处分也应该按照公务员处分的程序进行。按照我国《公务员法》和《公务员处分条例》等规定，对法官的处分，应当事实清楚、证据确凿、定性准确、处理恰当、程序合法、手续完备。法官违纪的，应当由处分决定机关决定对公务员违纪的情况进行调查，并将调查认定的事实及拟给予处分的依据告知法官本人。法官有权进行陈述和申辩。处分决定机关认为对法官应当给予处分的，应当在规定的期限内，按照管理权限和规定的程序作出处分决定。处分决定应当以书面形式通知法官本人。实际上，2008 年最高人民法院针对法官职业责任制定了《人民法院监察工作条例》，后于 2013 年进行了修订。根据该条例，人民法院内部设立监察部门，依照法律法规对人民法院及其法官和其他工作人员进行监察。最高人民法院、高级人民法院应当设立监察局。中级人民法院应当设立监察处。60 人以上的基层人民法院应当设立监察科，30 人以上且不足 60 人的基层人民法院应当设专职监察员，不足 30 人的基层人民法院应当设兼职监察员。监察部门受理对人民法院及其法官和其他工作人员违纪违法行为的控告、检举；调查处理人民法院及其法官和其他工作人员违反审判纪律、执行纪律及其他纪律的行为；受理法官和其他工作人员不服纪律处分的复议和申诉等。

（一）追究的权限及程序

对本院审判委员会委员、庭长、副庭长、审判员、助理审判员和其他工作人员，下一级人民法院院长、副院长、副院级领导干部、监察部门主要负责人、专职监察员，拟给予警告、记过、记大过处分的，由监察部门提出处分意见，报本院院长批准后下达纪律处分决定；拟给予降级、撤职、开除处分的，由监察部门提出处分意见，经本院院长办公会议批准后下达纪律处分决定。纪律处分决定以人民法院名义下达，加盖人民法院印章。给予违纪人员撤职、开除处分，需要先由本院或者下一级人民法院提请同级人民代表大会罢免职务，或者提请同级人民代表大会常务委员会免去职务或者撤销职务的，应由人民代表大会或者其常委会罢免、免职或者撤销职务后，再执行处分决定。对违反纪律的人员作出纪律处分后，有关法院人事部门应当办理处分手续，纪律处分决定等有关材料应当归入受处分人员的档案。

（二）复议和申诉

根据《人民法院监察工作条例》的规定，对纪律处分决定不服的，受处分人员自收到纪律处分决定之日起 30 日内可以向作出纪律处分决定的人民法院申请复议，复议的人民法院应当在 30 日内作出复议决定；对复议决定仍不服的，可以在接到复议决定 30 日内向作出复议决定的上一级人民法院申诉，上一级人民法院应当在 60 日内作出处理决定。复议和申诉期间，不停止原决定的执行。上一级人民法院对不服纪律处分决定的申诉，经复查认为原决定不当的，或者上级人民法院认为下级人民法院所作纪律处分决定不当的，可以建议作出原纪律处分决定的人民法院予以变更或者撤销；也可以按照纪律处分程序直接作出变更或者撤销的决定。上级人民法院的处理决定为最终决定。

（三）处分的解除、变更与撤销

受开除以外处分的，在受处分期间有悔改表现，并且没有再发生违纪违法行为的，处分期满后应当解除处分。解除处分后，晋升工资档次、级别、职务不再受原处分的影响。但是，解除降级、撤职处分的，不视为恢复原级别、原职务。有下列情形之一的，应当变更或者撤销处分决定：⑴适用法律、法规或者《人民法院工作人员处分条例》规定错误的；⑵对违纪违法行为的事实、情节认定有误的；⑶处分所依据的违纪违法事实证据不足的；⑷调查处理违反法定程序，影响案件公正处理的；⑸作出处分决定超越职权或者滥用职权的；⑹有其他处分不当情形的。

处分决定被变更，需要调整被处分人员的职务、级别或者工资档次的，应当按照规定予以调整；处分决定被撤销的，应当恢复其级别、工资档次，按照原职务安排相应的职务，并在适当范围内为其恢复名誉。因变更而减轻处分或者被撤销处分人员的工资福利受到损失的，应当予以补偿。

课后练习题：

1. 法院领导在本院初任法官任职仪式上，就落实法官职业道德准则中的“文明司法”和践行执法为民理念的“理性文明执法”提出要求。下列哪些选项属于“文明执法”的范围？（　）

A. 提高素质和修养，遵守执法程序，注重执法艺术

B. 仪容整洁、举止得当、言行文明

C. 杜绝与法官职业形象不相称的行为

D. 严守办案时限，禁止拖延办案

[**答案**]ABC

[**解析**]

选项A、C正确。《法官职业道德基本准则》第二十五条规定：“加强自身修养，培育高尚道德操守和健康生活情趣，杜绝与法官职业形象不相称、与法官职业道德相违背的不良嗜好和行为，遵守社会公德和家庭美德，维护良好的个人声誉。”由此可知，本题选项A、C说法正确。

选项B正确。《法官职业道德基本准则》第二十四条规定：“坚持文明司法，遵守司法礼仪，在履行职责过程中行为规范、着装得体、语言文明、态度平和，保持良好的职业修养和司法作风。”由此可知，本题选项B说法正确。

选项D错误。《法官职业道德基本准则》第十一条规定：“严格遵守法定办案时限，提高审判执行效率，及时化解纠纷，注重节约司法资源，杜绝玩忽职守、拖延办案等行为。”由此可知，本题选项D属于保证司法公正的范围，不符合题意。

2. 法官的下列哪些做法体现了执法为民的要求？（　）

A. 民庭段法官加班加点，春节前及时审结拖欠农民工工资案件

B. 刑庭范法官拒绝承办案件辩护律师的宴请

C. 立案庭刘法官将收案材料细化分类整理，方便群众查询

D. 执行庭肖法官多方调查被执行人财产，成功执行赡养费支付判决

[答案]ACD

[解析]

执法为民就是要求在法治实践中，充分关注民情，着力改善民生，切实保障民权，努力扩大和发展民主。A、C、D 项体现了执法为民的要求。公平的朴素含义是公允持平、不偏不倚、办事公道、利益均衡；正义则意味着惩恶扬善、激浊扬清、是非清楚、道义分明。B 项体现了公平正义的要求，故不选。

3. 关于法官在司法活动中如何理解司法效率，下列哪一说法是不正确的？（　）

A. 司法效率包括司法的时间效率、资源利用效率和司法活动的成本效率

B. 在遵守审理期限义务上，对法官职业道德上的要求更加严格，应力求在审限内尽快完成职责

C. 法官采取程序性措施时，应严格依法并考虑效率方面的代价

D. 法官应恪守中立，不主动督促当事人或其代理人完成诉讼活动

[答案]ABC

[解析]

A、B、C 选项正确。司法效率强调的是司法机关在司法活动中，在正确、合法的前提下，要提高办案效率，不拖延积压案件，及时审理和结案，合理利用和节约司法资源。司法效率要求迅速及时进行司法活动，在司法、诉讼的各个具体环节都要遵守法定的时限；同时，司法程序的设计还应使当事人以最少的耗费利用诉讼制度。司法制度大致包括司法的时间效率、资源利用效率和司法活动的成本效率。因此，A、B、C 选项正确。

选项 D 错误。法官在恪守中立的前提下，也应当主动督促当事人或其诉讼代理人完成诉讼活动，因此 D 选项说法错误。

4. 张法官与所承办案件当事人的代理律师系某业务培训班同学，偶有来往，为此张法官向院长申请回避，经综合考虑院长未予批准。张法官在办案时与该律师依法沟通，该回避事项虽被对方代理人质疑，但审判过程和结果受到一致肯定。对照《法官职业道德基本准则》，张法官的行为直接体现了下列哪一要求？（　）

A. 严格遵守审限　　　　B. 约束业外活动

C. 坚持司法便民　　　　D. 保持中立地位

[答案]D

[解析]

A 选项错误。本题中，张法官的行为与审限无关。

B 选项错误。法官业外活动，是指法官司法职务以外的所有活动，又称“8 小

时以外”或职务外活动。本题中涉及的是张法官申请回避的行为，未予批准后，依法与身为其所承办案件的代理人依法沟通的行为都是职务行为，并非业外行为。

C选项错误。本题中，张法官的行为未涉及为当事人或为诉讼参与人提供必要的诉讼便利。

D选项正确。张法官虽与其所承办案件的代理人系同学关系，偶有来往，但张法官申请回避后未获院长批准，依法与该代理人沟通，审判过程和结果受到对方代理人的肯定，这说明张法官主动遵守回避制度，审理案件保持中立公正的立场，平等对待当事人和其他诉讼参与人。

5. 法官李某的下列哪些行为违反了法官职业道德规范？（　）

A. 庭审时，发现当事人高某聘请的律师赵某明显不负责任，提醒高某可另行委托律师钱某

B. 办案时，发现原告律师程某系自己高中同学，主动提出回避申请

C. 庭审前，向所办案件当事人委托的张律师指出某一证据效力不足

D. 讲座时，提出司法腐败主要是当事人行贿所致

[**答案**]ACD

[**解析**]

《法官职业道德基本准则》第二条规定：“法官职业道德的核心是公正、廉洁、为民。基本要求是忠诚司法事业、保证司法公正、确保司法廉洁、坚持司法为民、维护司法形象。”选项A和C皆违背了法官中立公正的形象，故A和C当选。

《法官职业道德基本准则》第十三条规定：“自觉遵守司法回避制度，审理案件保持中立公正的立场，平等对待当事人和其他诉讼参与人，不偏袒或歧视任何一方当事人，不私自单独会见当事人及其代理人、辩护人。”故B项符合法官职业道德要求，不当选。

《法官职业道德基本准则》第三条规定：“法官应当自觉遵守法官职业道德，在本职工作和业外活动中严格要求自己，维护人民法院形象和司法公信力。”选项D提出司法腐败主要是当事人行贿所致，会使公众对法官的公正司法和清正廉洁产生合理怀疑，对人民法院的公信力产生不良影响，故当选。

6. 下列哪一选项属于违反法官职业伦理规范的情形？（　）

A. 甲市中级人民法院陈法官的妹妹接到乙县人民法院开庭传票，晚上到哥哥家咨询开庭注意事项，陈法官只叮嘱其妹庭上发言要有针对性，不要滔滔不绝

B. 乙市某法学院针对甲市中级人民法院在审案件组织模拟法庭，乙市中级人民法院钱法官应邀担任审判长。庭审后，钱法官就该案件审理和判决向同学们谈

了看法

C. 林法官担任某法学院兼职博士生导师，每年招收法学博士研究生1名

D. 某省高级人民法院朱院长担任法学会法律文书学研究会副会长

[答案]B

[解析]

选项A没有违反法官职业伦理规范。甲市中级人民法院与乙县人民法院是不同的法院，且陈法官也没有对案件的审理和审判工作发表意见，其叮嘱的内容没有违反法官职业道德规范。

选项B违反了法官职业伦理规范。《法官职业道德基本准则》第十四条规定："尊重其他法官对审判职权的依法行使，除履行工作职责或者通过正当程序外，不过问、不干预、不评论其他法官正在审理的案件。"本项中，钱法官就甲市中级人民法院在审案件的审理和判决发表意见，违反了法官职业道德。

选项C没有违反法官职业伦理规范。《法官行为规范》第八十三条第一项规定："在不影响审判工作的前提下，可以利用业余时间从事写作、授课等活动。"

选项D没有违反法官职业道德规范。《法官行为规范》第八十二条规定："受邀请参加各类社团组织或者联谊活动：①确需参加在各级民政部门登记注册的社团组织的，及时报告并由所在法院按照法官管理权限审批；②不参加营利性社团组织；③不接受有违清正廉洁要求的吃请、礼品和礼金。"D项中，朱院长可以担任法学会法律文书学研究会副会长。

7. 某非法吸收公众存款刑事案件，因涉及人数众多，影响面广，当地领导私下曾有"必须重判"的说法。①主审李法官听此说法即向院长汇报。②开庭时，李法官对律师提出的非法证据排除的请求不予理睬。③李法官对刘检察官当庭反驳律师无罪辩护意见、严斥该律师立场有问题的做法不予制止。④李法官几次打断律师用方言发言，让其慢速并重复。⑤律师对法庭上述做法提出异议，遭拒后当即退庭抗议。⑥刘检察官大声对律师说："你太不成熟，本地没你的饭吃了。"⑦律师担心报复，向当事人提出解除委托关系。⑧李法官、刘检察官应邀参加该律师所在律所的十周年所庆，该律师向李、刘赠送礼品。上述法律职业者的行为，哪些是不当的？（ ）

A. ①④⑤　　B. ②③④　　C. ②⑥⑦　　D. ③⑦⑧

[答案]CD

[解析]

第①项，《法官职业道德基本准则》第八条规定："坚持和维护人民法院依法

独立行使审判权的原则，客观公正审理案件，在审判活动中独立思考、自主判断，敢于坚持原则，不受任何行政机关、社会团体和个人的干涉，不受权势、人情等因素的影响。”由此可知，李法官应当坚持原则，而非向院长报告，第①项属于不当行为。

第②项，律师有提出非法证据排除的权利，法官在没有核实的情况下不予理睬的做法违反法律职业道德，第②项属于不当行为。

第③项，《法官职业道德基本准则》第二十二条规定：“尊重当事人和其他诉讼参与人的人格尊严，避免盛气凌人、‘冷硬横推’等不良作风；尊重律师，依法保障律师参与诉讼活动的权利。”因此，对于法庭上出现的这种情况，法官应当予以制止，第③项属于不当行为。

第④项，《法官行为规范》第三十二条规定：“当事人使用方言或者少数民族语言：诉讼一方只能讲方言的，应当准许；他方表示不通晓的，可以由懂方言的人用普通话进行复述，复述应当准确无误；使用少数民族语言陈述，他方表示不通晓的，应当为其配备翻译。”由此可知，李法官的行为并无不当。

第⑤项，我国没有对律师退庭进行明文规定，与之相关的是《律师法》第三十二条第二款的规定：“律师接受委托后，无正当理由的，不得拒绝辩护或者代理。但是，委托事项违法、委托人利用律师提供的服务从事违法活动或者委托人故意隐瞒与案件有关的重要事实的，律师有权拒绝辩护或者代理。”在实践中，一般对于律师退庭抗议行为，主要是将其归入扰乱法庭秩序。据此可知，第⑤项中律师的行为不当。

第⑥项，《最高人民检察院关于规范检察人员与律师交往行为的暂行规定》第四条规定：“检察人员与律师交往，应当符合法律、纪律规定和检察职业道德要求，不得妨碍律师依法执业，不得无故拖延、推诿或者刁难律师依法执业提出的合理要求，自觉避免一切可能影响检察工作公正性、公信力、廉洁性的行为。”由此可知，刘检察官的行为不尊重律师，属于不当行为。

第⑦项，根据上述《律师法》第三十二条第二款的规定，本题中，律师担心报复并不是解除委托关系的正当理由，律师的行为不当。

第⑧项，《法官职业道德基本准则》第十六条规定：“严格遵守廉洁司法规定，不接受案件当事人及相关人员的请客送礼，不利用职务便利或者法官身份谋取不正当利益，不违反规定与当事人或者其他诉讼参与人进行不正当交往，不在执法办案中徇私舞弊。”《检察人员纪律处分条例》第一百零四条规定：“收受可能影响公正执行公务的礼品、礼金、消费卡等，情节较轻的，给予警告、记过或者记大过处分；情节较重的，给予降级或者撤职处分；情节严重的，给予开除处分。收受其他明显超出正常礼尚往来的礼品、礼金、消费卡等的，依照前款规定处理。”由此可知，李法官和刘检察官参加宴会并接受礼品的行为不当。

8. 2009 年 1 月 8 日，最高人民法院向社会公布了“五个严禁”的规定，法官的下列哪些行为属于该规定严禁之列？（　）

A. 北方某省高级人民法院田法官给承办自己老家小学工程质量纠纷案的某基层人民法院孔法官打电话，希望尽快审理该案以不影响学校按时开学

B. 中部某法庭许法官在下乡巡回审理纠纷案件时与代理人、双方当事人、村委会主任等人一起在原告家边喝酒边调解，并在返回时收下被告赠送的 5 斤土豆

C. 西北某基层人民法院包法官隐瞒正在办理的伤害案被告人是其同父异母兄弟的实情继续审案

D. 东部某中级人民法院周法官指定由环球拍卖公司主持拍卖涉案的五套房屋

[**答案**]ABD

[**解析**]

《最高人民法院关于“五个严禁”的规定》之内容如下：“一、严禁接受案件当事人及相关人员的请客送礼；二、严禁违反规定与律师进行不正当交往；三、严禁插手过问他人办理的案件；四、严禁在委托评估、拍卖等活动中徇私舞弊；五、严禁泄露审判工作秘密。人民法院工作人员凡违反上述规定，依纪依法追究纪律责任直至刑事责任。从事审判、执行工作的，一律调离审判、执行岗位。”据此可知，本题中，选项 A、B、D 分别对应《最高人民法院关于“五个严禁”的规定》的第三、一、四点，虽然选项 C 也违反法官职业伦理，但不属于“五个严禁”的范围。

9. 根据《法官法》及《人民法院工作人员处分条例》对法官奖惩的有关规定，下列哪一选项不能成立？（　）

A. 高法官在审判中既严格程序，又为群众行使权利提供便利；既秉公执法，又考虑情理，案结事了成绩显著。法院给予其嘉奖、奖励

B. 黄法官就民间借贷提出司法建议被采纳，对当地政府完善金融管理、改善服务秩序发挥了显著作用。法院给予其记功奖励

C. 许法官违反规定会见案件当事人及代理人，此事被对方当事人上网披露，造成不良影响。法院给予其撤职处分

D. 孙法官顺带某同学（律师）参与本院法官聚会，半年后该同学为承揽案件向聚会时认识的某法官行贿。法院领导严告孙法官今后注意

[答案]C

[解析]

选项A、B不符合题意。《法官法》第三十条规定："法官有下列表现之一的，应当给予奖励：①公正司法，成绩显著的；②总结审判实践经验成果突出，对审判工作有指导作用的；③在办理重大案件、处理突发事件和承担专项重要工作中，做出显著成绩和贡献的；④对审判工作提出改革建议被采纳，效果显著的；⑤提出司法建议被采纳或者开展法治宣传、指导调解组织调解各类纠纷，效果显著的；⑥有其他功绩的。"由此可知，本题选项A、B中，对高法官、黄法官的奖励行为符合该条的规定。

选项C符合题意。《人民法院工作人员处分条例》第五十九条规定："接受案件当事人、相关中介机构及其委托人的财物、宴请或者其他利益的，给予警告、记过或者记大过处分；情节较重的，给予降级或者撤职处分；情节严重的，给予开除处分。违反规定向案件当事人、相关中介机构及其委托人借钱、借物的，给予警告、记过或者记大过处分。"由此可知，本题选项C中，对许法官的惩戒行为不符合该条的规定。

选项D不符合题意。孙法官带自己同学参加法院聚会，导致其同学向聚会时认识的法官行贿，虽然行为有些不妥，但孙法官没有介绍受贿的行为，法院领导严告孙法官今后注意是正确的。

第五章　检察官职业伦理

第一节　检察官的角色定位与职业属性

一、检察官的角色定位

一般认为，所谓检察官的角色定位，是指检察官在国家公职人员中的性质与地位。由于各国的司法体制不尽相同，因而检察官的定位也存在差别。对此，我国台湾地区学者林钰雄教授认为，自欧洲大陆创建检察制度以来，检察官就一直处在法官与警察两大山谷的“谷间带”，检察官不愿意成为“侏儒法官”，也不愿意成为“司法警察”，如何定位检察官，一直是各国检察制度的难题。[1]

龙宗智教授认为，在学说上，关于检察官的定位，一直存在两种相互对立的观点，即“行政官说”和“司法官说”。

1.“行政官说”。“行政官说”认为检察官系行政官，主要有两方面的理由：

⑴根据检察机关的组织体制和组织原则，即“检察一体制”，检察机关上下形成一个整体，具体体现于四项制度：①“阶层式建构”和上级的“指令权”。各国检察机关普遍实行仿效行政机关的“阶层式建构”，上级机关对下级机关、上级检察官对下级检察官有指挥监督的“指令权”，而下级则有服从义务。②职务收取和职务转移制。上级有权亲自处理属于下属检察官承办的案件和事项，同时上级检察官有权将下属检察官承办的案件和事项转交其他下属检察官承办。③官员代换制。参与诉讼、出席法庭的检察官即便中途替换，对案件在诉讼法上的效果并无影响。④首长代理制。各级检察机关所属检察官在对外行使职权时，系检察首长的代理人。

⑵国家法（宪法）上的权力划分。立法、行政、司法的三权分立与制衡，是

[1] 林钰雄．谈检察官之双重定位 [J]. 刑事法杂志，1998（12）.

西方政制的基本结构。在这一构造中，检察官不属于立法人员，也不属于受宪法独立性保障的法官，而是受上级指令约束的公务员，检察机关是代表第二权（行政）对第三权实施监督制衡的机关，这种类别划分能实现司法结构的合理性与国家基本结构的“同构性”。

2.“司法官说”。“司法官说”认为，检察官是与法官具有“等同性”的司法官。“司法官说”的基本论据是检察官与法官的“近似性”及检察权与审判权的“接近度”。对这种特性，几乎达成“共识”。“司法官说”最重要的理由是防范行政不当干预刑事司法。由于现代检察官制度是资产阶级革命的产物，因此，防止有“革命之子”之称的检察官成为行政的工具，是创设该制度以来的基本要求。[1]

谢佑平教授和宋远升教授认为，检察官的角色具有多重性，司法活动中的检察官可以同时是精神伦理中的道德人、法律制度中的法律人、社会制度中的社会人以及自然意义上的自然人。同一个主体承担了如此众多的角色，冲突是不可避免的，那么问题是：在现代司法中，应该如何对检察官进行准确定位？谢佑平教授和宋远升教授认为，作为一个独立、中立、公正以及理性的法律人，是检察官最为恰当的身份选择。[2]

前述观点主要是对一般意义上的检察官的角色定位进行分析，关于我国检察官的具体定位，理论界也存在不同的观点。

有观点认为，对此，应当立足于我国的政治体制和现行法律规定。我国检察机关独立于行政机关和审判机关，是国家法律监督机关，检察机关行使的检察权实质上是一种法律监督权。因此，在我国，检察官作为国家机关工作人员，具有独立性，既不是行政官，也不是法官，其基本定位应当是护法官，即法律监督官员，是专门维护法律统一和正确实施的官员。这一定位意味着：①检察官是国家官员，是行使一定国家权力的人，这一身份使得检察官区别于一般公民；②检察官是国家法律官员，是适用监察权处理法律案件的人，这一身份使得检察官区别于行政官员、立法官员；③检察官为维护法律实施，以积极的行动方式（侦查和提起诉讼）适用法律，是法律的监督者，这一身份使得检察官不同于法官。法官是以消极的方式（不告不理）运用法律裁决纠纷的人，是裁判官。[3]

有观点认为，在我国，检察官是依法在检察机关行使国家检察权的法律职业

[1] 龙宗智 . 试论检察官的定位——兼评主诉检察官制度 [J]. 人民检察，1999（7）：6-10.

[2] 谢佑平，宋远升 . 检察官角色的冲突衡平与定位 [J]. 国家检察官学院学报，2010（4）：60-65.

[3] 李瑜青 . 法律社会学理论与应用 [M]. 上海：上海大学出版社，2007：260-261.

者，从检察官的职责来看，我国检察官属于专事国家法律监督职责的官员，其核心职责是进行法律监督，目的是维护国家法律的统一正确实施。基于此，检察官的角色定位具体表现为：①检察官是法律秩序的积极守护者。法官、检察官、律师都同样担负着对法律秩序的维护职能，但基于对法官的裁判角色定位，法官维护法律秩序是被动的；律师也需要基于当事人的请求，以维护当事人的合法权益来实现对法律秩序的维护；检察官并不基于当事人的请求，而是积极主动地监督法律的正确实施。②检察官是司法公正的忠实捍卫者。公正是检察机关司法属性和法律监督属性的必然要求。③检察官是国家和人民权益的客观代表者。检察官为了发现真实情况，不应站在当事人的立场上，而应站在客观的立场上进行活动。检察官必须以事实为依据，以法律为准绳，秉公执法，不得徇私枉法，既要注意对犯罪嫌疑人不利的情况，也要注意有利的情况。[1]

有观点认为，无论是基于检察官理想品格的形成，还是检察实践的要求，我国检察改革的重心都在于检察官司法官化。检察官、法律监督官和司法官名异实同。我国应坚持“大司法”框架下的检察官司法官化道路，实现我国检察官角色定位的司法回归：公正、客观、理性、独立。从宪法规定来看，检察官是法律监督官，我国《宪法》将检察官定位为法律监督官。从法律、法规、规章等规定来看，检察官是司法官，我国《刑法》条文中有 17 处涉及了“司法”的概念，具体包括何谓司法、司法机关、司法工作人员等。《刑法》第九十四条特别规定：“本法所称司法工作人员，是指有侦查、检察、审判、监管职责的工作人员。”我国《刑事诉讼法》条文中有 6 处、《治安管理处罚法》条文中有 1 处、《行政处罚法》条文中有 4 处涉及了“司法”的概念，其他法律、法规、规章中也多有涉及。该观点进一步认为，检察官职能内容上的共性是检察官的本质特征，而综观当今世界上绝大多数法治国家，尽管具体职能的内容边界、行使方式、行使机关的设立形式等存在不同程度的差别，但公诉、职务犯罪侦查和司法行为监督都是检察官的三大基本职能。我国检察官的法律监督职能也是通过上述三大职能的行使实现的，即我国检察官与其他国家的检察官在基本职能内容上没有本质区别。从这个意义上讲，检察官与法律监督官抑或法律守护官（人）只是称谓不同。而各国所谓的行政监督官、准司法官、行政官、公益代表人等检察官类型，也只是给检察官披上了不同的角色“外衣”。将检察官称为司法官，是在广义的司法概念下的定位，表现出检察官与法官的职能行使和品格有着共性的要求。可以说，检察官司

[1] 胡尹庐，胡卫列．检察官职业素养教程 [M]. 北京：中国检察出版社，2015：122-123.

法官化，是对穿着不同角色“外衣”的检察官的共同、最高要求。[1]

还有观点认为，从应然的角度看，我国检察官的角色，应当是诉讼当事人、法律守护人和公益代表人。在刑事诉讼中，检察官（机关）首先是诉讼之一方当事人。检察官通过侦查、公诉、监督及刑罚执行等职能，维护法律权威和尊严，维护社会公平正义，尊重保障人权。在现代社会，检察官以维护公共利益作为自己的崇高使命。[2]

观察上述研究者的不同观点，我们可以发现，这些观点之间存在共性，也存在差别。对于检察官的角色定位，所采取的进路基本上是一种“倒推式”论证进路，即通过检察权的性质来倒推检察官的角色定位，通过检察机关的性质来倒推检察官的角色定位，或者通过法定职责来倒推检察官的角色定位。我们认为，无论对于检察官作何种角色定位，有一个基本前提是需要进行确认的，即检察官属于法律职业者，属于法律职业共同体的组成部分。因此，从这个角度看，可以选择一种“语境式”或“情境式”界定模式，即把检察官放在具体的情境中，进而确定其准确的角色定位，在此基础上，对于检察官应该遵循的职业伦理也更有针对性。作为法律职业者而言，其最主要的职业行为就是“法律服务行为”，对检察官来说，最重要的就是参与诉讼，在两造中，检察官作为一方诉讼当事人，其所代表的或要维护的是公共利益、国家利益。

二、检察官的职业属性

对检察官的角色定位不同，得出的职业属性也会有所差别，在此概述主要观点，以供思考。

有观点认为，检察官是以积极的方式行使职权，以维护法律实施和保护公益的国家法律官员，检察官职业具有以下特点：

1. 法律性。检察官职业的法律性，其含义不在于法律对检察官职业的规范，而在于检察官职业“工作”内容本身的法律性。在法治国家，任何一种职业都或多或少地受到法律的规范，完全超越于法律之外的职业是不存在的。检察官作为一种独立的、专门化的职业，从其产生之日起，就是以特定的方式运作法律为天职。

2. 公益性。检察官职业的价值取向是公益，检察官从公益角度出发，处理检

[1] 刘万丽，黄在国 . 我国检察官角色定位问题研究 [M]. 中州学刊，2013（11）：53-57.

[2] 段明学 . 检察改革论略 [M]. 北京：中国检察出版社，2016：137-140.

察业务。公益即公共利益，是指“作为有机体的公众共同享有的权益、福利和价值”，其“构成要素一般包括公共秩序、公共道德、公共财产、公共安全和普遍人权等”。检察官以公益代表的身份参与诉讼活动，在刑事诉讼中，检察官担当公诉人的身份充分说明了其职业价值取向。在涉及国家利益、社会利益的民事、行政案件中，在具体权利人不确定的情况下，检察官应当可以以公益人代表的身份提起诉讼。

3. 主动性与被动性。检察官在适用法律时，都是基于案件或法律纠纷的存在，即法律在实施过程中遇到了障碍，发生了违法犯罪行为或遇到法律纠纷，因而在此意义上，检察官运用法律、实施法律具有一定的被动性。但是，一旦遇到国家公职人员的犯罪活动或涉及公共利益的特定民事与行政案件，以及针对司法机关与司法行政机关的法律监督，检察官则会主动以公诉人或公益人代表或法律监督者的身份介入相应的司法诉讼活动。[1]

有观点认为，检察官的职业属性主要体现为司法性、独立性与客观性。从职业品格上着眼，检察官的司法属性占主导地位。无论强调法检两官的同质性，将检察官与法官比作一枚硬币的两面、一辆车子的两轮，还是将检察官视为在司法领域内与法院共同履行司法职责的行政官，都要肯定检察官有别于行政官亦有别于法官的独特气质，在这种独特性中，司法官属性占据主导色彩。从检察实践来观察，检察官的客观性、独立性是关键内容。在独立性方面，欧陆国家普遍认同“对案件真实性及公正性的判断，必须由各主其事的个人，以理性和良知个别决定之，不得对检察官施以强制，命其违反自己的信念行事”。在客观性方面，检察官的倾心所求正是力图做到“事实上确实如此”。[2]

最高人民检察院政治部认为，作为法律职业，检察官与法官、律师等一样，具有法律职业的共性，即受过系统的法律职业教育和训练，有着以权利义务为中心概念的参照系，有以理性的、专业的话语和独特的推理方法去实现法律的确定性，有以维护社会正义和自由、维护法律权威为价值追求的职业意识。但是，检察官因其角色特点又具有诸多有别于法官、律师的职业特性。从中国检察官的法律监督角色看，检察官职业具有以下特性：

1. 主动性：检察官是法秩序的积极守护者。法治对检察官的角色定位要求检察官代表国家而非基于当事人的请求，主动对违反法秩序的犯罪行为进行追诉并

[1] 李瑜青 . 法律社会学理论与应用 [M]. 上海：上海大学出版社，2007：261-262.

[2] 刘万丽 . 再论检察官的角色定位 [J]. 河南师范大学学报（哲学社会科学版），2014（2）：61-65.

对诉讼中的其他违法行为进行纠正。从检察官独具的主动追诉的职能看，检察官是法秩序的积极守护者。

2. 客观性：检察官适用法律要恪守客观性义务。检察官不仅代表国家对犯罪行为进行追诉，维护法律秩序，还负有保护人权之责。这就使检察官负有“客观性义务”。检察官为了发现真实情况，不应站在当事人的立场上，而应站在客观的立场上进行活动，检察官不是也不应是片面追求打击犯罪的“诉狂”，而是依法而言、客观公正的守护人。[1]

第二节　检察官职业伦理概述

检察官伦理是检察官在履行职责过程中应遵循的行为规范，也可以称检察官职业伦理或检察官职业道德。检察官职业伦理是世界各国检察界共同关注的问题。中外检察官制度名称虽同，但性质有别。在我国，检察官是从事检察事务即法律监督事务的国家官员。检察官职业的这一特殊性决定了检察官职业伦理的内容有别于其他法律职业伦理。

一、检察官职业伦理的概念

检察官职业伦理是指检察官在履行职务过程中必须遵守的伦理规范或行为准则。应从以下三个方面理解这一概念。

（一）检察官职业与道德密不可分

从一般意义上说，检察官是指从事检察事务的国家官员。关于检察官的范围，在我国，根据《检察官法》的规定，检察官是依法行使国家检察权的检察人员，包括最高人民检察院、地方各级人民检察院和军事检察院等专门人民检察院的检察长、副检察长、检察委员会委员、检察员。

职业和职业道德之间有着密切联系，按照伦理学和社会学的观点，单独考察

[1] 最高人民检察院政治部编写组．中国特色社会主义检察制度学习材料 [M]. 北京：中国检察出版社，2006：155-156.

各种职业，每一种职业都担负一定的社会责任，即各有各的职责和分工，而且每种职业又都意味着一定的社会权力。其无论多少、大小，都是公共权力的一部分，如何行使这些权力，必然会联系到社会道德问题。比如，掌握公共权力是为公众服务或是作为攫取个人私利的工具，很能反映出一个掌握权力的人的“德行”，尤其是每种职业在具体运作中常常体现和处理着一定的利益关系。职业是社会整体利益、职业服务对象的公众利益、行业利益和从业者个人利益等诸多利益的交汇点、结合部，在这交织着多种利益的情形下，如何处理好其中的关系，是每一个“职业”从业者所必然面临的抉择，而其态度和行动，必然反映着道德问题。正是从这个意义上，有学者称，职业道德是以“责、权、利”的统一为基础，以协调个人、集体与社会关系为核心的职业行为准则和规范系统。没有相应的道德规范，职业就不可能担负起社会职能。

检察官工作作为一种职业同样有职业道德问题。检察工作是一种专门从事检察事务的司法工作，它同样是一种社会分工，同样符合“专人做专事”的职业特征，这里的“专人”就是“检察官”，这里的“专事”就是“检察”事务。检察职业既承担一定的社会职责，同时又有一定的社会权力，体现着一定的利益关系，如同任何职业一样，它与职业道德有着不可分割的内在联系。

（二）检察官职业伦理适用于检察官履行职务过程中

任何职业的从业者都具有双重属性：一方面，他是社会中的普通一员，作为一个公民面对着社会；另一方面，他又是社会分工的某一项职业的承担者，作为一个职业者面对着公众。当其以公民身份进行活动时，自然应遵守普通的道德规范；而当其以职业身份出现时，换句话说，以职业面目履行社会赋予的权力时，他应该遵守国家和社会赋予这一职业的道德规范。

在现实生活中，每个人都有三大生活领域，即公共生活、职业生活和婚姻家庭生活。为调整和规范这些领域中的关系，相应地形成了社会公德、职业道德和婚姻家庭道德。社会公德、职业道德和婚姻家庭道德是相互联系又相互区别的道德规范。就社会公德而言，有广义和狭义之说。广义的社会公德是指反映阶级、民族或社会共同利益的道德，它包括一定社会、一定国家所提出和实行的道德要求，甚至还以法律规定的形式，使之得到重视和推行。狭义的社会公德特指人类在长期社会生活实践中逐渐积累起来的、为社会公共生活所必需的、最简单、最起码的公共生活准则。它一般指影响着公共生活的公共秩序、文明礼貌、清洁卫生以及其他影响社会生活的行为规范。在现实生活中，尽管“物以类聚，人以群分”，但处于同一时代的同一社会环境的社会成员，为维持社会的起码生活秩序，必须遵守社会所需的生活规则。职业道德就是在一定的职业活动中所应遵循的具有职业自身特点的道德准则和规范。婚姻家庭道德是恋爱、婚姻家庭领域中应遵循的道德准则和规范。三种道德规范之间具有联系和相同点，但又有区别。三种道德规范调整着不同的对象，适用于不同的范围。就某一个特定的自然人来讲，他（她）可能扮演不同的角色：当作为普通公民时，应遵循公共道德；当作为职业人员时，应遵循职业道德；当作为婚姻家庭中的一员时，应遵循婚姻家庭道德。但是，绝不能将三种道德规范混淆在一起，或将三种角色的道德规范混同使用。

与其他职业道德规范一样，检察官职业伦理适用于检察官履行职务的过程中。易言之，检察官履行法律赋予的权力，扮演“检察官”职业人这一角色时，检察官职业伦理才对其适用。当检察官未以“职业”身份出现，而是以普通公民身份或以婚姻家庭一员生活时，检察官职业伦理规范就失去了意义。

（三）检察官职业伦理是检察人员必须遵循的道德规范和行为准则

与普通的道德规范不同，职业道德有范围上的有限性、内容上的稳定性、形式上的多样性和效力上的准强制性，它是检察人员必须遵守的道德规范。对于检察人员来讲，除了法律必须遵守外，职业道德也是必须遵守的。检察官职业伦理普遍融合了国家、社会和公众对检察官从业的道德期许，它是完成检察工作必须遵循的规范。除《检察官职业道德规范》的条文内容外，它常常表现为检察界的公约、誓词或纪律。如若违反，也必将受到纪律或行政处分。

二、检察官职业伦理的历史发展

检察官职业伦理是随着检察官职业的产生而出现，并随着检察官制度的变化而变化的。

（一）检察官职业伦理的起源与发展

法国自12世纪初期开始，就出现了代表国王参加诉讼的“代理人”。他们受国王的指派处理其私人事务。后来这种代理人逐渐发展成为代表国王向法院提起民事诉讼的人。到13世纪中叶，代理制度又扩大到刑事诉讼领域，即由代理人起诉刑事犯罪案件。在国王腓力四世（1285—1314）在位期间，法国封建社会发展到中央专制集权阶段。为了监督各封建领主，更好地维护国王的利益，1302年，腓力四世颁布敕令规定，国王代理人须和地方官吏同样宣誓，并以国王的名义参加有关国王利益的一切诉讼，国王代理人从而成为国家官吏。法国14世纪的国王代理人制度，是检察官制度乃至检察制度的雏形。鉴于当时实行的是“纠问式”

诉讼模式，缺乏追诉权与审判权的严格区分，且国王代理人主要代表国王而非公共利益，因而不是现代意义上以“公诉权”为核心特征的检察制度。现代意义上的检察官制度是按照1808年制定的《刑事诉讼法》确立的。这一法典又称“拿破仑治罪法典”，它将审前程序的主持者确立为公诉官和预审法官，前者负责追诉犯罪，后者负责审问。不经公诉官请求或被害人告诉，预审程序不得发动，这种制度与国王代理人制度已有重大差异，因而具有了现代以“公诉权”为特征的检察官制度特征。法国这种检察官制度模式被大陆法系国家所借鉴和采用。

英国检察官制度具有自身的特点。在英国，13世纪40年代至80年代，出现了国王律师和国王法律顾问，代表国王就有关皇室利益的财产诉讼和行政诉讼案件进行起诉。1461年，国王律师改名为英国总检察长，国王法律顾问改名为国王辩护人。1515年，国王辩护人又改名为英国副检察长。他们对杀人案件、破坏皇室利益的案件以及开除皇家官员、偿还土地等案件进行调查、起诉和听审。1827年，英国增设追究破坏皇室利益以外案件的检察官。1879年，英国颁布《犯罪追诉法》，规定设置公诉处为国家检察机关。英国这种检察官制度模式被英美法系国家所借鉴。

随着检察官职业的出现，其职业道德问题自然提到议事日程上来。检察官职业在资本主义初期出现，这一时期资产阶级的主要任务是消除封建制度残余、巩固和发展资本主义制度，所以检察官的职业道德也打下了这一时代烙印。资产阶级思想家提出了“严格执法”和“严格守法”双重道德规范。“严格执法”由17世纪的英国掘地派领袖杰拉德•温斯坦莱提出，他认为“严格执行法律是政府的生命”。强调要严格执行平等原则，不论是公职人员或是平民百姓都应严格执行法律的各项规定。所有执法者只有依法行使职责的义务，而没有超越于法律之上的权利。执法人员应该无私，把国家的法律当作自己的意志去执行。而18世纪的法国资产阶级启蒙思想家卢梭则强调，一切统治者都应是“法律的臣仆……由于他享受法律的一切好处，他若强制他人遵守法律，他自己就得更加严格地遵守法律”，即先正己，后正人。而另一位法国启蒙学者摩莱里则认为，如果执法者不洁身自好，敢于以身试法、玩忽职守，法律本身将剥夺他们的一切权限。[1]无论是检察官“严格执法”还是“严格守法”，强调的都是法律至上、法律至尊，确定的是法律面前人人平等等资本主义基本法律思想和伦理道德规范，它是对封建制度伦理道德的否定，也是与资产阶级初期的政治、经济、法律思想以及人文环境等密不可

[1] 沈忠俊，等．司法道德新论 [M]. 北京：法律出版社，1999：40-43.

分的。

随着资本主义社会的发展，对司法人员的职业道德要求也有了新的发展和进步。世界各国无论大陆法系国家或英美法系国家，20 世纪前后，在制定了详尽的法官职业道德、律师职业道德的同时，也制定了检察官职业伦理。尤其是，1990 年 9 月 7 日，第八届联合国预防犯罪和罪犯待遇大会审议通过了《关于检察官作用的准则》，经联合国大会决议批准，该准则已经成为世界各国检察官行为准则的范本。

该准则综合了世界各国的检察官职业伦理内容，就世界各国已达成共识的内容作了进一步的概括和归纳，并根据检察官制度的发展状况提出前瞻性的要求。这是国际社会对检察官履行职责的最低要求。该准则就检察官的行为准则提出了七个方面的要求：一是根据法律和法律授权积极发挥职能作用；二是公平地依法办事，尊重和保护人的尊严，维护人权，特别是犯罪嫌疑人和被害人的诉讼权利，确保法定诉讼程序和刑事司法系统职能的顺利运行；三是不偏不倚地履行其职能，避免任何形式的歧视；四是保证公共利益，适当考虑犯罪嫌疑人和被害人立场；五是保守职业秘密；六是维护法治权威，注意对公务人员所犯罪行特别是对贪污腐化、滥用权力、严重侵犯人权和国际公认的其他罪行的起诉与调查，拒绝使用通过非法手段获得的证据，尤其是通过拷打或者残酷的、非人道的、或有辱人格的待遇或处罚、或以其他违反人权办法获得的证据，检察官不仅应当拒绝使用，而且应当采取一切必要的步骤确保将使用此类手段的责任者绳之以法；七是在充分尊重犯罪嫌疑人和被害人人权的基础上适当考虑免予起诉、有条件或无条件地中止诉讼程序，或使某些刑事案件从正规的司法系统转由其他办法处理，特别是对少年，应尽量考虑非起诉的处理办法。这些行为准则是检察官发挥作用的最基本的保障，是不同制度下的国家、不同制度下的检察官必须共同遵守的基本准则。

（二）我国检察官职业伦理的历史发展

我国奴隶社会和封建社会均无检察官制度之说，只有与检察制度具有形式上、职权上某些相似性的“古代御史监察制度”。“御史”之名，在西周官职中即已出现，但指的是在君主左右掌管文书档案和记事的史官。战国时，各主要国家都设御史。秦时御史，相当于副丞相，其职责为监理诸郡、察地方违法事宜。自此以后，历朝历代均设有此官职。至清代时御史职责有三：一是肃正纲纪，纠弹百官，即对封建官吏是否尽忠于皇帝和有无违法失礼实施监督；二是对大臣及百官的任免具有向皇帝的建议权；三是参与刑事案件的侦讯、审理和评议，并巡视州县的诉讼，实行审判监督。以担当“公诉权”为职责，维护公益的现代意义上的检察制度发端于清朝末年。1906 年，清王朝仿照西方资本主义国家“三权分立”原则，建立了行政、司法、立法“三权分立”体制，由此建立了现代检察官制度。当时规定检察官的职责有四项：一是实行搜查处分；二是提起公诉；三是监督审判的执行；四是作为诉讼当事人或公益代表人，实施特定事宜。清王朝灭亡后，民国政府借鉴了这些规定，继续确立检察官制度。

自清末始至民国，与当时半封建半殖民地的社会性质相适应，检察官乃至整个司法职业的道德问题不能不反映或体现其时代特征。这一时期检察官职业伦理有一个共同的特点，即一方面大量引入资产阶级的法理原则，例如，根据法律面前人人平等原则要求检察官等司法人员对旗人、汉人“一体同科”，以求建立公正平允的法律新秩序；另一方面，在职业道德中又大量充斥着封建社会的纲常礼数，以维护君主专制制度。

在中国历史上具有鲜明革命性和人民性的包括检察官职业伦理在内的司法职业道德，产生于革命根据地时期，历经工农民主政权、抗日民主政权和解放区民主政权三个阶段。这一时期的检察官职业伦理并未构成单独的序列，而是所有司法人员遵循共同的职业道德。这些职业道德包括：一是平等，即法律面前人人平等原则，不但为法律准则，也为道德准则；二是人道，即对罪犯实行革命的人道主义，一言以蔽之，“把犯人当人看”，即尊重罪犯人格，不打骂、不体罚、不虐待，并保护其合法权益；三是“便民”，相信群众，依靠群众，并便利民众解决冲突和纠纷是人民司法的一大特色。

新中国成立后，人民检察官制度得以建立，但随着政治形势的变化，我国检察官制度在20世纪50年代后半期受到漠视，这种状况至20世纪60年代中期发展到了顶峰，随后，检察机关被取消达10年之久，检察官制度根本无从谈起，更不用奢谈检察官职业伦理了。至20世纪70年代末恢复检察制度以后，检察官制度乃至检察官职业伦理问题仍未被提到议事日程上来。1995年2月28日，第八届全国人民代表大会常务委员会第十二次会议通过了《中华人民共和国检察官法》，昭示着新中国检察官制度的确立。随之，检察官职业伦理问题作为检察官素质问题的一部分开始被重视起来。特别是随着依法治国和以德治国作为党的战略方针被提出并付诸实施，为检察官制度建设和检察官职业伦理的确立提供了广泛的理论支撑，自此，检察官职业伦理问题成为新时期检察队伍建设的战略重点之一。

近十多年来，检察官的职业伦理和职业纪律规范有了长足的发展和进步，最高人民检察院出台了内容丰富、全面的一系列规范检察官职业行为的道德和纪律的规范性文件。目前这类职业规范主要包括：《检察官职业道德基本准则》《检察人员办案纪律》《检察人员纪律处分条例》《廉洁从检十项纪律》《人民检察院刑事诉讼规则》《人民检察院执法过错责任追究条例》《检察人员任职回避和公务回避暂行办法》，等等。这些规范性的检察职业道德文件的出台和实施，表明我国检察官的职业道德建设已经迈上新的台阶。目前，中国检察系统正在进行检察官员额制度和工资制度改革以及检察人员的司法责任制度改革，这其中对于检察官的职业伦理和纪律规范都提出了更高更新的要求。

纵观中外检察官职业伦理的发展状况，有以下几个方面的结论：第一，检察官职业伦理发展与检察官制度有着天然的依附关系。当检察官制度存在时，检察官职业伦理问题才能浮出水面，当不存在检察官制度时，其职业道德问题也自然无人问津。第二，不同性质的国家有不同的检察官职业伦理内容。作为上层建筑，职业道德的性质是由经济基础决定的。不同的经济基础之上检察官有不同的职业道德要求。第三，职业道德具有相通性。尽管不同性质的国家职业道德不同，但并不妨碍检察官职业伦理之间的承继关系存在。在中国历史上，检察官制度确立较晚，职业道德建设起步迟，可承继的内容屈指可数，但是，古今中外的检察官职业伦理都是可借鉴和吸纳的对象。

三、检察官职业伦理的特点

检察官职业伦理是既不同于普通的道德规范，又不同于其他法律职业的职业道德规范的特殊道德规范。这种特殊性，从根本上说是由检察机关的性质和检察官的职业特殊性所决定的。

关于检察机关和检察官的性质问题，中外有别。在国外，检察机关一般被视为享有“公诉权”的特殊行政机关。由于司法权专属“审判机关”，因此，检察机关不属司法机关，检察官也是如此。检察官是担当“公诉”任务的行政官员，履行职务时具有“上令下从，职务收取和转移”的行政权特征。在我国，检察机关是国家法律监督机关，对法律的遵守和执行情况进行监督，以维护法律的统一实施。检察机关和检察官性质的不同，根源是由于国外是按“三权分立”的理念和框架建立国家机构，我国不是按“三权分立”的理念，而是以人民代表大会制度为基本政治制度来建构。人民代表大会是国家权力机关，它产生和监督“一府两院、一委”，即政府、法院、检察院、监察委。因此，检察机关是一个与政府和法院等平行设置，独立行使检察权的国家机关。当然，在具体进行监督时，根据对象的不同，监督的模式特性也不同。具体说，对于一切个人和组织，检察机关的监督为犯罪监督，即检察机关对于个人和组织的一般违法行为不予干预，因为这属于行政执法的对象和范畴，只有达到犯罪的程度，检察机关才运用刑事追诉权，将其提交法院审理和裁决。对于国家机关的执法监督，其对象是审判机关、侦查和执行机关的执法活动。而对于除此之外的一般行政机关的一般违法活动，检察机关也不予干预，因为这属于行政监督和行政诉讼审查的问题。检察机关依照法定授权和法定的程序，在诉讼活动中发现和纠正违法的活动，包括刑事诉讼活动中对侦查的监督、审判活动的监督和刑罚执行活动的监督以及对民事审判和行政审判活动的监督。

由此可见，对检察机关而言，由于法律将它定位于法律监督机关，并将审判机关、侦查机关和执行机关的执法纳入监督的范围，它还要对所有国家机关、团体、企事业单位和个人的犯罪行为进行监督，因此，检察机关“地位”特殊。检察官职业也相应特殊，具体来说：第一，权力更大。权力性，指司法工作者代表国家履行职能或行使权力，具有四点共性，即命令、决定、强制、执行。这是司法职业的共同特征。检察官职业中权力性更大。司法职业本身权力就大，检察官不但行使这些权力，同时又对另外的司法机关进行监督，由此可见其权力的特殊。第二，社会性更广。司法职业活动具有社会性，一般意义上是说，司法职业活动涉及社会生活的广泛领域，同时其活动直接关系到社会的稳定和发展。而检察官职业的社会性更广泛是指，一方面是自己的活动具有上述特性，另一方面，它还通过“监督”手段更深层次涉足别的司法机关不曾涉足的领域。第三，政治性更强。司法工作历来被视作人民民主专政的工具，是国家政权的支柱之一。而由于国家设立检察制度的目的是为保证“国家法制的统一”，因而，检察官职业政治性更强。第四，易腐性更甚。司法职业由于种种原因，很容易产生被腐蚀的危险。

由此可见，检察官职业较之一般的司法职业具有特殊性，因而其职业道德也具有特殊性，表现为：

第一，更大的责任性。权力与职责是成正比的。权力越大，职责或责任越大。检察官在国家社会生活中，权力甚大。国家法律赋予了检察官以特殊职权，检察官必然承担特殊的更大的责任。检察官活动既是司法活动，同时又是法律监督活动。司法活动方面，其一举一动都关系到国家的安全和社会的稳定，关系到公民人身权利、财产权利及其他合法权利的保护问题。在法律监督方面，检察官要保证国家法律的统一实施，以维护国家长治久安。如果检察官能严格地按照法律规定行事，法律就能起到应有之作用；反之，则会产生巨大的负面效应。因此，相较于一般的职业道德，尤其是司法职业道德，检察官职业道德具有更大的责任性。

第二，更特殊的示范性。检察官职业既执行法律，又监督法律实施。当执行法律时，检察机关和其他司法机关并无两样，必须按照法定程序、步骤进行工作。但当监督法律实施时，则处于一种“超然”的位置，同时也成为公众聚焦点。检察官职业伦理的优劣，不仅关系到司法工作是否廉洁高效地运行，更关系到公共利益、国家利益的保护，甚至关系到国家长治久安。因为，如果人们从“管人”的人那里得不到足以取信于社会和公众的讯息，自然容易离经叛道、离心离德。反之，如果检察官坚决依法办事，秉公执法，一身正气，被人们视作“正义”的化身，自然又有相对应的效果。检察官的职业道德应当是较一般职业道德有更特殊的示范性，它应当比一般的职业道德更严，内容更加科学、合理，以成为整个司法队伍的“范本”。

第三，更大的强制性。作为道德规范，主要是靠舆论、传统习惯和内心信念起作用，主要是靠人们的自觉遵守，从而与强制推行无缘。但司法职业道德，尤其是检察官职业道德则在很大程度上是靠强制性实现的。这些强制性包括：一是法律的规定。如我国《检察官法》中对检察官职业伦理问题作了规定，从而把道德伦理、规范、准则上升为法律，使之具有与法律同等的效能与作用。法律的规定将检察官职业伦理从道德规范转化为法律规范，从而具有道德和法律规定的双重属性。这种情况下，检察官职业伦理就不是检察官内心遵循与否的问题，而是必须遵循的法律义务。二是将职业道德规范的遵守与纪律挂钩。不遵守检察官职业伦理规范，将为检察纪律所不容，会受到纪律处分。

为什么检察官职业伦理具有强制性特点？因为检察官违反了职业道德准则，出现以权谋私、贪赃枉法、玩忽职守和滥用职权等行为，将使国家的法律监督机制失去意义。此外，检察官身处社会生活中，而我国正处在新旧体制转轨期间，社会风气不一，法律权威尚未完全树立，使检察官队伍中有滋生和蔓延不正之风的现象。在此情况下，在涉及检察官职业伦理时，应不失时机地通过规范和说服教育进行引导，但与此同时，也在制度上以强制手段执行职业道德规范，方能见效。

四、检察官职业伦理的作用和意义

（一）检察官职业伦理建设是“以德治国”治国方略的具体落实

“依法治国”是党和国家提出的战略口号，它是在特定的历史时期和特定的历史条件下提出的治国方略。这一治国方略的实施，极大地促进了中国民主与法制化建设的进程，使我们国家向法治国家迈出了一大步，但是，随着社会主义市场经济体制的建立，社会机制面临转轨问题，各种社会矛盾和问题层出不穷，特别是以西方为代表的外来文化和意识形态的侵入，使我们国家在发展过程中出现了许多的社会矛盾和问题，这就引出了人类社会治理的最基本手段，也是人类社会生存的精神动力和人类的文明底线——道德问题。社会的呼吁、治理国家顽症的需要使道德问题呼之欲出。

检察官的职业行为涉及社会生活的方方面面，公众是通过检察官的职业行为来了解检察机关和检察官职业的。因此，建立检察官职业伦理，使检察官树立高尚的职业道德，对于完成检察工作职责、对于建立法治国家，都有促进作用。

（二）检察官职业伦理建设是检察官履行检察职能的必然要求

检察官在履行检察监督职责过程中，必然同社会各界、各类人员发生各种社会关系和职业联系。对这些关系的调整处理，当然需要法律，但也需要检察官职业伦理。例如，检察官与法官的关系，检察官与律师、侦查人员、当事人和诉讼参与人以及社会公众的各种关系的处理，仅有法律是不够的。因为法律的性质决定了它不能将所有的社会关系事无巨细地全部罗列出来，日常的、大量的司法活动还要靠职业道德去调节。

检察官掌“生杀予夺”大权，这正如同一把“双刃剑”，运用得好，则能保证社会和国家的安全、健康、有序发展；反之，则损害公众利益，对国家发展和社会进步造成妨害。而能否达到好的效果，关键取决于检察官职业伦理的高低。检察官职业伦理水平高，则使权力运用达到匡扶正义的目的。反之，检察官道德水准低，则将使检察职能变成危害公众的工具。

（三）检察官职业伦理建设是保证国家长治久安的需要

道德与国家长治久安是有联系的。在中外历史上，凡道德沦丧、世风日下之时，也正是社会矛盾突出、社会不稳定之日。因此，道德，尤其是公职人员的职业道德问题在保证国家长治久安方面有其特效。在中国历史上，早在古代，思想家就将社会廉耻等道德体系与国家的安危联系在一起，从“克己复礼”到“三纲五常”，从“无为而治”到“禁欲主义”等封建传统道德体系，被视为维护社会稳定和促进发展的精神支柱。

检察官职业伦理更是与国家的长治久安联系密切。检察机关作为法律监督机关，应该是法制的守护神，是正义的化身，也是处理和化解社会矛盾冲突的场所，更是弱者寻求法律帮助之处。检察官具有良好的职业道德，担当守护“正义”之责，就能使矛盾得到化解、正当权益得到保护、法律天平得到平衡。如果没有良好的、高尚的职业道德，对社会冲突视而不见，或不能秉公执法，甚至执法犯法、贪赃枉法，检察机关就会失信于民，并进而使公众对法律漠视、对国家失去信任，并危及国家政权的安全。所以，建设检察职业道德在保证国家长治久安方面具有战略意义。

第三节　检察官职业伦理规范

一、忠诚规范

忠诚是指忠心与实在的良好品质，其具体含义可表述为真挚诚实、忠贞不贰、言而有信、一诺千金等。“忠诚”是我国古已倡导的传统美德。远的如孔子的“言忠信，行笃敬”，儒家所倡导的“仁、义，礼、智、信”等，几千年来一直被遵循和延续，并深深地扎根于民众的思想意识之中。近的如推翻反动统治制度的无数仁人志士，抛头颅洒热血，忠诚于理想，忠诚于“主义”。忠诚既是对公职人员道德的一般倡导，也是对检察官的特别要求。自检察官职业诞生的那一天起，它就是国家利益、公共利益和人民利益的守护者。唯有忠诚，方能完成守护者的职责。也唯有忠诚，才能不辜负检察官的称号。

“忠诚”的品德有以下具体内容：

1. 忠诚于党、国家和人民

⑴忠诚于党。中国共产党是全国各族人民利益的忠实代表，是中国特色社会主义事业的领导核心。党的这种地位在宪法和法律上已经得到确认。忠诚于党，就是坚定对党的信念，执行党的指示，维护党的声誉，服从党的领导。

⑵忠诚于国家。国家是阶级社会的产物，是法律的制定者和权力的象征。国家的意志制定为法律，需要包括检察官在内的司法人员去执行。法律绝不能脱离国家而存在，检察官等司法人员是国家权力和意志的代表和具体执行者，因此，检察官必须无条件、毫不保留地忠诚于国家。

⑶忠诚于人民。人民是国家的主人。忠诚于人民就是要顺乎民心民意，关心人民疾苦，给人民一个安全的生活环境，这是忠诚于人民最本质、最实际的内容。一句话，一切以“人民拥护不拥护，高兴不高兴，赞成不赞成，满意不满意”作为检验检察官工作的标准和尺度。

忠诚于党、国家和人民是统一的，不存在对三者割裂的问题。党和国家、人民是不同的法律范畴，但在具体执行中，三者又是统一的。党是国家的领导核心，是人民意志的集中代表。从政治学角度看，党和国家是不同的范畴。但在我国，由于党作为国家的领导核心是具有宪法和法律依据的，而且实际生活中，党在国家生活中实际发挥着领导作用。而从人民的角度看，国家是人民的国家，人民是国家的主人，党又是人民利益的忠实代表，因此，三者联系密切，很难将它们割裂开。具体到检察官履行“忠诚”道德义务时，自然也不能分割开。

2. 忠诚于宪法和法律

宪法是一个国家的根本大法，而各项法律制度是宪法原则和精神的具体化。在我国，宪法和法律是党和人民意志的集中反映，是为维护国家、民族和人民利益，维护社会正常发展秩序服务的。宪法和法律的实施是通过包括检察官在内的司法人员进行的。从这个意义上讲，忠诚于宪法和法律是忠诚于党和国家、人民的，也是“忠诚”内容的更进一步具体化。

忠诚于宪法和法律是检察官的天职。宪法和法律是检察机关和检察官进行职业活动的依据。检察官的一切职务活动都是与宪法和法律须臾不可分的，都时刻围绕着宪法和法律进行。宪法和法律是检察机关和检察官的工作武器和工具，也是其存在的根据。检察官作为法律的执行者和实施者，是法律的人格化或人格化的法律，其灵魂就是宪法、法律，思想就是宪法和法律条文。离开了宪法和法律，检察官就失去了灵魂，其职业活动就失去了意义，也就寸步难行。因此，忠诚于宪法和法律对检察官而言是毋庸置疑的。

在我国，检察官是法律和法律监督的具体实施者。也就是说，一方面，检察官自己在实施着宪法和法律的基本要求，而另一方面，还要监察和督促国家机关、团体、企事业单位和个人自觉地遵守和执行法律。如有违反，检察官将通过行使检察权纠正这种越轨。检察官与宪法和法律的这种特殊的关系更进一步要求检察官忠诚于宪法和法律。

忠诚于宪法和法律在实施和操作中有具体的内容，这就是“有法可依，有法必依，违法必究，执法必严”。所谓“有法可依”，是针对立法而言的，它要求有一个比较完备的法律体系。所谓“有法必依”，是说检察官在履行其职务活动中，要按照国家已经制定颁行的法律、法规进行执法活动。“违法必究”是说对违反法律的人，必须给予法律追究，绝不容许逍遥法外、逃避法律的惩处。“执法必严”是说检察官要严格按照法律规定履行职责，具体指依法立案、侦查、起诉以及进行法律监督。

3. 忠于事实真相

对于检察官的具体工作来说，除法律外，事实问题也是一个十分重要的问题。

“事实”是检察官处理案件的依据，法律则是处理案件的准绳和尺度。离开了“事实”，法律的适用就失去了对象和依据，法律的准绳和尺度作用也无从谈起。忠于事实，是说检察官处理案件时，应该按照事实所呈现的状态去认定，既不夸大，也不缩小。不能为满足一己之利或屈从于某种压力而人为地改变案件事实，或人为地进行淡化处理，“大事化小，小事化了”，或人为地上纲上线、枉法追究。总之，事实是什么样，就按事实的原样去认定。

忠于事实真相是检察官基本的道德要求。“说实话，办实事”是我国历史上传统的做人的道德规范。脱离了事实真相去进行活动无异于恣意妄为，使法律成为“玩偶”，这是法律工作的大忌，同时也是检察官法律监督工作的大忌。因为离开了事实真相去适用法律是对法制的最大嘲弄和破坏。

当然，事实真相的客观问题不是一蹴而就的。在众多的案件中，事实真相往往是和假象混同在一起的。造成这种状况的原因有客观和主观两个方面：一方面是检察官的主要工作——刑事诉讼中犯罪分子逃避打击的心态外化所致，常常给侦查起诉工作出难题：另一方面，事实真相的认定过程是一个认识过程，而认识过程是一个十分复杂的思维活动。由于认识能力所限，常常力不从心，因此，许多案件呈现于检察官面前的常常是“真真假假、虚虚实实”的证据材料。在这种情况下，检察官需要许多的素质条件，但最关键的还是作为司法人员的最基本的操守即忠诚于事实真相。实践证明，检察官认定案件可能是对的，也可能是错的，但他只要本着忠于事实的道德要求去做，就是最佳选择。

4. 爱检敬业，恪尽职守

⑴检察官应有责任心。“责任心”是履行好检察职责的基础。不能设想，一个不负责任、以漫不经心态度对待检察工作的人会履行好检察职责。同时，责任心也是工作绩效提高的重要因素。没有责任心，工作将拖拉和无明显的成就。因此，考察检察官是否“敬业”时首先应考察其有无“责任心”。“责任心”并非可望而不可即的事物。根据学者们的研究成果，“责任心”的判定有以下标准：一是对每一项职责，事无巨细，不论其重要程度如何，不论性质如何，是否给予同样的关注；二是是否利用一切合法手段，防止事务拖延处理；三是从维护法律秩序的角度出发、从保护国家公共利益和当事人合法权益出发，并在适当处理两者之间关系的前提下安排实施一切活动。

⑵检察官应致力于履行检察职责。这就是说检察官应当把检察事务置于一切事务的首位，把主要精力投入履行法律监督职责之中。对于一个检察官来说，履行检察职责是所有事务中的头等大事。当其他任何事务或个人爱好与检察职责发

生矛盾或冲突时，都应将其置于检察职责之后。

此外，检察官致力于履行检察职责还应处理好以下几个方面的关系：一是妥善处理本职工作与其他公共职责的关系。检察官的本职工作是检察事务，但除此之外，还有一些与检察工作没有直接关系的诸多公共事务，可能会占用检察官的时间、精力，从而影响本职工作。这其中，有些是纯粹无偿地去尽义务的工作，有些则是有偿的劳动。无论有偿与无偿，过多过滥的公共职责活动都将影响检察官职务的履行，必须引起检察官的注意。二是适当调整本职工作与业余活动的关系。本职工作和职务活动在很多时候或很多情况下是与业余活动矛盾和冲突的。人的精力又是有限的，一个检察官，如果将精力和时间投入本职工作，必然会减少在业余活动上倾注的精力和时间。反之，则会将过多精力、时间放在与检察工作职责无关的业余活动上，必然影响本职工作的履行。

⑶检察官应增强工作绩效。司法绩效是司法工作的成绩和效果。检察官是否敬业不是体现在说辞上，也不在于是否夸夸其谈，或做做样子，而是有一个实质性的标准，即检察工作绩效如何。不以绩效做判断标准，就失去了敬业与否的判断意义。所以，检察工作绩效高低将是检察官敬业与否的标志。而要做到敬业，必然要想方设法倾尽一切力量促使工作绩效提高。

要提高检察工作绩效，从爱检敬业角度考虑应当使检察官具有非凡的工作能力。只有工作能力提高了，工作绩效才能提高。因此，检察官必须勤奋地钻研业务知识，虚心向书本学习、向同行学习，精益求精，掌握履行检察职务必需的法律知识和技能。从理性分析，任何人都要终身学习方能跟上时代步伐，从而不被淘汰。尤其是由于制度和历史的原因，我国检察官队伍的文化素质、知识技能并不乐观。在这种情况下，要想完成检察工作职责，只有不断学习，才是唯一出路。

⑷检察官应有职业良知和荣誉感。职业良知或良心是指具体领会和感觉社会对其的要求并有着为社会尽具体义务的明确意识。职业良知或良心是在个人一般良心基础上形成的，在检察官职业伦理中占有重要地位。可以说，没有职业良心，就没有职业道德。它是开展检察工作时达到敬业道德水平必须具备的情感和动力，既可以使检察官更好地履行自己的义务，又可以更好地规范检察官的职业行为，比如职业良心可以促使检察官有责任感、是非感。

荣誉感，则是个人履行义务之后受到社会赞扬、肯定，从内心获得的一种价值认同和情感上的满足。一般的规律是如果一个人没有荣誉感和羞耻心，就不会产生进取、努力向上或不甘落后的心理意识和行为，也就不会对自己的职业产生神圣感和责任感等。

二、公正规范

公正是指检察官履行职务时应避免事实和法律以外的因素的消极影响，平等地对待诉讼各方。公正成为检察官职业伦理的内容之一，缘于以下特殊的考虑：

其一，由检察官的工作性质决定。在我国，检察官的工作除公诉外，还有两项重要工作，即侦查和监督。就侦查而言，检察机关的侦查对象指向职务犯罪。人民检察院在对诉讼活动实行法律监督中发现的司法工作人员利用职权实施的非法拘禁、刑讯逼供、非法搜查等侵犯公民权利、损害司法公正的犯罪，可以由人民检察院立案侦查。对于公安机关管辖的国家机关工作人员利用职权实施的重大犯罪案件，需要由人民检察院直接受理的时候，经省级以上人民检察院决定，可以由人民检察院立案侦查。与一般犯罪相比，这些人拥有一定权力，有较高的知识文化水平；具有反侦查能力强、心理素质好等诸多特殊之处。在检察机关侦查、起诉这些犯罪的过程中，可以想象，职务犯罪之人会使出浑身的解数，动用一切力量，采取一切手段做最后的挣扎。因此，此类案件处理起来工作难度较大、危险程度较高、案件复杂性较强。尤其是，复杂的社会关系造就了职务犯罪者背后一定的“关系网”和“势力圈”，使其可以与检察官的侦查相对抗、较量。监督工作同样也是一个充满着监督与反监督的艰苦困难的工作。监督即法律监督，是指对所有国家机关、团体、企事业单位、公民个人执法、守法的情况的监督，具体分作两类：一类为对有关的国家机关执法活动的监督，系指对法院、侦查机关和监狱等执行法律情况的监督。另一类为对所有的国家机关、团体、企事业单位、个人遵守法律情况的监督，这是指不遵守法律到了犯罪程度由检察官进行干预。

其二，现行的执法机制不顺。现行的检察官执法机制存在许多问题，其中关键在于检察领导体制问题给检察官履行职务出了许多难题。根据现行检察工作体制的要求，检察官须服从检察长领导，而检察长又受制于地方党委的领导。每起职务犯罪案件、每项法律监督工作都多多少少受到各种阻挠和干扰。这种情况下，检察官若无一个公正的道德标准，十案有九案不能办下去。从全国查处的大案要案情况来看，许多涉及地方关系的重大案件查办过程中都存在上述现象，因此，执法机制存在的问题须由职业道德规范来弥补。从全国查处的大案要案情况来看，许多涉及地方关系的重大案件查办过程中都有这么一个规律：检察官公正的道德规范对促使案件解决起积极作用。

其三，司法实践中出现的新问题对检察官提出了挑战。比如，“黑恶势力”的出现等。打击“黑恶势力”是公、检、法等司法机关一项艰巨而复杂的任务，而

“黑恶势力”的广泛蔓延又为此增加了困难，有些黑恶势力甚至渗透到了党政部门和司法机关内部，因此，检察官处理这些案件需要极大的勇气，同时在道德修养上须具备公正的特性，否则，不足以担当此重任。

公正规范的基本内容包括：

1. 崇尚法治

“法治”与“人治”是两种不同的治国理念和模式。“它既是一种理想目标，也是一种现实化的客观运动”“在法治中，权力虽然作为一种支配力量而存在，但它必须受到法律的控制。法治把权力与法律的关系置于一种新的格局，法律不但得到权力的有效支持，而且它作为一种非人格化的力量对权力发挥着制约作用。在此基础上，法律（宪法）具有最高效力，具有普遍权威……”[1] 因此，崇尚法治就意味着宪法、法律至上，而不是权力至上、个人至上。

崇尚法治在检察官的工作中应有如下要求：

⑴所有检察事务的处理都以法律作为尺度和标准。不能在法律的范围之外另立标准。

⑵不偏不倚。法律本身是公正的，执行法律的过程中同样也应该按照法律的这种公正性去进行。

⑶不枉不纵。检察事务中占相当比重的工作为刑事诉讼工作。在刑事诉讼中，应切实按照法律规定去进行活动，不构成犯罪的不能追究刑事责任。反之，已构成犯罪并需要追究刑事责任的，必须追究。不放过任何一个坏人，也不冤枉一个好人。

2. 客观求实

客观求实是要求检察官办理检察事务，应当从事物的本来面目出发，尊重事实，而不能随心所欲，按照个人好恶和主观想象进行活动，更不能胡思乱想。

“客观求实”是我党一贯倡导的思想和工作作风，也是辩证唯物主义哲学观在检察工作领域中的具体体现，是我国司法工作正反两方面经验教训得出的结论。

“客观求实”有如下具体要求：

⑴检察官处理事务应该发挥主观能动性，但必须建立在尊重“事实”的基础之上，而不能脱离事实。

⑵力戒片面性和表面性。片面性是客观事物认识过程中的大忌。按片面性去进行工作，自然不会有科学的结论。

⑶不能随心所欲，凭想当然办事。检察事务是一项很严肃的工作，不能不加分析

---

[1] 王人博，程燎原 . 法治论 [M]. 济南：山东人民出版社，1998：101-103.

任意行事。

3. 依法独立行使检察权

“检察权”是检察机关职权的总称。依法独立行使检察权是说检察官应在法律规定的范围内，独立自主地行使各项检察职权，不受其他国家机关、社会、团体和个人的非法干涉。这一规范是各项检察工作有效进行的基础和保障。

在我国，检察官依法独立行使检察权是有限度的。首先，检察官独立行使检察权不能排斥国家权力机关的监督。依照宪法和法律规定，国家权力机关有权对检察机关和检察官的活动进行监督。因此，检察官独立是在人民代表大会监督范围之内的独立。其次，检察官独立行使检察权不排斥检察机关的内部领导。检察机关内部上下级之间是一种领导与被领导关系，检察官不能脱离上级的领导而独立。

4. 法律面前人人平等

坚持对任何人适用法律上的平等即意味着：任何人只要触犯了刑法，不论其出身、民族、种族、职业、性别、宗教信仰、教育程度、财产状况、职位高低和功劳大小都应追究其刑事责任。我国长达两千多年的封建专制统治，造就了浓厚的“等级”“特权”意识和氛围，而且“官本位”文化传统根深蒂固。现实生活中，处理有一定权力的公职人员困难重重就是这种潜意识作怪的结果，而检察官如果不能将触犯刑法者绳之以法，必将失信于公众，有损法律的尊严。

5. 维护实体公正和程序公正

程序和实体是诉讼中的两个基本问题。程序是按照一定的次序、步骤作出决定的过程。实体是程序的对称，是指诉讼主体的实质权利、义务。程序和实体公正实质上意味着平等地适用程序法和实体法，这是“公正”的落脚点。“公正”的规范在诉讼中的具体运用最终体现为维护程序公正和实体公正。维护程序公正和实体公正的要求包括以下几方面内容：

(1)具有法定事由应当回避。检察官与案件有利害关系等情形出现，按照法律规定，应当回避。有利害关系存在，案件就有不公正处理的可能。因此，检察官应当自觉回避，否则，有违职业道德。

(2)平等对待诉讼各方。检察官在处理案件过程中，对于诉讼各方应一视同仁，不能有任何歧视。

(3)严格遵守诉讼期间之规定。不人为地拖延诉讼，在诉讼期间内尽快完成诉讼行为。

(4)禁止检察官接受当事人请吃和送礼。从实际生活来看，一般的请吃、送礼，尚未达到违法犯罪的程度，但这些行为足以影响到检察官的立场。表面看来，这是廉洁与否的问题，实质上直接影响公正与否。

三、清廉规范

清廉涉及检察官处理公职与私利时的态度，以及如何对待外部的不当利益和维持检察公职的公信力。将“清廉”作为检察官职业伦理规范出于以下几个方面的考虑：

第一，检察官职责需要。检察官的天职是反对腐败。腐败分子与检察官的关系是“老鼠和猫”的关系。在我国，检察官的职责之一是“惩治腐败”。而惩治腐败者首先必须不腐败，如果检察官本身不清廉，将使反腐工作无法进行，有时甚至会导致腐败的泛滥成灾。因此，检察官的职责必然要求检察官是清廉的代表或典范。

第二，检察官存在利用公权谋取个人私利的可能。无论从理论上讲还是从实践中看，检察官手中都有很大的权力，其行使权力足以影响到利益的分配，由于有国家强制力作后盾，很多情况下，公众不得不服从这一权力的行使。因此，检察官权力使用好时会带来好的效果，当权力被检察官不当使用时，有可能变成谋取个人私利的工具。同时，检察官是人，不是神。他生活在社会之中，有七情六欲，有生老病死，要和各种阴暗面打交道，要面对腐败的包围，有被“同化”的危险，有把权力当作谋取个人利益的现实可能存在，因此，更应强调清廉。

第三，检察官履行职务过程中面临“清廉”的困境。据学者分析，当前社会机制处于转轨时期，正是腐败的高峰期。反腐形势不但不容乐观，而且任重而道远。检察官履行职务时，由于自身待遇问题、素质问题、体制问题等诸多影响，“清廉”起来非常困难。根据中央纪委研究室委托调查的结果，群众心目中的腐败重地有“建设工程、公安、检察院、法院、医疗、教育和组织人事”等领域。其中 38.53% 的受访者认为公、检、法问题“比较严重”。这已经足以说明检察官“清廉”所遇到的难题了。

清廉对实现检察官职业的价值是非常重要的。清廉能提高公众对检察职业的信任度。“公生明，廉生威”，如果检察官清廉，则公众对检察官信任感就强；反之，检察官不清廉，将严重降低公众对检察职业的信任度。清廉还能保证检察官的法律监督职责有效地履行。检察官两袖清风，严格自律，不以公职牟取私利，不接受不当利益，则检察官职责的履行将“公事公办”，简单而且明了；反之，则将人为地为履行检察职责投下重重的阴影，增加负面的砝码，使检察官履行检察职责偏离正确方向。

清廉作为检察官职业伦理的准则包含以下基本内容：

1. 法律至上，正确处理好法律与人情、权力之间的关系

一是处理好法律与人情的关系。对于生活在社会之中并面对诸多社会关系的检察官来说，怎样处理好人情与法律的关系是一个经常需要面对的棘手问题。检察官也是普通的人，同样有人际交往链条。但是，在人情与法律之间，检察官应当时刻将法律放在首位，一切以不违法作为处事原则。检察官的情应表现为对国家、对人民的热爱和对法律的敬畏。将情置于法之上，徇情枉法，则是对职业的亵渎。

二是处理好法律与权力的关系。法律赋予了检察官权力，检察官履行职务的过程就是运用权力的过程。权力运用的正确与否，判断标准就是法律。也就是说，权力的运用要依法进行，并时刻限定在法律规定的权限范围内，做到不专权、不越权、不弃权；在其位，谋其政，守其位，尽其责。要注意防止两种倾向出现：一是滥用权力，耍特权；二是放弃权力使用，行使权力失职。

2. 不贪图或获取私利

这是清廉的重要内容之一。无论人情影响也好，权力是否正当使用也罢，最主要的表现方式还是履行检察职业中检察官是否贪图或获取私利问题。对检察官来说，在主观上不能存在贪利的意识，在客观上不能存在贪利的行为。

在社会主义市场经济体制的建立过程中，整个社会充满了物质诱惑，“富裕”和“小康”已成为整个时代的标志。如何在物欲横流的社会中，“君子爱财，取之有道”，确实是对每个检察官的最大考验。

3. 不得有“不当收入”

所谓“不当收入”，一般指法律禁止或职业禁止所得之收入。检察官作为国家公职人员，有其合法收入和正当收入。前者如国家向其支付的劳动报酬；后者指以法律允许的手段获得的收入，如合法投资，从事脑力劳动创作所得稿酬以及民事活动中的继承和亲属间的馈赠等。除此之外，检察官不得获取“不当收入”。不当收入的一种表现形式为法律禁止，这意味着，判断收入正当与否的标准是法律。如果法律允许，则为正当收入；如果法律禁止，则为不当收入。至于哪些是法律禁止的，哪些是法律允许的，则依法律规定而定。不当收入的第二种表现形式为“职业禁止所得”，这属于广义的法律禁止所得，但又有独立的意义，即前者是法律对一般公职人员所作的设定，而后者则是法律对检察官这一特定职业所作的禁止性规定，如《检察官法》第三十五条第十一项规定不得“从事营利性的经营活

动”，那么，从事营利性经营活动的所得，就是不当收入。

4. 不能兼职从事律师工作

为确保检察官职务的正当履行，保证检察官的清廉，法律明文规定现职检察官不得兼作律师。这有充分的法理依据，因为检察官兼作律师，势必与其公诉人的身份和职责发生冲突，而且检察官从兼职从事律师活动中获利将影响检察官自身职务的纯洁性。

5. 不能与腐朽现象同流合污

检察官保持清廉形象之要求，除了不能有非分物质贪欲外，精神生活上也应洁身自好。精神生活方面的诱惑同样影响检察官的职业清廉。现实生活中，许多人可能在物质方面尚能守得住自己的防线，但在精神方面由于缺乏警惕而被打开了缺口，坠入物欲的泥淖之地。因此，精神方面的清廉特别重要。

精神方面的诱惑最重要的是腐朽的社会现象问题。例如，高消费的生活标准、奢华的生活作风、各种不健康的娱乐方式等都属腐朽现象之列。检察官过多出入这些场所，显然与其身份和地位不相符，并有可能发生权钱、权色、权权等不正当交易，从而给公众留下不廉洁的印象。

理论界对于检察官的精神生活要求问题也有探讨。检察官除了本职工作，也必然有业余生活需要，但现行的机制又无法满足这一起码要求，职业道德准则又限制检察官活动，因此，理论界提出了建立检察官俱乐部的构想，使检察官的业余活动限定于一定范围内，最大限度地隔绝外界的不良影响和刺激。

四、严明规范

“严明”，即严格和文明执法，是对检察官履行职务过程中对待办案的相辅相成的两方面要求：一方面，检察官应当使法律得到不折不扣的执行，另一方面，又要避免为达到目的不择手段的现象出现。将“严明”作为检察官职业伦理的内容有其必然性，理由如下：

第一，它是社会主义法治国家的必然要求。建设法治国家是我国实现社会主义现代化的必由之路，也是党带领人民进行的艰苦探索和孜孜不倦的追求。法治国家要求“一切依法”行事，不能有任何越轨或不到位情况出现。这既是对社会成员的一般要求，也是对包括检察官在内的执法人员的要求。

第二，它是由检察机关的性质决定的。与国外检察机关不同，我国检察机关是法律监督机关。法律监督的目的和实质是要保证法律在全社会得到正确统一的实施。这一点对检察机关提出了要求：既然自身担负法律监督的职责，那么，“己不正焉能正人”，检察官自身若不依法办事，如何去监督他人依法办事？检察官自身违法办事、任意行事，怎样去向别人提出违法纠正意见？因此，检察机关的性质要求检察官必须是严格执行法律的模范。

第三，检察官执法现实中存在的不尽如人意之处也须借助道德规范解决。目前，由于法律定位检察机关是法律监督者，加上现实生活中，权力机关对检察机关的监督往往缺乏实质程序和途径。因此，检察官在执法中，违法和不文明问题时常发生，并且由于体制的原因，这些不文明问题往往不能通过法律途径解决。这在一定程度上影响了检察官的形象，降低了公众对检察机关的信任度。同时，使法律监督的效果不尽如人意。这些都是检察机关执法过程中的一些反常现象，若不能及时处理，势必给检察工作带来更大的危害。

第四，“严明”也是检察机关长期工作经验的总结。某些地方检察机关在工作中，根据自身工作性质和特点，提出了这一办案过程中的工作规范并于实践中运用，收到了明显的工作效果和社会效果。反之，不注重这一工作规范者，往往在工作中会出现偏差。“严明”是一个矛盾统一体，它是在检察官办案或执法过程中必须注重的两个方面。仅注重了“严格”而忽视了“文明”，或仅注重“文明”而忽视“严格”都是不可取的。

“严明”规范包括以下具体准则：

1. 严格执法

法律是公正或正义的体现。严格执法正是体现法律的公正。检察官作为执法者，应当保证这种公正，坚持对任何人在适用法律上的平等。任何人只要触犯了刑律，都应追究刑事责任。

2. 文明办案

⑴犯罪嫌疑人的人格尊严应得到尊重。犯罪嫌疑人是涉嫌触犯刑法构成犯罪的人，但在其未被法院审判确定为有罪之前，不能称为罪犯，检察官在办案中应尊重其作为人的起码的人格尊严。尊重人格尊严是社会主义法律的时代特征。在奴隶社会和封建社会，一般人尚不被看作人，罪犯的地位更可以想象，在“纠问式”诉讼方式里，仅为拷打对象，毫无权利和尊严可言。现代社会越来越进步，越来越文明，而进步和文明的标志体现到司法领域里，则透射出人文关怀。检察官执法中要尊重犯罪嫌疑人的人格权，正是符合这一社会进步和文明的趋势。“尊重犯罪嫌疑人的人格尊严”有以下几个方面的具体要求：

第一，不在办案过程中实施有伤风化的侦查措施。尊重人格尊严与一般风俗习惯和禁忌相关联，法律不可能对这些琐碎的事务进行规范，但是，检察官职业伦理必须也应该尊重这些禁忌，尽量避免有伤风化的举动。尤其是在侦查过程中，对于侦查的措施，在适用时须以审慎之态度，严肃对待，待谨慎评判后再行事。

第二，避免在不恰当的时间采用强制措施。作为现代文明的要求之一，尊重人权、敬畏民意是基本标志。在国外，司法机关办理案件过程中，尊重人权已成时尚。应避免在不恰当的时间采取强制措施，给犯罪嫌疑人带来难堪和侮辱。过去由于传统的刑事诉讼价值观影响，司法机关办案时，不讲方式，不尊重习惯，侵犯人权事件屡屡发生，使犯罪嫌疑人和公众苦不堪言，给执法带来负面效果，也有损检察机关形象。

第三，不能在讯问犯罪嫌疑人时使用羞辱的方法。用刑讯逼供方法办案是法律禁止的，而一般的体罚、打骂、羞辱等使犯罪嫌疑人痛苦的办法尽管不构成犯罪、不触犯法律，但却被检察官职业伦理所禁止。

必须指出，尊重犯罪嫌疑人人格尊严与办案谋略的运用是两个不同问题，也是不矛盾的。问题的关键是，谋略的运用应以不违反法律规定为前提，同时，不以牺牲道德规范为代价。

⑵尊重法官和律师。作为检察官职业伦理之一的“文明办案”，其内容不但包括上述面对犯罪嫌疑人时的要求，也包括对待法官和律师的态度问题和行为举止问题。对待法官应有起码的尊重。不能因为检察官是法律监督者，法官是其监督对象而产生职业的优越感。尊重应表现为在法庭上要尊重法庭纪律，听从法官对审判活动的指挥，与法官的对话有起码的礼貌等。对待律师，不能在心理上将其打入另类，不能以执法者自居；不能因为律师是对手而产生职业歧视，也不能轻视律师的活动，更不能由于工作分歧，将职业过程中的矛盾演变为“职业报复”。

⑶关于对弱势群体的保护。在现实生活中，有一部分人属于社会上的弱势群体，如智力低下者、身体残疾者、精神缺陷者和其他弱势之人。对这一部分人的态度和行为也能反映出检察官的职业道德水准。对待被害人，检察官应有同情心，通过办案抚慰其受创伤的身体和心灵，通过履行职责伸张正义，保护弱者的合法利益。当弱势群体因犯罪走入歧途时，检察官在办案过程中应当以比对一般人更多的同情心对待他们，分析其犯罪原因，找出解决的对策。在办案中，尽量用礼貌的态度、行为、言语去进行，不刺激其脆弱的自尊心。

⑷摒弃非法手段和非法证据问题。“严明”准则排斥非法证据和非法手段的使用，因此，应当特别注意非法证据和非法手段的问题。检察官办案中有可能在两种情况下面对这种问题：一是当以公诉人身份出现和监督者身份出现时，面对公

安等侦查机关和法院及执法部门所收集的非法证据；二是在自侦案件中，自己用非法手段搜集证据的问题。对前一种情况，检察官应当本着尊重法律的原则，以履行检察监督职责为己任，摒弃非法证据，并在其构成犯罪时，不袒护、不隐瞒，追究其法律责任。而当遇有后一种情况时，检察官应时刻牢记自己的工作职责，不知法犯法，不为追求一种正当结果而去尝试进入非法的“误区”。

3. 刚正不阿

刚正不阿作为一项道德准则，具有以下基本内容：

⑴不畏权势。即不怕权力压制，不怕恶势力威胁。在检察官履行法律监督职责的过程中，必须注意到，由于执法环境、人文素质、社会机制转轨等情况，加之传统的旧意识影响，必然对检察官的执法形成重重的障碍、干扰。有的人可能利用权力直接或间接干预，有的则恫吓、威胁，检察工作可能会面临诸多困难。对每一位检察官来说，都面临一个抉择：是不畏权势，勇往直前，还是被权势压倒。刚正的准则要求检察官不能为权势所吓倒，也不能面对威胁而不战自降。

从实质上看，检察官执法是代表国家、社会公益和人民的利益，是以法律做后盾和依托，行使的是正当的国家权力，因此，检察官应通过自己的行为，使非法干预者感到任何非法干预和威胁都是与国家权力相对抗，是注定要失败的，因而也是徒劳的。

⑵铁面无私。“刚正”还体现为在工作中要一身正气，不徇私情，坚持原则，毫不妥协。检察官是法律工作者，是公益的代表，是社会正义的化身，理应秉公执法，不徇私情，对原则问题毫不退让。不构成犯罪的，就不能按犯罪来处理；反之，已构成犯罪的，就不能袒护和照顾。这是对检察官的基本要求。之所以如此，是因为这牵涉到宪法和法律的正确实施，关系到检察官职责的正确履行。

“铁面无私”落实到具体工作中，需要解决法律和亲情的关系问题。与人情不同，亲情具有天然性、持久性及难以割舍性等特性，它最能触动检察官的神经，因而对每一个检察官来说都是十分棘手的问题。解决这一问题的关键是将法律放在第一位，亲情放于第二位。

⑶敢于斗争。在检察官履行职务过程中，要敢于碰硬，有“舍得一身剐，敢把皇帝拉下马”的劲头，对于案件，不论涉及谁，也不管后台有多硬，一定一查到底，绝不半途而废，以真正维护法律的尊严。

敢于斗争既是一种精神状态，也是一种行为状态。敢于斗争在司法实践中的具体运用就是不怕牺牲，不怕吃苦、流汗，不怕得罪人，将犯罪视作邪恶，必欲除之而后快。

敢于斗争还必须注重法律规定。敢于斗争并不意味着仅凭自己的一时兴起，头脑发热，就可以对经手处理的案件及当事人任意处置，为所欲为；也不意味着对工作原则、制度和程序可以弃之不顾；更不能图一时之快，采用非法手段去从事法律活动，而应依法律行事，时刻把法律作为“生命线”。

敢于斗争还必须讲究艺术和策略。刚正要求检察官有一副铮铮铁骨，但也并非要检察官不讲究斗争艺术及方法。社会生活的复杂性，决定了在案件处理过程中，检察官要在保持斗争勇气和风格的同时，把握斗争的艺术和方法。具体说来，在目前我国的国情下，检察官处理检察事务，须注重以下几个方面：一是依靠党的支持力量。党的性质决定党组织能保持其先进性、正确性，并能以其自身非凡的力量排除干扰，使检察官顺利履行职务。二是依靠群众。人民群众是国家的主人，是一切公平和正义力量的源泉所在。依靠群众的配合和支持，检察官就能排除干扰，取得主动性，直至获得胜利。三是注意依靠传媒舆论支持。传媒舆论在国外“三权分立”框架中被称作“第四权力”，在我国，它也发挥着不可替代的独特作用，检察官履行职务时，可以借助这一力量，做好检察工作。

第四节 检察官惩戒制度

一、检察官惩戒的具体事由

检察官惩戒制度，是指国家或者检察机关根据《检察官法》或者其他有关规定，依照法定条件和程序，对检察工作中违反法律、违背职业伦理或者职业纪律的检察官，给予精神或物质处罚的一种制度。该制度旨在通过设定禁止性行为规范及惩处措施，促使检察官遵守纪律、公正执法、恪尽职守，依法行使检察权；通过对检察官违背职责或职业伦理行为的否定性评价和法律制裁，规范、约束检察官行为，提高检察官遵纪守法的自觉性，警示检察官严格依法办事。

我国《检察官法》第三十五条规定了检察官的行为禁止。根据该规定，检察官不得有下列行为：⑴贪污受贿、徇私枉法、刑讯逼供的；⑵隐瞒、伪造、变造、故意损毁证据、案件材料的；⑶泄露国家秘密、检察工作秘密、商业秘密或者个人隐私的；⑷故意违反法律法规办理案件的；⑸因重大过失导致案件错误并造成严重后果的；(6)拖延办案，贻误工作的；(7)利用职权为自己或者他人谋取私利的；(8)接受当事人及其代理人利益输送，或者违反有关规定会见当事人及其代理人的；(9)违反有关规定从事或者参与营利性活动，在企业或者其他营利性组织中兼任职务的；(10)有其他违纪违法行为的。

为了严肃检察纪律，规范检察人员行为，保证检察人员依法履行职责，确保公正廉洁司法，最高人民检察院根据《人民检察院组织法》《公务员法》《检察官法》等法律法规，参照《中国共产党纪律处分条例》等党内法规，结合检察机关的实际，制定了《检察人员纪律处分条例》。

（一）违反政治纪律行为

政治纪律是指党组织和党员的政治行动和政治言论的规范。根据《检察人员纪律处分条例》第二章第一节的规定，下列行为属于检察人员违反政治纪律行为：

(1)通过信息网络、广播、电视、报刊、书籍、讲座、论坛、报告会、座谈会等方式，公开发表坚持资产阶级自由化立场、反对四项基本原则，反对党的改革开放决策的文章、演说、宣言、声明等；(2)制作、贩卖、传播包括坚持资产阶级自由化立场、反对四项基本原则等内容的书刊、音像制品、电子读物、网络音视频资料等；(3)组织、参加反对党的基本理论、基本路线、基本纲领、基本经验、基本要求或者重大方针政策的集会、游行、示威等活动的，或者以组织讲座、论坛、报告会、座谈会等方式，反对党的基本理论、基本路线、基本纲领、基本经验、基本要求或者重大方针政策，造成严重不良影响的；(4)组织、参加旨在反对党的领导、反对社会主义制度或者敌视政府等组织的；(5)组织、参加会道门或者邪教组织的；(6)搞团团伙伙、结党营私、拉帮结派、培植私人势力或者通过搞利益交换、为自己营造声势等活动捞取政治资本的；(7)挑拨民族关系制造事端或者参加民族分裂活动的；(8)组织、利用宗教活动反对党的路线、方针、政策和决议，破坏民族团结的；(9)组织、利用宗族势力对抗党和政府，妨碍党和国家的方针政策以及决策部署的实施，或者破坏党的基层组织建设的；(10)组织、参加迷信活动的；(11)在国（境）外、外国驻华使（领）馆申请政治避难，或者违纪后逃往国（境）外、外国驻华使（领）馆的；(12)在涉外活动中，其言行在政治上造成恶劣影响，损害党和国家尊严、利益的；(13)领导干部对违反政治纪律和政治规矩等错误思想和行为放任不管，搞无原则一团和气，造成不良影响的；(14)有其他违反政治纪律和政治规矩行为的。

（二）违反组织纪律行为

组织纪律是指处理党的组织和党员个人之间活动的规范，也就是处理各级党组织之间以及党组织同党员个人之间关系的纪律。根据《检察人员纪律处分条例》第二章第二节的规定，下列行为属于检察人员违反组织纪律行为：⑴违反民主集中制原则，拒不执行或者擅自改变组织作出的重大决定，或者违反议事规则，个人或者少数人决定重大问题的；⑵下级检察机关拒不执行或者擅自改变上级检察机关决定的；⑶拒不执行组织的分配、调动、交流等决定的；⑷离任、辞职或者被辞退时，拒不办理公务交接手续或者拒不接受审计的；⑸不按照有关规定或者工作要求，向组织请示报告重大问题、重要事项的；⑹违反个人有关事项报告规定，不报告、不如实报告的；⑺在组织进行谈话、函询时，不如实向组织说明问题的；⑻不如实填报个人档案资料的；⑼领导干部违反有关规定组织、参加自发成立的老乡会、校友会、战友会等；⑽诬告陷害他人意在使他人受纪律追究的；⑾对检察人员的批评、检举、控告进行阻挠、压制，或者将批评、检举、控告材料私自扣压、销毁，或者故意将其泄露给他人的；⑿对检察人员的申辩、辩护、作证等进行压制，造成不良后果的；⒀压制检察人员申诉，造成不良后果的，或者不按照有关规定处理检察人员申诉的；⒁有其他违反组织纪律行为的。

（三）违反办案纪律行为

办案纪律是指检察人员在履行法律职务过程中必须遵守的行为规范。根据《检察人员纪律处分条例》第三章第三节的规定，下列行为属于检察人员违反办案纪律行为：⑴故意伪造、变造、隐匿、损毁举报、控告、申诉材料，包庇被举报人、被控告人，或者对举报人、控告人、申诉人、批评人打击报复的；⑵泄露案件秘密，或者为案件当事人及其近亲属、辩护人、诉讼代理人、利害关系人等打探案情、通风报信的；⑶擅自处置案件线索、随意初查或者在初查中对被调查对象采取限制人身自由强制性措施的；⑷违反有关规定搜查他人身体、住宅，或者侵入他人住宅的；⑸违反有关规定采取、变更、解除、撤销强制措施的；⑹违反有关规定限制、剥夺诉讼参与人人身自由、诉讼权利的；⑺违反职务犯罪侦查全程同步录音录像有关规定的；⑻殴打、体罚、虐待、侮辱犯罪嫌疑人、被告人及其他人员的；⑼采用刑讯逼供等非法方法收集犯罪嫌疑人、被告人供述，或者采用暴力、威胁等非法方法收集证人证言、被害人陈述的；⑽故意违背案件事实作出勘验、检查、鉴定意见的；⑾违反有关规定阻碍律师依法行使会见权、阅卷权、申请收集调取证据等执业权利的；⑿违反有关规定应当回避而故意不回避，或者拒不服从回避决定，或者对符合回避条件的申请故意不作出回避决定的；⒀私自会见案件当事人及其近亲属、辩护人、诉讼代理人、利害关系人、中介组织，或者接受上述人员提供的礼品、礼金、消费卡等财物，以及宴请、娱乐、健身、旅游等活动的；⒁有其他违反办案纪律行为的。

（四）违反廉洁纪律行为

廉洁纪律是党的各级组织和全体党员为确保清正廉洁，在从事公务活动或者其他活动中应当遵守的廉洁用权的行为规则。根据《检察人员纪律处分条例》第二章第四节的规定，下列行为属于检察人员违反廉洁纪律行为：⑴利用职权或者职务上的影响为他人谋取利益，本人的配偶、子女及其配偶等亲属和其他特定关系人收受对方财物的；⑵相互利用职权或者职务上的影响为对方及其配偶、子女及其配偶等亲属、身边工作人员和其他特定关系人谋取利益搞权权交易的；⑶纵容、默许配偶、子女及其配偶等亲属和身边工作人员利用本人职权或者职务上的影响谋取私利的；⑷向从事公务的人员及其配偶、子女及其配偶等亲属和其他特定关系人赠送明显超出正常礼尚往来的礼品、礼金、消费卡等；⑸利用职权或者职务上的影响操办婚丧喜庆事宜，在社会上造成不良影响的；⑹接受可能影响公正执行公务的宴请或者旅游、健身、娱乐等活动安排的；⑺违反有关规定取得、持有、实际使用运动健身卡、会所和俱乐部会员卡、高尔夫球卡等各种消费卡，或者违反有关规定出入私人会所、夜总会的；⑻经商办企业的；⑼拥有非上市公司（企业）的股份或者证券的；⑽买卖股票或者进行其他证券投资的；⑾兼任律师、法律顾问、仲裁员等职务，以及从事其他有偿中介活动的；⑿在国（境）外注册公司或者投资入股的；⒀违反有关规定滥发津贴、补贴、奖金等；⒁有其他违反廉洁纪律行为的。

（五）违反群众纪律行为

群众纪律是指党的各级组织和全体党员处理与人民群众之间关系的行为规范。根据《检察人员纪律处分条例》第二章第五节的规定，下列行为属于检察人员违反群众纪律行为：⑴在检察工作中违反有关规定向群众收取、摊派费用的；⑵在从事涉及群众事务的工作中，刁难群众、吃拿卡要的；⑶对群众合法诉求消极应付、推诿扯皮，损害检察机关形象的；⑷对待群众态度恶劣、简单粗暴，造成不良影响的；⑸遇到国家财产和人民群众生命财产受到严重威胁时，能救而不救的；⑹不按照规定公开检察事务，侵犯群众知情权的；⑺有其他违反群众纪律行为的。

（六）违反工作纪律行为

工作纪律是指党的各级组织和全体党员在党的各项具体工作中必须遵守的行为准则。根据《检察人员纪律处分条例》第二章第六节的规定，下列行为属于检察人员违反工作纪律行为：⑴因工作不负责任致使所管理的人员叛逃的；⑵在上级单位检查、视察工作或者向上级单位汇报、报告工作时对应当报告的事项不报告或者不如实报告的；⑶干预和插手建设工程项目承发包、土地使用权出让、政府采购、房地产开发与经营、矿产资源开发利用、中介机构服务等活动的；⑷干预和插手国有企业重组改制、兼并、破产、产权交易、清产核资、资产评估、资产转让、重大项目投资以及其他重大经营活动等事项的；⑸违反有关规定干预和插手执纪执法活动，向有关地方或者部门打招呼、说情，或者以其他方式对执纪执法活动施加影响的；⑹泄露、扩散、窃取关于干部选拔任用、纪律审查等尚未公开事项或者其他应当保密的信息的；⑺在考试、录取工作中，有泄露试题、考场舞弊、涂改考卷、违规录取等违反有关规定行为的；⑻有其他违反工作纪律行为的。

（七）违反生活纪律行为

生活纪律是指全体党员在日常生活和社会交往中应当遵守的行为准则。根据《检察人员纪律处分条例》第二章第七节的规定，下列行为属于检察人员违反生活纪律行为：⑴生活奢靡、贪图享乐、追求低级趣味，造成不良影响的；⑵与他人发生不正当性关系，造成不良影响的；⑶违背社会公序良俗，在公共场所有不当行为，造成不良影响的；⑷实施、参与或者支持卖淫、嫖娼、色情淫乱活动的；⑸实施、参与或者支持吸食、注射毒品的；⑹参与赌博，或者为赌博活动提供场所或者其他方便条件的；⑺有其他严重违反职业道德、社会公德、家庭美德行为的。

二、检察官惩戒的主要形式

检察官承担职业责任的形式基本上有三种：执法过错责任、纪律处分和刑事责任。根据《检察官职业行为基本规范（试行）》第五十条之规定，检察官违反职业行为基本规范，情节轻微的，予以批评教育；构成违纪的，依据检察人员纪律处分条例予以惩戒；构成犯罪的，依法追究刑事责任。根据《检察人员执法过错责任追究条例》第二条第二款之规定，对具有执法过错的检察人员，应当依照本条例和有关法律、纪律规定追究其执法过错责任。

（一）执法过错责任

执法过错是指检察人员在执法办案活动中故意违反法律和有关规定，或者工作严重不负责任，导致案件实体错误、程序违法以及其他严重后果或者恶劣影响的行为。根据《检察人员执法过错责任追究条例》第三条之规定，追究执法过错责任，应当遵循实事求是、主观过错与客观行为相一致、责任与处罚相适应、惩戒与教育相结合的原则。此外，根据《检察人员执法过错责任追究条例》第四条之规定，追究执法过错责任，应当根据执法过错责任人的过错事实、情节、后果及态度，作出下列处理：⑴批评教育。包括责令检查、诫勉谈话、通报批评、到上级人民检察院检讨责任。⑵组织处理。包括暂停执行职务、调离执法岗位、延期晋级晋职、责令辞职、免职、调离检察机关、辞退。⑶纪律处分和刑事处理。执法过错构成违纪的，应当依照检察纪律的规定给予纪律处分；构成犯罪的，应当依法追究刑事责任。以上方式可以单独适用，也可以同时适用。

（二）纪律处分

纪律处分是指检察人员违反相关纪律行为，根据其错误性质和情节的轻重，按照纪律处分条例的有关规定作出的处罚。根据我国《检察官法》第三十七条之规定，处分分为：警告、记过、记大过、降级、撤职、开除。受撤职处分的，同时降低工资和等级。《检察人员纪律处分条例》第五条对纪律处分的期间进行了规定：警告，6 个月；记过，12 个月；记大过，18 个月；降级、撤职，24 个月。此外，《检察人员纪律处分条例》对纪律处分的权限与程序进行了具体规定。根据《检察人员纪律处分条例》第四条之规定，检察机关及其所属机构、单位、办案组织集体作出违纪决定或者实施违纪行为，对负有直接责任和领导责任的检察人员，依照该条例给予纪律处分。

（三）刑事责任

刑事责任是检察官承担的最严重的责任形式。检察官承担刑事责任的前提是其触犯刑法，构成了犯罪，一般而言，主要包括两种情况：

1. 检察官实施了与职务有关的犯罪行为，如刑讯逼供罪、暴力取证罪、虐待被监管人罪、报复陷害罪、贪污罪、受贿罪、挪用公款罪、巨额财产来源不明罪、滥用职权罪、玩忽职守罪、私放在押人员罪等。

2. 检察官实施了普通自然人也能成为犯罪主体的罪名，如抢劫罪、盗窃罪、故意杀人罪、危险驾驶罪等。检察官职业责任意义中的刑事责任主要是指前一种情况。根据我国《检察官法》第三十六条之规定，检察官有下列行为之一，构成犯罪的，依法追究刑事责任：⑴散布有损国家声誉的言论，参加非法组织，参加旨在反对国家的集会、游行、示威等活动，参加罢工；⑵贪污受贿；⑶徇私枉法；⑷刑讯逼供；⑸隐瞒证据或者伪造证据；⑹泄露国家秘密或者检察工作秘密；⑺滥用职权，侵犯自然人、法人或者其他组织的合法权益；⑻玩忽职守，造成错案或者给当事人造成严重损失；⑼拖延办案，贻误工作；⑽利用职权为自己或者他人谋取私利；⑾从事营利性的经营活动；⑿私自会见当事人及其代理人，接受当事人及其代理人的请客送礼；⒀其他违法乱纪的行为。

三、检察官惩戒的基本程序

检察官从属于整个公务员队伍，因此其纪律处分的权限和程序也应该按照公务员处分的规定进行。按照我国《公务员法》和《公务员处分条例》等规定，对检察官的处分，应当事实清楚、证据确凿、定性准确、处理恰当、程序合法、手续完备。检察官违纪的，应当由处分决定机关决定对公务员违纪的情况进行调查，并将调查认定的事实及拟给予处分的依据告知检察官本人。检察官有权进行陈述和申辩。处分决定机关认为对检察官应当给予处分的，应当在规定的期限内，按照管理权限和规定的程序作出处分决定。处分决定应当以书面形式通知检察官本人。2000 年颁布的《人民检察院监察工作条例》对检察官的监察工作规定得非常详细。《人民检察院监察工作条例》第二条规定，人民检察院的监察部门，是检察机关负责监察工作的专门机构，依照《人民检察院监察工作条例》和有关法律、法规、规定，对检察机关及所属内设机构、直属事业单位和检察人员实施监察。《人民检察院监察工作条例》第七条规定，最高人民检察院设监察局。省、自治区、直辖市人民检察院设监察处（室）。省、自治区、直辖市人民检察院分院、自治州和地级市人民检察院设监察处（室）。县、市、自治县和市辖区人民检察院设专职或兼职监察员。《人民检察院监察工作条例》第十六条规定，人民检察院监察部门履行下列职责：⑴检查检察机关及其所属内设机构、直属事业单位在遵守和执行法律、法规和最高人民检察院、上级人民检察院的决定、规定中的问题；⑵受理对检察机关及其所属内设机构、直属事业单位和检察人员违反纪律、法律行为的控告、检举；⑶调查处理检察机关及其所属内设机构、直属事业单位和检察人员违反纪律、法律的行为；⑷受理检察人员不服纪律处分决定的申诉；⑸有关法规、文件规定由监察部门履行的其他职责。

（一）追究的权限及程序

根据《人民检察院监察工作条例》的规定，对检察官职业责任的追究程序如下：

1. 发现违纪事实。监察部门可以通过两种方式发现检察官的违纪事实：执法监察和受理举报。对于尚未违法或犯罪的，监察部门通过检查、调查发现存在问题或有违纪违法事实的，应根据情况和有关规定分别作出如下处理：责令纠正、限期改进；通报批评或者责令写出检讨；对有关责任人员给予纪律处分。上述处理方式可以单独使用，也可根据情况合并使用。

2. 案件调查。这主要是针对违法、犯罪行为。国家监察委员会对有违反纪律、法律具体内容的线索，应当进行初步审查。监察部门经过初步审查，认为举报失实或虽有违纪行为但情节轻微不需要进行处分的，应当经本部门负责人或本院主管副检察长或检察长批准，作出不立案的决定，制作初步审查报告，并酌情回复举报人。监察部门经过初步审查，对认为有违纪违法事实的行为，需要追究纪律责任的，应当立案。

立案应当填写立案呈批表，报本院主管副检察长或者检察长批准。立案后，监察部门应当制订调查方案。

3. 调查取证。调查人员应当依照《人民检察院监察工作条例》和有关规定全面、客观地收集证据。对于能够证实被调查人有违纪违法行为或者无违纪违法行为，以及违纪违法行为情节轻重的各种证据都应当收集。严禁以威胁、引诱、欺骗以及其他非法手段收集证据。收集的证据应该能够证明案件真实情况，包括：书证、物证、证人证言、被调查人的陈述和辩解、视听资料、鉴定结论、勘验检查笔录。

4. 案件审理。审理是国家监察委员会对调查终结的违纪违法案件进行审核处理。审理案件应当由监察部门的非本案调查人员进行。审理应当围绕以下内容进行：案件事实是否清楚；证据是否确凿；定性是否准确；处理意见是否恰当；调查及其程序是否符合《人民检察院监察工作条例》的规定。审理结束后，审理人员应当提出审理意见，写出审理报告，报监察部门负责人审查，必要时监察部门负责人可以提交部门会议讨论。

5. 处理结果。国家监察委员会对案件进行审理后，应当报请本院主管副检察长或者检察长审查或者提交检察长办公会审议。审查、审议决定由监察部门负责实施。违纪违法案件调查、审理结束后，应当分别不同情况，作出下列处理：(1)确有违纪事实，需要给予纪律处分的，作出纪律处分决定；(2)确有违纪事实，但情节轻微的或具有减轻情节的，经批评教育后可以从轻或免予纪律处分；(3)对需要在一定范围内予以通报批评的违纪违法案件，进行通报批评；(4)违反国家法律、法规和检察纪律、检察机关内部规章所取得的不当收入，依照纪律、法律应当没收、上缴或者责令退赔，或者已经给国家利益和公民合法权益造成损害，需要补偿或采取补救措施的，作出处理决定；(5)认为需要由其他机关或部门给予处理的，移送有关机关或部门处理；(6)违纪违法事实不存在，或者不需要追究被调查人纪律责任的，予以撤销案件，并告之被调查单位及其上级部门或者被调查人员及其所在单位。以上方式可以单独使用，也可以根据需要合并使用。对于检察院担任领导职务、检委会委员的检察官的处理更加慎重，在《人民检察院监察工作条例》中有详细规定，在此不再赘述。

（二）申诉和控告

根据我国《检察官法》第四十七至五十条的规定，受纪律处分的检察官的申诉和控告程序如下：检察官对人民检察院关于本人的处分、处理不服的，自收到处分、处理决定之日起 30 日内可以向原处分、处理机关申请复议，并有权向原处分、处理机关的上级机关申诉。受理申诉的机关必须按照规定作出处理。复议和申诉期间，不停止对检察官处分、处理决定的执行。对于国家机关及其工作人员侵犯《检察官法》第九条规定的检察官权利的行为，检察官有权提出控告。行政机关、社会团体或者个人干涉检察官依法履行检察职责的，应当依法追究其责任。检察官提出申诉和控告，应当实事求是。对捏造事实、诬告陷害的，应当依法追究其责任。对检察官处分或者处理错误的，应当及时予以纠正；造成名誉损害的，应当恢复名誉、消除影响、赔礼道歉；造成经济损失的，应当赔偿。对打击报复的直接责任人员，应当依法追究其责任。

（三）处分的变更和解除

处分影响期满，由受处分人提出申请，经所在单位或部门提出意见后报原作出处分决定的单位作出解除处分的决定。解除处分决定应当在 1 个月内书面通知受处分人，并在有关范围内宣布。解除处分决定应当在解除处分决定作出后的 2 个月内，由干部人事管理部门归入受处分人档案。受处分人在处分影响期内获得一等功以上奖励的，可以缩短处分影响期，但缩短后的期限不得少于原处分影响期的 1/2。在处分决定作出后发现受处分人另有应当受到纪律处分的同一性质的错误，或者受处分人在处分影响期内又犯应当受到纪律处分的同一性质的错误的，应当根据新犯错误的事实、情节和应受到的处分，决定延长原处分影响期或者重新作出处分决定。解除降级、撤职处分的，不恢复原职务、级别，但以后晋升职务、级别和工资档次不受原处分的影响。

课后练习题：

1. 关于检察官的行为，下列哪一选项是正确的？（ ）

A. 甲检察官业余时间担任某中学法制辅导员，在推辞无效的情况下，收下学校付给的每年 1000 元的酬金

B. 乙检察官办理余某涉嫌贪污案时，针对余某所在单位财务管理方面的问题，以个人名义向该单位领导提出了改进建议

C. 丙检察官下班后未及换下检察官制服即赶往饭店，宴请来访的外地检察院同学

D. 丁检察官办理一起交通肇事案件时，对不配合调查的目击证人周某实施了拘传

[答案]B

[解析]

选项 A 错误。《检察官法》第二十三条规定："检察官不得兼任人民代表大会常务委员会的组成人员，不得兼任行政机关、监察机关、审判机关的职务，不得兼任企业或者其他营利性组织、事业单位的职务，不得兼任律师、仲裁员和公证员。"因此，甲检察官不得兼任某中学法制辅导员，同时也不可以非法接受他人财物。

选项 B 正确。检察官可以以个人名义向单位领导提出改进意见。

选项 C 错误。根据《关于最高人民检察院机关实行〈廉洁从检十项纪律〉的决定》第一条第七项的规定，检察官不得在工作日饮酒或者着检察制服在公共场所饮酒。

选项 D 错误。《刑事诉讼法》第六十六条规定："人民法院、人民检察院和公安机关根据案件情况，对犯罪嫌疑人、被告人可以拘传、取保候审或者监视居住。"因此，丁检察官不能对证人实施拘传。

2. 关于检察官的行为，下列哪一观点是正确的？（ ）

A. 房检察官在同乡聚会时向许法官打听其在办案件审理情况，并让其估计判处结果

B. 关检察长以暂停工作要挟江检察官放弃个人意见，按照陈科长的判断处理某案。关检察长的行为与依法独立行使检察权的要求相一致

C. 容检察官在本地香蕉滞销、蕉农面临重大损失时，多方奔走将 10 万斤香蕉销往外地，为蕉农挽回了损失，本人获辛苦费 5000 元。容检察官没有违反有关经商办企业、违法违规营利活动的规定

D. 成检察官从检察院离任 5 年后，以律师身份担任各类案件的诉讼代理人或者辩护人，受到当事人及其家属的一致肯定。成检察官的行为符合《检察官法》的有关规定

[答案]D

[解析]

选项 A、B 错误。《检察人员纪律处分条例》第九十六条规定："违反有关规定干预司法办案活动，有下列行为之一的，给予警告或者记过处分；情节较重的，

给予记大过或者降级处分；情节严重的，给予撤职处分：①在初查、立案、侦查、审查逮捕、审查起诉、审判、执行等环节为案件当事人请托说情的；②邀请或者要求办案人员私下会见案件当事人或者其辩护人、诉讼代理人、近亲属以及其他与案件有利害关系的人的；③私自为案件当事人及其近亲属、辩护人、诉讼代理人传递涉案材料的；④领导干部授意、纵容身边工作人员或者近亲属为案件当事人请托说情的；⑤领导干部为了地方利益或者部门利益，以听取汇报、开协调会、发文件等形式，超越职权对案件处理提出倾向性意见或者具体要求的；⑥其他影响司法人员依法公正处理案件的。”由此可知，本题选项 A、B 中，房检察官、关检察长的行为违反了该条的规定。

选项 C 错误。《检察人员纪律处分条例》第一百零九条第一款规定：“违反有关规定从事营利活动，有下列行为之一，情节较轻的，给予警告、记过或者记大过处分；情节较重的，给予降级或者撤职处分；情节严重的，给予开除处分：①经商办企业的；②拥有非上市公司（企业）的股份或者证券的；③买卖股票或者进行其他证券投资的；④兼任律师、法律顾问、仲裁员等职务，以及从事其他有偿中介活动的；⑤在国（境）外注册公司或者投资入股的；⑥其他违反有关规定从事营利活动的。”由此可知，本题选项 C 中，容检察官的行为违反了该条的规定。

选项 D 正确。《检察官法》第二十条第一款规定：“检察官从人民检察院离任后 2 年内，不得以律师身份担任诉讼代理人或者辩护人。”本题选项 D 中，成检察官已经离职 5 年，其可以以律师身份代理案件。

第六章　律师职业伦理

第一节　律师的角色定位与职业属性

一、律师的角色定位

（一）国外律师的角色定位

从比较法的视野观之，律师的角色定位与每一个国家的历史文化传统有关，并不存在统一的标准，即便是在同一个国家，不同时期对于律师的角色定位也会存在不同。

在美国，美国律师协会《律师职业行为示范规则》在序言中对美国律师的性质进行了规定，即“律师，作为法律职业的一员，是委托人的代理人，法律制度的职员，是对正义负有特殊职责的公民”。[1]作为委托人的代理人，律师执行多种职能：作为建议者，律师使委托人明确理解其法律上的权利和义务，向其解释这些权利和义务的实践含义；作为诉辩者，律师按照对抗制的规则，热忱地维护委托人的立场；作为谈判者，律师追求有利于委托人的结果，但是也遵循诚实对待他人的要求；作为评估人，律师考察委托人的法律事务，并就此向委托人或他人报告。作为公民，律师应当追求对法律、法律制度的适用、司法和法律职业服务质量的完善。作为一门博学职业的一员，律师不仅仅应当为服务于委托人而研习法律知识，而且应当把那些知识运用于法律改革和加强法学教育的工作中去。此外，律师应该促进公众对法治和法律制度的理解和信任，因为法律机构权威性的维护，取决于大众的支持与参与。

在德国，《德国联邦律师法》对德国律师在司法体系中的地位进行了规定，律

[1] 北京市律师协会 . 境外律师行业规范汇编 [M]. 北京：中国政法大学出版社，2012：165.

师是独立的“司法机构”，律师从事的是自由职业，律师从事的不是经营活动。律师加入律师协会必须进行宣誓，其誓言内容为：“我谨在万能和全知的上帝面前宣誓，将谨遵宪法，认真履行律师的义务，上帝助我。”宣誓词也可以没有宗教内容，宣誓过程将做记录，誓词或承诺内容也包括在内，该记录须由律师本人和律师协会理事签署，列入律师的个人档案。

在法国，根据《法国律师法》的规定，律师是司法人员，律师可以自由行动迁移，以执行其业务。申请成为律师的人必须进行宣誓，宣誓内容如下：“我誓以律师的身份，庄严自重、依凭良心、坚持独立、恪遵正直、符合人道，执行我的律师业务。”律师执行其司法业务时，应穿律师职业法袍。

在每一个社会，律师都扮演着非常重要的角色。律师是一个国家司法制度的重要组成部分，他们熟悉人权知识、宪法责任、法律权利以及各类法律原则，他们指导社会成员通往更加守法的生活，尽量避免在未来出现法律难题和法律争议。在实现宪法目标和责任的过程中，律师发挥着重要作用。作为社会的“良心守护者”，律师有责任去引导和修正社会变化。为了实现社会正义，律师应该通过采用一种客观的、“非党派性”的观点来看待公共政策问题，通过积极工作影响政府的决策。

（二）中国律师的角色定位

1954 年 9 月，新中国颁布了第一部《宪法》，律师角色在其中得到醒目的标示，《宪法》规定了被告人可以委托律师为自己辩护。自此，社会主义中国的律师制度开始稚嫩生长。但是好景不长，在随后的历史时期，律师制度受各类政治活动的影响，并没有得到很好的发展。直到 20 世纪 80 年代，中国的律师制度才又重新得以稳定下来。伴随着中国民主法制建设的不断进步，对律师职业的定位呈现不断社会化、职业化的趋势，中国律师职业定位的演变进程主要包括以下几个阶段：

1. 1980年《律师暂行条例》规定，律师是“国家的法律工作者”，具有公职身份，靠工资吃饭。1980 年 8 月 26 日，第五届全国人民代表大会常务委员会第十五次会议通过的《律师暂行条例》（现已失效）第一条规定：“律师是国家的法律工作者，其任务是对国家机关、企业事业单位、社会团体、人民公社和公民提供法律帮助，以维护法律的正确实施，维护国家、集体的利益和公民的合法权益。”这是符合当时的历史条件的，肯定律师是国家的法律工作者，使之与公、检、法工作人员具有同等的社会地位，对于提高律师的社会地位、发挥律师的作用、保障律师依法执业起到了积极的作用。

2. 1996 年《律师法》（已被修改）将律师定义为“为社会提供法律服务的执业人员”。1996 年 5 月 15 日，第八届全国人民代表大会常务委员会第十九次会议通过的《律师法》第二条规定：“本法所称的律师，是指依法取得律师执业证书，为社会提供法律服务的执业人员。”随着我国改革开放的深入发展，律师为社会主义市场经济建设服务的职能日益凸显，同时，律师本身的职能与公、检、法司法人员所承担的职能有明显的区别，因为律师不是国家的司法官员，不能代表国家执行法律任务，而是以个人名义为社会提供法律服务。因此，笼统地把律师概称为“国家的法律工作者”已是名不副实了。

3. 2007 年修订后的《律师法》把律师定位为“为当事人提供法律服务的执业人员”。2007 年 10 月 28 日，第十届全国人民代表大会常务委员会第三十次会议修订的《律师法》第二条规定：“本法所称律师，是指依法取得律师执业证书，接受委托或者指定，为当事人提供法律服务的执业人员。律师应当维护当事人合法权益，维护法律正确实施，维护社会公平和正义。”三个“维护”重新定位了律师的职业定位，确定了律师肩负的社会责任，有助于提高人们对律师社会角色的认识和尊重。

4. 2014 年《中共中央关于全面推进依法治国若干重大问题的决定》（以下简称《决定》）把律师定位为“社会主义法治工作队伍”。《决定》指出：“加强法律服务队伍思想政治建设，把拥护中国共产党领导、拥护社会主义法治作为律师从业的基本要求，增强广大律师走中国特色社会主义法治道路的自觉性和坚定性，构建社会律师、公职律师、公司律师等优势互补、结构合理的律师队伍。”2016 年 6 月，中共中央办公厅、国务院办公厅印发了《关于深化律师制度改革的意见》（以下简称《意见》），对深化律师制度改革作出全面部署。《意见》指出，律师队伍是落实依法治国基本方略、建设社会主义法治国家的重要力量，是社会主义法治工作队伍的重要组成部分。深化律师制度改革，必须坚持党的领导，坚持正确的政治方向，坚持执业为民，坚持依法执业，坚持从中国实际出发。

二、律师的职业属性

所谓律师的职业属性，是指律师职业的性质和特点，它要回答的是律师职业在国家、社会生活中究竟应该占据何种位置、发挥何种作用和功能的问题，是律师职业区别于其他职业并在社会中得以产生、存在以及发展的基础。关于律师职业属性的定位，理论界和实务界一直仁者见仁、智者见智，没有形成定论。陈卫东教授认为，律师的职业属性是指律师区别于其他职业而具有的本质特性，律师兼具社会性和自由性的双重属性。[1] 顾永忠教授认为，律师的职业属性体现、渗透在相互联系、不可分割的四个方面中，这就是律师的法治性、社会性、独立性和专业性。[2] 律师的职业属性与其职业定位有着密切的联系，作为“社会主义法治工作队伍的重要组成部分”，律师应具有政治性、社会性和专业性等职业属性。

（一）律师的政治属性

古希腊哲学家亚里士多德曾言：“人类在本性上，也正是一个政治动物。”[3] 从中外律师制度的发展历程来看，律师在本性上，也正是倚政治而存在，伴政治而共舞，随政治而发展。律师制度被认为是近代民主制度的重要组成部分，是政治文明的重要标尺之一。在西方国家，律师是国家政治制度中的一种制约力量，是国家政治生活的参与者，其直接参与并实际影响着国家民主政治制度的运作过程。[4] 法国历史学家托克维尔曾言：“把律师政治参与理解为平衡民主的强大力量。律师基于其与行政权力的‘自然亲和力’，以自身的权威遏制贫民的民主激情，从而维护西方政治民主制度的存续。”[5] 许多国家的国家元首、政府首脑、部长、国会议员等成员都出身律师，这种律师参政、议政、从政现象在美国政治制度中表现得尤为明显，按照美国历史学家 H.S. 康马杰的观点，美国的政治实质上是律师接管的政治。[6] 法国学者卢西恩•卡尔皮克（Lucien Karlik）在对 13 世纪至 20 世纪法国律师业的历史变迁进行研究后，总结出律师与国家、律师与公众、律师与市场之间关系的单个阶段。他认为，律师职业是一项真正的政治运动，律师群体具有与众不同的律师集体人格的特点：他们是公众的发言人，他们公正无私，他们树立起了与“法学精神”相符的法律能力的集体形象。[7]

律师根据法律的授权，在维护社会公平与正义方面具有与司法机关相同的职能和职责，律师执业活动与检察官法律监督活动、法官司法活动在一个国家的司法制度中具有同等重要的地位且不能互相替代。律师与检察官、法官共同组成法

---

[1] 陈卫东 . 律师执业概论 [M]. 北京：法律出版社，2005：19.

[2] 顾永忠，等 . 论律师的职业属性 [J]. 中国司法，2007（4）：51-56.

[3] [古希腊] 亚里士多德 . 政治学 [M]. 吴寿彭，译 . 北京：商务印书馆，1965：7.

[4] 郭春涛 . 律师性质初论 [J]. 中国司法，2008（11）：56-61.

[5] 托克维尔 . 论美国的民主 [M]. 董果良，译 . 北京：商务印书馆，1988：302.

[6] 王中华 . 当代中国律师政治参与研究 [M]. 南京：南京大学出版社，2012.

[7] [法] 利奥拉•伊斯雷尔 . 法律武器的运用 [M]. 钟震宇，译 . 北京：社会科学文献出版社，2015：35.

律职业共同体。在中国，律师是中国特色社会主义法治工作队伍的重要组成部分，是落实依法治国基本方略、建设社会主义法治国家的重要力量。律师事业是中国特色社会主义事业的重要组成部分。从这个政治定位出发，律师的政治属性主要体现在：律师广泛参与政治生活。随着改革开放以来律师制度的恢复重建和律师业务的发展，当代中国律师不仅从事大量的诉讼业务活动和非诉业务活动，而且越来越多地介入到国家的政治生活当中。根据司法部发布的统计数据，截至2017年12月，律师行业中各级人大代表、政协委员共7827人，比上届增加1939人，增幅32.9%。其中，各级人大代表2552人，比上届增加894人，增幅54%；各级政协委员5275人，比上届增加1045人，增幅24.7%。

（二）律师的社会属性

律师是一种“社会性职业”，律师行业具有“社会性”的职业属性。1996年《律师法》第二条规定，律师是“依法取得律师执业证书，为社会提供法律服务的执业人员”。2007年修正后的《律师法》第二条也指出：“本法所称律师，是指依法取得律师执业证书，接受委托或者指定，为当事人提供法律服务的执业人员。律师应当维护当事人合法权益，维护法律正确实施，维护社会公平和正义。”这些都是立法对律师职业“社会性”属性的确认。这种社会属性具体体现在以下几个方面：

1. 身份的社会性

从1980年《律师暂行条例》中的“国家的法律工作者”，到1996年《律师法》“为社会提供法律服务的执业人员”，再到2007年的“为当事人提供法律服务的执业人员”，律师的职业属性随着职业身份的变化而逐渐向社会性转化。这种社会性具体表现在律师执业活动的非公务性上。与法官、检察官不同，律师不属于国家公职人员，不是国家的法律工作者，律师为当事人提供法律服务，是以“社会人”而非“国家工作人员”的身份进行的，其接受当事人的委托提供法律服务的执业活动就是为了维护“私权”，这与法官、检察官行使“公权”的职业属性截然不同。

2. 服务对象和领域的社会性

随着经济的发达和国家的进步，社会对于律师的需求也越来越广泛，在我国律师职业恢复之初，其主要业务是刑事辩护和诉讼代理。随着市场经济的深入发展，律师已经介入了金融、房地产、保险、证券、商标、专利、海事海商、知识产权保护、反倾销等非诉讼业务领域，社会各阶层和各领域都需要律师提供优质的法律服务以更有效地维护他们的合法权益，这种服务对象和服务领域的全方位性正是律师职业具有“社会性”的反映。此外，律师服务对象和领域的社会性也决定了律师职业应该有一种服务社会的精神，应该对社会有所贡献。这种贡献体现在律师在满足自己经济利益和需求的同时，也要努力成为稳定社会秩序、维护社会公正的重要力量。

3. 服务方式的社会性

与公检法代表国家行使公权力不同的是，律师代表的是私权，其权利来源于委托人的授权。这种不同的权利来源必然决定了律师的法律服务方式具有社会性的特征。首先，法官、检察官作为国家权力机构的成员，其能否办案以及办理多少案件，与社会信任度之间没有直接的关联。但律师就不同，为了赢得更多的案源，律师必须用自己的知识和技能赢得社会的信任，依靠社会认可度获得案源。其次，正因为律师服务的社会性，其所提供的法律服务行为不具有国家强制力作为后盾。而且，律师的法律服务必须是有偿的，律师依靠自身的专业法律服务获取相应的物质报酬，这是律师生存的物质基础。

（三）律师的专业属性

律师职业为国家法律制度所确认，并由法律规定其从事职业的条件和执业范围。律师具有其他职业所不具有的特殊知识和技能，并以这种专业知识和技能为当事人提供法律服务，这就是律师职业专业性的内涵。这种专业性具体表现在以下几个方面：

1. 律师资格条件的专业性

无论是在古代还是现在，各个国家都规定，只有达到某种条件或者取得某些资格的人，才能从事律师职业。我国《律师法》第五条第一款规定："申请律师执业，应当具备下列条件：⑴拥护中华人民共和国宪法；⑵通过国家统一的法律职业资格考试取得法律职业资格；⑶在律师事务所实习满一年；⑷品行良好。"在某一引起社会广泛关注的案件中，代理律师李某某的代理行为遭到舆论普遍质疑，其在网络上发表公开声明，称自己"就是一个江湖郎中，但是能治疗疑难杂症"。这种对于律师职业的自我定位是极度错误的。律师是取得国家专业资格，具有专门知识的专业人士，而绝不是没有执照、违法执业的"江湖郎中"。

2. 律师业务范围的专业性

律师从事的法律业务关乎当事人的利益，关乎公共利益，甚至关乎一国的法律秩序。法律事务的复杂性，也要求处理法律事务的必须是具备专门知识的职业人士。可以说，原则上只有具有律师执业资格的人才能从事相关的法律事务。虽然没有哪个国家在所有法律领域都赋予律师垄断权，但是赋予律师部分法律事务的垄断权却是十分必要的。因为律师从事的法律事务涉及当事人的权益，如果不设立一定程度的律师垄断原则，就可能造成寻求法律协助之人遭到没有适当资格之人不当服务侵害的危险。

3. 律师执业技能的专业性

专业知识和专业技能不同，对于律师来说，专业技能可能比专业知识更加重要，这也是律师与法科生和学者的最大区别。律师职业的专业性不仅仅表现在律师资格取得需要具备专业知识上，更表现在律师执业过程中，律师应不断持续进行业务培训，以获取和保持执业所需之专业技能，提升自己的业务水平。

第二节　律师职业伦理概述

律师职业伦理，是指作为律师业务从业人员和律师执业机构所应当遵守的行为规范的总称。律师职业伦理是法律职业道德的重要组成部分，是指导律师执业行为的准则，是评判律师执业行为是否符合律师职业要求的标准，是对违规律师、律师事务所追究职业责任的依据。它不仅适用于包括公司律师、公职律师在内的广大律师，也适用于实习律师和律师助理等人员。

律师是国家法制建设的重要参与者，律师通过为社会提供法律服务，维护法律的尊严和正确实施，维护社会的公平与公正。由于律师在国家政治、经济生活中发挥着重要作用，其行为对各种权利义务关系有着重要影响，因而律师的职业行为受到了严格的规范。

经过二十多年的建设，我国关于律师职业行为的规范形成了多层次的规范体系。这些规范性文件既包括法律、司法解释、规章，也包括律师协会的行业规范，后者如《中华全国律师协会章程》《律师执业行为规范》《律师办理刑事案件规范》《律师协会会员违规行为处分规则（试行）》等，此类规范属行业自律性规范，虽然不属于法律规范，但是对于本协会的会员仍然具有很强的拘束力。在这些规范中，集中体现律师职业伦理要求的是中华全国律师协会制定的《律师执业行为规范》。

在《中华人民共和国律师法》制定后，1996 年 10 月 6 日，中华全国律师协会常务理事会通过了由律师协会制定的《律师职业道德和执业纪律规范》。2001 年，根据形势的变化，中华全国律师协会对该《规范》进行了进一步的修订。该《规范》共分为 7 章，第一章“总则”主要规定了制定该规范的目的和依据，以及该

《规范》的适用范围；第二章“律师职业道德基本准则”规定了律师应当遵守的9条职业道德；第三章规定了律师在其执业机构中的纪律；第四章规定了律师在诉讼和仲裁活动中的纪律；第五章规定了律师与委托人、对方当事人关系的纪律；第六章规定了律师与同行之间的纪律；第七章“附则”规定了律师协会对违反该《规范》的律师的处分权、对该《规范》的解释权和该《规范》的施行日期。其中第三章至第六章共规定了32条律师执业纪律。2009年12月27日，中华全国律师协会正式通过了《律师执业行为规范》，该规范分为总则、律师执业行为基本规范、律师业务推广行为规范、律师与委托人或当事人的关系规范、律师参与诉讼或仲裁规范、律师与其他律师的关系规范、律师与所任职的律师事务所关系规范、律师与律师协会关系规范、附则，共9章108条。与《律师职业道德和执业纪律规范》相比，该规范在内容上丰富了许多，是我国律师职业伦理建设的主要现行规范基础。近年来多次修订的《律师法》在律师法律职业的伦理规范立法方面又有了新的进展，特别细化了违反律师职业代理规范的责任形式和处罚形式，这反映了国家、社会和律师行业对于加强律师职业伦理规范的积极态势。

近年来。我国律师职业伦理的规范化建设方面取得了很大的进步，有关部门采取多种措施来提升律师职业素质和道德水平。2009年和2011年中华全国律师协会对律师执业行为规范进行了两次重大的修订，根据时代的新要求和新情况来完善律师的执业行为规范。2012年，全国人大根据2012年修订的《刑事诉讼法》中有关律师执业的新规定，对《律师法》再次进行修改，扩大了法律援助和律师保密的范围。同时，我国近年来律师职业领域出现了新的情况，特别是有些律师超出律师执业的正常范围和方式来进行的权利诉求，引起社会的广泛关注。2015年8月，中央专门召开了全国律师工作会议，专题研究律师职业权利保障、规范律师执业行为、加强律师队伍建设。2015年9月，最高人民法院、最高人民检察院、公安部、国家安全部、司法部联合出台了《关于依法保障律师执业权利的规定》。这是深化律师制度改革、促进律师事业发展的重要举措，对保障律师执业权利、充分发挥律师作用，建立中国特色社会主义律师制度具有重要意义。该规定特别强调，人民法院、人民检察院、公安机关、国家安全机关、司法行政机关应当尊重律师，健全律师执业权利保障制度，依照有关法律规定，在各自职责范围内依法保障律师的知情权、申请权、申诉权，以及会见、阅卷、收集证据和发问、质证、辩论等方面的执业权利，不得阻碍律师依法履行辩护、代理职责，不得侵害律师合法权利。同时该规定强调，要依法规范法律服务秩序，严肃查处假冒律师执业和非法从事法律服务的行为。对未取得律师执业证书或者已经被注销、吊销执业证书的人员以律师名义提供法律服务或者从事相关活动的，或者利用相关法律关于公民代理的规定从事诉讼代理或者辩护业务非法牟利的，依法追究责任，造成严重后果的，依法追究刑事责任。随着国家全面推进依法治国，律师的社会地位和功能都会有不断地提升和拓展，律师的职业伦理的发展也面临新的挑战与机遇。

第三节　律师职业伦理规范

一、律师与委托人的关系规范

（一）律师－委托人关系的建立和终止

1. 律师－委托人关系建立的方式和形式

律师－委托人关系从本质上讲，是一种合同关系。因此，律师－委托人关系的建立，首先来自当事人的委托，律师－委托人关系的建立过程实际上是二者的洽商过程。二者是平等的民事主体。除了来自当事人的委托以外，律师－委托人关系建立的另一种方式是有关机构的指定。《律师法》规定：律师应当按照国家规定承担法律援助义务，为受援人提供符合标准的法律服务。2003 年国务院颁布的《法律援助条例》对于律师的法律援助的义务、程序和职责作出了十分具体和细致的规定。在法律规定的范围内，律师应当承办所指定的法律援助案件。这种情况下律师－委托人关系的建立不是一个平等洽商的过程，而是一种行政性的管理方式，体现了法律援助的国家管理属性。

《律师法》规定："律师承办业务，由律师事务所统一接受委托，与委托人签订书面委托合同，按照国家规定统一收取费用并如实入账。"因此，律师和委托人之间委托关系的成立，必须采用书面形式。委托关系的双方主体分别是律师事务所和委托人。根据《律师办理刑事案件规范》《律师办理民事诉讼案件规范》等文件的规定，律师受理案件须办理以下手续：⑴律师事务所与委托人签署"委托协议"一式二份，一份交委托人，一份交律师事务所存档；⑵委托人签署"授权委托书"一式三份，一份呈交办案机关，一份由承办律师存档，一份交委托人保存；⑶开具律师事务所介绍信，由律师呈交办案机关。律师受理刑事案件，应当在侦查、审查起诉、一审、二审、申诉各阶段分别办理委托手续；也可以一次性地签订委托协议，但应分阶段签署授权委托书。对于需要提供法律援助的当事人，律师事务所可以指派律师承办，但须按规定办理委托手续。

2. 代理范围和权限划分

代理范围和权限划分是确立律师－委托人关系时的重要内容。从一定意义上讲，每一个案件都是律师和委托人的共同事业。清晰的代理范围和明确的权限划分是经营好这一事业的前提条件。

就代理范围而言，主要涉及代理目标和实现手段的确定问题。律师有权根据法律的要求和道德的标准，选择实现委托人目的的方法。律师提供法律服务时，不仅应当考虑法律，还可以以适当方式考虑道德、经济、社会、政治以及其他与委托人的状况相关的因素。

律师应当在授权范围内从事代理。律师接受委托时必须与委托人明确约定包括程序法和实体法两方面的委托权限。委托权限不明确的，律师应主动提示。如需特别授权，应事先取得委托人的书面确认。接受委托后，律师只能在委托权限内开展执业活动，不得擅自超越委托权限。委托权限的确定，主要存在于律师的代理活动中。我国《民事诉讼法》第五十九条规定："委托他人代为诉讼，必须向人民法院提交由委托人签名或者盖章的授权委托书。""授权委托书必须记明委托事项和权限。诉讼代理人代为承认、放弃、变更诉讼请求，进行和解，提起反诉或者上诉，必须有委托人的特别授权。"第六十条规定："诉讼代理人的权限如果变更或者解除，当事人应当书面告知人民法院，并由人民法院通知对方当事人。"《律师办理民事诉讼案件规范》第十条第二款第（三）项规定："律师事务所与委托人签订委托代理合同及委托人签署授权委托书时，应当记明具体的委托事项和权限，委托权限应注明是一般授权还是特别授权。变更、放弃、承认诉讼请求和进行和解，提起反诉和上诉，转委托，签收法律文书，应当有委托人的特别授权。"律师在进行受托的法律事务时，如发现委托人所授权限不能适应需要时，应及时告知委托人，在未经委托人同意或办理有关的授权委托手续之前，律师只能在授权范围内办理法律事务。律师在委托权限内完成了受托的法律事务，应及时告知委托人。律师与委托人明确解除委托关系后，律师不得再以被委托人的名义进行活动。

未经委托人同意，律师不得将委托人委托的法律事务转委托他人办理。律师在接受委托后出现突患疾病、工作调动等情况，需要更换律师的，应当及时告知委托人。委托人同意更换律师的，律师之间要及时移交材料，并通过律师事务所办理相关手续。非经委托人的同意，律师不能因为转委托而增加委托人的经济负担。

3. 律师－委托人关系的终止

律师－委托人关系的终止也是律师在处理该关系时应当特别注意的问题。从我国的实际情况来看，律师－委托人关系的终止主要有两种情况，一种是自然终止，即委托事项办理完毕，律师－委托人关系终止。另一种是法定终止，即在法律规定的情况下，律师－委托人关系可以或者应当终止。法定终止的情况主要包括以下几种：

⑴律师拒绝辩护和代理。《律师法》规定："律师接受委托后，无正当理由的，不得拒绝辩护或者代理，但是，委托事项违法、委托人利用律师提供的服务从事违法活动或者委托人故意隐瞒与案件有关的重要事实的，律师有权拒绝辩护或者代理。"《律师执业行为规范》对该规定进行了进一步的解释，将委托关系的终止分为强制性终止和任选性终止两种情况。

律师在办理委托事项过程中出现下列情况，律师事务所应终止其代理工作：①与委托人协商终止；②被取消或者中止执业资格；③发现不可克服的利益冲突；④律师的健康状况不适合继续代理；⑤继续代理将违反法律或者律师执业规范。

出现下列情况时，律师可以拒绝辩护、代理：①委托人利用律师提供的法律服务从事违法活动的；②委托人坚持追求律师认为无法实现的或不合理的目标的；③委托人在相当程度上没有履行委托合同义务，并且已经合理催告的；④在事先无法预见的前提下，律师向委托人提供法律服务将会给律师带来不合理的费用负担，或给律师造成难以承受的、不合理的困难的；⑤委托人提供的证据材料不具有客观真实性、关联性与合法性，或经司法机关审查认为存在伪证嫌疑的；⑥其他合法的缘由。

⑵委托人拒绝辩护和代理。《律师法》规定："委托人可以拒绝已委托的律师为其继续辩护或者代理，同时可以另行委托律师担任辩护人或者代理人。"在委托人拒绝律师辩护或者代理的情况下，律师应当退出对该委托人的代理。委托人对律师的解雇使得律师的退出代理成为强制性的，从而为替代的律师留下了空间。如果不这样规定，那么委托人任意解雇律师的权利就是无意义的。

⑶律师事务所清算。《国家出资设立的律师事务所管理办法》第二十二条规定，国家出资设立的律师事务所解散或因违反法律法规、执业纪律被吊销执业证书的，应当对律师事务所的财产进行清算。第二十三条规定，国家出资设立的律师事务所终止时，尚未办结的法律事务，由律师事务所与委托人协商解决。根据上述规定，在律师事务所清算的情况下，律师－委托人关系应当终止。

4. 律师 - 委托人关系终止后律师的义务

律师 - 委托人关系终止后涉及律师的以下义务：

⑴律师 - 委托人关系终止的程序要求。律师 - 委托人关系的终止涉及律师和委托人之间的权利义务关系，涉及法院等有关机构的效率。因此，这种关系的终止同样应当遵循一定的程序要求。从我国的规定来看，主要有以下几点：①查证和通知。《律师办理民事诉讼案件规范》第十八条规定："委托人利用律师提供的服务从事违法活动或者隐瞒事实的，律师可以拒绝代理，经律师事务所收集证据、查明事实后，告知委托人，解除委托关系，记录在卷，并整理案卷归档。"律师事务所在查证后，应当尽可能提前向委托人发出通知，以便为委托人委托其他律师留下尽可能多的时间，同时也有利于避免法院等有关机构因律师的退出而影响工作效率。②批准。当律师被指定代理某委托人时，退出代理通常需要得到指定机构的批准。在法律援助案件中，受援人不遵守法律规定以及不按法律援助协议的规定予以必要合作，经法律援助机构批准，承办人员可以拒绝或终止提供法律援助。因此，如果律师是被有关机构指定担任委托人的诉讼代理人或辩护人的，在退出代理或辩护时，应当得到有关机构的批准。③劝诫义务。律师在接受委托后发生可以拒绝辩护或代理的情况，应当向委托人说明理由，促使委托人接受律师的劝告，纠正导致律师拒绝辩护或代理的事由。④委托关系终止后的通知义务。在终止代理时，律师应当尽可能提前向委托人发出通知。律师事务所在征得委托人同意后，可另行指定律师继续承办委托事项，否则应终止委托代理协议。

⑵律师 - 委托人关系终止后律师的善后义务。①采取合理保护措施的义务。终止代理，律师事务所应当尽量不使委托人的合法利益受到影响。在解除委托关系前，律师必须采取合理可行的措施保护委托人的利益，如及时通知委托人以使其有充分时间再委聘其他律师、收回文件的原件、返还提前支付的费用等。按照《律师执业行为规范》的规定，律师事务所因合理原因终止委托代理协议的，有权收取已完成部分的费用。委托人因合理原因终止委托代理协议的，律师事务所有权收取已完成部分的费用。委托人单方终止委托代理协议的，应按约定支付律师费。②不得扣押当事人的诉讼材料的义务。律师不得为阻挠委托人解除委托关系，威胁、恐吓委托人，或者无正当理由扣留委托人提供的材料。但是因拒绝辩护、代理而解除委托关系的，律师可以保留与委托人有关的法律事务文件的复印件。

（二）律师的保密规则

律师的职业秘密问题是贯穿于整个律师业务活动的一个基本问题，对委托人和律师的权利义务有着重要的影响。随着我国律师事业的迅猛发展，律师职业秘密问题也越来越引起人们的重视。

1. 我国关于律师职业秘密问题的现行规定

我国律师职业秘密现行规则的渊源主要有两个：一个是《律师法》上的渊源，另一个是《律师执业行为规范》上的渊源。《律师法》规定："律师应当保守在执业活动中知悉的国家秘密、商业秘密，不得泄露当事人的隐私。"《律师执业行为规范》规定："律师应当保守在执业活动中知悉的国家秘密、商业秘密，不得泄露当事人的隐私。律师对在执业活动中知悉的委托人和其他人不愿泄露的情况和信息应当予以保密。"因此，律师的保密义务，可以区分为保守国家秘密的义务和保守委托人秘密的义务两种情况。

2. 律师保守委托人秘密的义务

⑴律师保守委托人秘密的义务的特点

①保密义务的广泛性。律师保密义务的范围不仅包括委托人的商业秘密和个人隐私，还包括通过办理委托人的法律事务所了解的委托人的其他信息。②保密主体的广泛性。律师事务所、律师及其辅助人员都不得泄露委托人的秘密信息。③保密时间的后续性。律师代理工作结束后，仍有保密义务。这是因为有关事项的秘密性并不因委托代理关系的结束而消灭，为了保证委托人能够坦率、全面地向律师披露案件的有关情况，律师在委托关系结束后也仍然要承担保密义务。

⑵律师保守委托人秘密的义务的例外

《律师法》增加了律师保密义务的例外规定，其中第三十八条第二款规定："律师对在执业活动中知悉的委托人和其他人不愿泄露的情况和信息，应当予以保密。但是，委托人或者其他人准备或者正在实施的危害国家安全、公共安全以及其他严重危害他人人身、财产安全的犯罪事实和信息除外。"综合《律师法》和《律师执业行为规范》，律师保密的例外大体上涵盖以下几大类：①防止未来伤害的例外。律师事务所、律师及其辅助人员不得泄露委托人的商业秘密、隐私，以及通过办理委托人的法律事务所了解的委托人的其他信息。但是律师认为保密可能会导致无法及时阻止发生人身伤亡等严重犯罪及可能导致国家利益受到严重损害的除外。②自我保护的例外。律师在代理过程中可能无辜地被牵涉到委托人的犯罪行为中时，律师可以为保护自己的合法权益而公开委托人的相关信息。③授权披露的例外。律师可以公开委托人授权同意披露的信息。

（三）利益冲突规则

利益冲突是律师在执业活动中面临的一个具有普遍意义的重大问题，特别是近几年发生的若干案例进一步说明了这一问题的复杂性和重要性。无论是律师个人还是律师事务所，无论是规模较大的律师事务所还是规模较小的律师事务所，都面临着如何有效处理执业活动中的利益冲突这一棘手问题。调整利益冲突的规则是律师职业伦理的一个重要组成部分。

1. 利益冲突概述

利益冲突是指律师在代理委托人的过程中，律师对委托人的代理将对律师自身的利益、律师现委托人的利益、律师前委托人的利益或者第三人的利益可能产生重大不利影响的情况。利益冲突可以分为律师—委托人之间的利益冲突和委托人之间的利益冲突。委托人之间的利益冲突又可以分为同时性利益冲突和连续性利益冲突。

一般认为，利益冲突规则的理论基础主要是两个：

⑴律师保守职业秘密的职责。如前所述，律师保守职业秘密的职责是律师执业活动中最为重要的职责，体现在诸多方面。在利益冲突规则中该保守职业秘密的职责有许多具体的运用。例如，如果律师同时代理委托人 A 和 B，或者现在所代理的是委托人 B，以前代理的是委托人 A，则律师可能知道有关委托人 A 的秘密信息，且该信息对于委托人 B 来讲具有一定的利益。如果律师在明知有关 A 的秘密信息的情况下而不向 B 披露这些信息，则律师违反了真诚代理委托人 B 的职责；如果律师向委托人 B 透露了这些信息，则律师就会违反对 A 所承担的保守职业秘密的职责。

⑵律师忠诚于委托人的职责。律师忠诚于委托人的职责也是利益冲突产生的重要基础之一。即使在不存在律师违反有关职业秘密的职责的情况下，律师也可能因违反忠诚于委托人的职责而导致利益冲突问题。例如，律师在侵权诉讼中为被告进行代理。律师为该委托人所进行的代理是由保险商提供有关费用的，被告是该保险商的客户。保险商指示该律师不要就原告指控被告的侵权行为是故意的理由进行争辩，因为如果法官认为被告的行为是故意的，则保险商不承担任何责任。如果律师从维持自己与保险商的关系的自身利益的角度出发听从了保险商的指示，则律师违反了忠诚于被告的职责。

2. 律师－委托人利益冲突

律师－委托人利益冲突规范主要有：

⑴律师和律师事务所不得利用提供法律服务的便利，非法牟取委托人的利益。

⑵除依照相关规定收取法律服务费用之外，律师不得与委托人争议的权益产生经济上的联系，不得与委托人约定胜诉后将争议标的物出售给自己，不得委托他人为自己或为自己的亲属收购、租赁委托人与他人发生争议的诉讼标的物。

⑶律师不得向委托人索取财物，不得获得其他不利于委托人的经济利益。

⑷非经委托人同意，律师不得运用向委托人提供法律服务时所得到的信息牟取对委托人有损害的利益。

⑸律师和律师事务所不得免除或者限制因违法执业或者因过错给当事人造成损失所应当承担的民事责任。

3. 委托人利益冲突

委托人的利益冲突可以分为同时性利益冲突和连续性利益冲突。

律师的同时性利益冲突，是指律师或者律师事务所的现有委托人之间存在的利益冲突。关于律师的同时性利益冲突的规范主要有：

⑴律师不得在同一案件中，为双方当事人担任代理人。

⑵律师不得在同一案件中，同时为委托人及与委托人有利益冲突的第三人进行代理、辩护。

⑶律师不得在两个或者两个以上有利害关系的案件中，分别为有利益冲突的当事人代理、辩护。

⑷律师担任法律顾问期间，不得为法律顾问单位的对方当事人或者有其他利益冲突的当事人代理、辩护。

⑸在同一案件中，律师事务所不得委派本所律师为双方当事人或者有利益冲突的当事人代理、辩护，但本县（市）内只有一家律师事务所，并经双方当事人同意的除外。律师在接受委托后知道诉讼相对方或利益冲突方已委聘同一律师事务所其他律师的，应由双方律师协商解除一方的委托关系，协商不成的，应与后签订委托合同的一方或尚没有支付律师费的一方解除委托关系。

⑹在未征得委托人同意的情况下，律师不得同时接受有利益冲突的他方当事人委托，为其办理法律事务。

⑺拟接受委托人委托的律师已经明知诉讼相对方或利益冲突方已委聘的律师是自己的近亲属或其他利害关系人的，应当予以回避，但双方委托人签发豁免函的除外。律师在接受委托后知道诉讼相对方或利益冲突方委聘的律师是自己的近亲属或其他利害关系人，应及时将这种关系明确告诉委托人。委托人提出异议的，律师应当予以回避。

律师的连续性利益冲突，是指律师对委托人的代理可能受到其对前委托人的职责或者前职务职责的影响的利益冲突。律师的连续性利益冲突规范主要有：

⑴曾经在前一法律事务中代理一方的律师，即使在解除或终止代理关系后，亦不能再接受与前任委托人具有利益冲突的相对方委托，办理相同法律事务，除非前任委托人作出书面同意。

⑵曾经在前一法律事务中代理一方的律师，不得在以后相同或相似法律事务中运用来自该前一法律事务中不利前任委托人的相关信息。除非经该前任委托人许可，或有足够证据证明这些信息已为人所共知。

⑶委托人拟聘请律师处理的法律事务，是该律师从事律师职业之前曾以政府官员或司法人员、仲裁人员身份经办过的事务，律师及其律师事务所应当回避。

（四）律师收费与财物保管规范

1. 律师费的合理性

律师收取的费用可以分为律师费和办案费用。律师费是指律师事务所因本所执业律师为当事人提供法律服务，根据国家的法律规定或双方的自愿协商，向当事人收取的一定数量的费用。办案费用是指律师在办理案件过程中发生的律师费以外的其他费用。这些费用包括：⑴司法、行政、仲裁、鉴定、公证等部门收取的费用；⑵合理的通信费、复印费、翻译费、交通费、食宿费等；⑶经委托人同意的专家论证费；⑷委托人同意支付的其他费用。这些办案费用应当由委托人在律师费之外另行支付。律师对需要由委托人承担的律师费以外的费用，应本着节俭的原则合理使用。

律师费的收取应当合理。律师事务所和律师应当根据国家行政管理部门、律师协会制定的相关规定合理收费。在确定律师费是否合理时应当考虑以下因素：⑴从事法律服务所需工作时间、难度、包含的新意和需要的技巧等；⑵接受这一聘请会明显妨碍律师开展其他工作的风险；⑶同一区域相似法律服务通常的收费数额；⑷委托事项涉及的金额和预期的合理结果；⑸由委托人提出的或由客观环境所施加的法律服务时间限制；⑹律师的经验、声誉、专业水平和能力；⑺费用标准及支付方式是否固定，是否附有条件；⑻合理的成本。

2. 律师收费的方式和要求

律师收费方式依照国家规定或由律师事务所与委托人协商确定，可以采用计时收费、固定收费、按标的比例收费。在一个委托事项中可以同时使用前列几种方式，也可使用法律不禁止的其他方式。

律师承办业务，由律师事务所统一接受委托，与委托人签订书面委托合同，按照国家规定向当事人统一收取费用并如实入账。律师事务所应当在委托代理合同中约定收费方式、标准、支付方法等收费事项。律师不得私自收案、收费。委托人所支付的费用应当直接交付律师所在的律师事务所，律师不得直接向委托人收取费用。委托人委托律师代交费用的，律师应将代收的费用及时交付律师事务所。律师事务所不得向委托人开具非正式的律师收费凭证。律师不得索要或收取除依照规定收取的法律服务费用之外的额外报酬或利益。

采用计时收费的，律师应当根据委托人的要求提供工作清单。

3. 附条件收费

⑴附条件收费的特殊要求。以诉讼结果或其他法律服务结果作为律师收费依据的，该项收费的支付数额及支付方式应当以协议形式确定，应当明确计付费用的法律服务内容、计付费用的标准、方式，包括和解、调解或审判不同结果对计付费用的影响，以及诉讼中的必要开支是否已经包含于风险代理酬金中等。

⑵不能附条件收费的情况。律师和律师事务所不能以任何理由和方式向赡养费、扶养费、抚养费以及刑事案件中的委托人提出采用根据诉讼结果协议收取费用的方式，但当事人提出的除外。

4. 财物保管

⑴律师应当妥善保管与委托事项有关的财物，不得挪用或者侵占。

⑵区分保管义务。律师事务所受委托保管委托人财物时，应将委托人财产与律师事务所的财产严格分离。委托人的资金应保存在律师事务所所在地信用良好的金融机构的独立账号内，或保存在委托人指定的独立开设的银行账号内。委托人其他财物的保管方法应当经其书面认可。

⑶委托人要求交还律师事务所受委托保管的委托人财物，律师事务所应向委托人索取书面的接收财物的证明，并将委托保管协议及委托人提交的接收财物证明一同存档。

⑷通知义务。律师事务所受委托保管委托人或第三人不断交付的资金或者其他财物时，律师应当及时书面告知委托人，即使委托人出具书面声明免除律师的及时告知义务，律师仍然应当定期向委托人发出保管财物清单。

⑸律师应当谨慎保管委托人提供的证据和其他法律文件，保证其不遭灭失。

（五）执业推广规范

1. 业务推广

律师和律师事务所推广律师业务，应当遵守平等、诚信原则，遵守律师职业伦理和执业纪律，遵守法律服务市场及律师行业公认的行业准则，公平竞争，禁止行业不正当竞争行为。律师和律师事务所应当通过努力提高自身综合素质、提高法律服务质量、加强自身业务竞争能力的途径，推广、开展律师业务。

律师和律师事务所不能以向中介人或者推荐人许诺兑现任何物质利益或者非物质利益的方式，获得有偿提供法律服务的机会。

⑴业务推广方法。①律师可以通过简介等方式介绍自己的业务领域和专业特

长。②律师可以通过发表学术论文、案例分析、专题解答、授课等方式，以普及法律并宣传自己的专业领域。③律师可以举办或者参加各种形式的专题、专业研讨会，以推荐自己的专业特长。④律师可以以自己或者律师事务所的名义参加各种社会公益活动，参加各类依法成立的社团组织。

⑵业务推广原则。律师在执业推广中，不得提供虚假信息或者夸大自己的专业能力，不得明示或者暗示与司法、行政等关联机关的特殊关系，不得贬低同行的专业能力和水平，不得以提供或者承诺提供回扣等方式承揽业务，不得以明显低于同行业的收费水平竞争某项法律业务。

2. 律师广告规范

⑴律师广告的主体。律师广告是指律师和律师事务所为推广业务与获得委托，让公众知悉、了解律师个人和律师事务所法律服务业务而发布的信息及其行为过程。律师广告可以以律师个人名义发布，也可以以律师事务所名义发布。以律师个人名义发布的律师广告应当注明律师个人所在的执业机构名称。律师个人广告的内容应当限于律师的姓名、肖像、年龄、性别、出生地、学历、学位、律师执业登记日期、所属律师事务所名称、在所属律师事务所的工作时间、收费标准、联系方法，以及依法能够向社会提供的法律服务业务范围。律师事务所广告的内容应当限于律师事务所名称、办公地址、电话号码、传真号码、邮政编码、电子信箱、网址、所属律师协会、所辖执业律师及依法能够向社会提供的法律服务业务范围简介。

下列情况下，律师和律师事务所不得发布律师广告：①没有通过年度年检注册的；②正在接受暂停执业处分的；③受到通报批评处分未满一年的。

⑵律师广告的原则。发布律师广告，应当遵守以下原则：①律师广告应当遵守国家法律法规和《律师执业行为规范（试行）》，坚持真实、严谨、适度原则。②律师广告应当具有可识别性，应当能够使社会公众辨明是律师广告。③不得利用广告对律师个人、律师事务所作出容易引人误解或者虚假的宣传。④律师和律师事务所发布的律师广告不得贬低其他律师或律师事务所及其服务。⑤律师和律师事务所不能以有悖于律师使命、有失律师形象的方式制作广告，不能采用一般商业广告的艺术夸张手段制作广告。⑥律师在执业广告中不得出现违反所属律师协会有关律师执业广告管理规定的行为。

3. 律师宣传规范

律师宣传是指通过公众传媒以消息、特写、专访等形式对律师和律师事务所进行报道、介绍的信息发布行为。律师的宣传规范包括：

⑴律师和律师事务所不得自己进行或授意、允许他人以宣传的形式发布律师广告。

⑵律师和律师事务所不能进行歪曲事实或法律实质，或可能会使公众产生对律师不合理期望的宣传。

⑶律师和律师事务所可以宣传所从事的某一专业法律服务领域，但不能自我声明或暗示其被公认或证明为某一专业领域的专家。

⑷律师和律师事务所不能进行律师之间或律师事务所之间的比较宣传。

⑸通过公众传媒以回复信函、自问自答等形式进行法律咨询的行为，亦应当符合有关律师宣传的规定。

二、律师在诉讼、仲裁活动中的规范

（一）律师的回避义务

根据《律师法》的规定，曾经担任法官、检察官的律师，从人民法院、人民检察院离任后2年内，不得担任诉讼代理人或者辩护人。此外，根据《法官法》的规定，法官从人民法院离任后2年内，不得以律师身份担任诉讼代理人或者辩护人。法官从人民法院离任后，不得担任原任职法院办理案件的诉讼代理人或者辩护人。法官的配偶、子女不得担任该法官所任职法院办理案件的诉讼代理人或者辩护人。根据《检察官法》的规定，检察官从人民检察院离任后2年内，不得以律师身份担任诉讼代理人或者辩护人。检察官从人民检察院离任后，不得担任原任职检察院办理案件的诉讼代理人或者辩护人。检察官的配偶、子女不得担任该检察官所任职检察院办理案件的诉讼代理人或者辩护人。

律师因法定事由或者根据相关规定不得担任诉讼代理人或者辩护人的，应当谢绝当事人的委托，或者解除委托代理合同。

（二）律师的真实义务

律师不得伪造证据，不能为了诉讼意图或目的，非法改变证据的内容、形式或属性。

律师在收集证据过程中，应当以客观求实的态度对待证据材料，不得以自己对案件相关人员的好恶选择证据，不得以自己的主观想象去改变证据原有的形态及内容。

律师不得威胁、利诱他人提供虚假证据；不得利用他人的隐私及违法行为，胁迫他人提供与实际情况不符的证据材料；不得利用物质或各种非物质利益引诱他人提供虚假证据。

律师不得向司法机关和仲裁机构提交已明知是虚假的由他人提供的证据。

律师在已了解事实真相的情况下，不得为获得支持委托人诉讼主张或否定对方诉讼主张的司法裁判和仲裁而暗示委托人或有关人员出具无事实依据的证据。

律师作为必要证人出庭作证的，不得再接受委托担任该案的辩护人或代理人出庭。

（三）庭审仪表和举止规范

⑴庭审仪表规范。律师担任辩护人、代理人参加法庭审理，必须按照规定穿着律师出庭服装，注重律师职业形象。律师出庭服装应当保持洁净、平整、不破损。在出庭时，男律师不留披肩长发，女师不施浓妆，面容清洁，头发齐整，不佩戴过分醒目的饰物。

⑵举止规范。律师的庭审发言用词应当文明、得体，表达意见应当选用规范语言，尽可能使用普通话。不得使用脏话等不规范语言。律师庭审发言时应当举止庄重大方，可以辅以必要的手势，避免过于强烈的形体动作。

（四）司法评论与诉讼宣传规范

⑴律师不得在公共场合或向传媒散布、提供与司法人员及仲裁人员的任职资格和品行有关的轻率言论。

⑵在诉讼或仲裁案件终审前，承办律师不得通过传媒或在公开场合发布任何可能被合理地认为损害司法公正的言论。

（五）维护司法工作正当性与正派性规范

⑴律师应当遵守法庭、仲裁庭纪律，遵守出庭时间、举证时限、提交法律文书期限及其他程序性规定。律师不得借故延迟开庭，律师确有正当理由不能按期出庭的，应请求人民法院在不影响案件审理期限的情况下，另行安排开庭时间，并及时通知当事人及其委托的律师。

⑵在开庭审理过程中，律师应当尊重法庭、仲裁庭，服从审判长、首席仲裁员主持，不能当庭评论（包括批评和颂扬）审判人员、仲裁人员。对于庭审中存在的问题，可以在休庭后向法官、仲裁员个人或其主管部门口头或书面提出。

⑶律师在执业过程中，因对事实真假、证据真伪及法律适用是否正确而与诉讼相对方意见不一的，或为了向案件承办人提交新证据的，可以与案件承办人在司法机关指定场所内接触和交换意见。律师不得违反规定单方面会见法官。

⑷律师不得以不正当动机与司法、仲裁人员接触。

⑸律师不得向司法机关和仲裁机构人员馈赠财物，更不得以许诺回报或提供其

他便利（包括物质利益和非物质形态的利益）等方式，与承办案件的司法或仲裁人员进行交易。当事人委托的律师不得借法官或者其近亲属婚丧喜庆事宜馈赠礼品、金钱、有价证券等；不得向法官请客送礼、行贿或者指使、诱导当事人送礼、行贿；不得为法官装修住宅、购买商品或者出资邀请法官进行娱乐、旅游活动；不得为法官报销任何费用；不得向法官出借交通工具、通信工具或者其他物品。

当事人委托的律师不得假借法官的名义或者以联络、酬谢法官为由，向当事人索取财物或者其他利益。

⑹律师在代理案件之前及其代理过程中，不得向当事人宣称自己与受理案件法院的法官具有亲朋、同学、师生、曾经同事等关系，并不得利用这种关系或者以法律禁止的其他形式干涉或者影响案件的审判。

⑺律师不得明示或者暗示法官为其介绍代理、辩护等法律服务业务。

⑻律师不得以各种非法手段打听案情，不得违法误导当事人的诉讼行为。

三、律师职业内部规范

（一）律师在执业机构中的纪律

1. 律师的执业机构

律师事务所是律师的执业机构。《律师法》规定：律师事务所是律师的执业机构。律师必须在一家律师事务所内注册执业，才能够合法地履行职责，承办法律事务。依据《律师法》和有关行政规章的规定，律师事务所虽然是由律师组成的，但相对于律师个人而言，律师事务所是更为本位的制度。律师个人不能独立地以律师的身份承办法律事务，而必须通过律师事务所。与委托人签订法律服务合同的主体是律师事务所，而不是律师。律师因执业上的过错给委托人造成损失，也是由律师事务所负责赔偿。律师是受律师事务所的指派而为委托人提供法律服务。律师事务所还拥有一些由《律师法》和有关行政规章规定的对律师和律师事务所各类事务的管理权。因而在法律上，律师事务所具有相对独立于律师的法律地位。在某种意义上，律师事务所是最基本的律师事务的管理部门。律师事务所具有经营法律服务事务的法定权利，而律师个人虽然具有从事法律服务事务的权利，但却不能独立行使，而必须通过律师事务所。因此，律师事务所的性质是双重的，它既是法律服务事务的经营者，又是律师的管理者。根据《律师法》的规定，我国律师事务所目前共有国家出资设立的律师事务所、合伙律师事务所和个人律师事务所三种组织形式。国家出资设立的律师事务所，以该律师事务所的全部资产对其债务承担责任；合作律师事务所合伙人根据合伙形式承担责任；个人律师事务所设立人对该所的债务承担无限连带责任。

2. 律师在执业机构中的行为规范

根据《律师执业行为规范》的规定，律师在执业机构中的行为规范主要有：

⑴律师在承办受托事务时，对出现的不可克服的困难和风险应当及时向律师事务所报告。律师与委托人发生纠纷的，律师应当接受律师事务所的解决方案。

⑵律师因执业过错给律师事务所造成损失的，律师事务所有权向律师追究。

⑶律师对受其指派办理事务的辅助人员出现的错误，应当采取制止或者补救措施，并承担责任。

⑷律师变更执业机构的，应当按规定办理转所手续。转所后的律师，不得损害原所属律师事务所的利益，应当信守对其作出的保守商业秘密的承诺，不得为原所属律师事务所正在提供法律服务的委托人提供法律服务。接受转所律师的律师事务所应当在接受转所律师时注意排除不正当竞争因素，不得要求、纵容或协助转所律师从事有损于原所属律师事务所利益的行为。

（二）律师与同行之间的行为规范

从律师行业的整体上来说，所有律师构成了律师这样一个职业阶层。因此律师之间既有共同的整体利益，又有在具体的法律服务事务中的竞争。每个律师在处理与同行的关系时，既要维护自身的个体的利益，又要维护行业的整体利益。所谓维护行业的整体利益，就是每一个律师都有义务维护律师业在社会上的存在价值和生存环境。或者说，就是要遵守律师的行为准则和同行间的竞争规则，不得违反职业道德、执业纪律和从事不正当的竞争。只有这样，才能营造良好的行业内的融洽氛围，也才能得到社会各方面的积极评价，使全行业受益，推动律师业的向前发展。所以处理好同行关系的意义是非常重大的。根据《律师执业行为规范》的规定，律师与同行之间的行为规范主要有：

1. 尊重与合作

在尊重与合作方面，律师的行为规范有：

⑴律师和律师事务所不得阻挠或者拒绝委托人再委托其他律师和律师事务所参与同一事由的法律服务。

⑵就同一事由提供法律服务的律师之间应明确分工，相互协作，意见不一致时应当及时通报委托人决定。

⑶律师和律师事务所不得在公众场合及传媒上发表贬低、诋毁、损害同行声誉的言论。

⑷在庭审或谈判过程中各方律师应互相尊重，不得使用挖苦、讽刺或者侮辱性的语言。

2. 禁止不正当竞争

律师执业不正当竞争行为是指律师和律师事务所为了推广律师业务，违反自愿、平等、诚信原则和律师执业行为规范，违反法律服务市场及律师行业公认的行业准则。采用不正当手段与同行进行业务竞争，损害其他律师及律师事务所合法权益的行为。

⑴律师和律师事务所在与委托人及其他人员接触中，不得采用下列不正当手段与同行进行业务竞争：①故意诋毁、诽谤其他律师或律师事务所的信誉、声誉；②无正当理由，以在同行业收费水平以下收费为条件吸引客户，或采用承诺给予客户、中介人、推荐人回扣，馈赠金钱、财物的方式争揽业务；③故意在委托人与其代理律师之间制造纠纷；④向委托人明示或暗示律师或律师事务所与司法机关、政府机关、社会团体及其工作人员具有特殊关系，排斥其他律师或律师事务所；⑤就法律服务结果或司法诉讼的结果作出任何没有事实及法律根据的承诺；⑥明示或暗示可以帮助委托人达到不正当目的，或以不正当的方式、手段达到委托人的目的。

⑵律师或律师事务所在与行政机关或行业管理部门接触中，不得采用下列不正当手段与同行进行业务竞争：①借助行政机关或行业管理部门的权力，或通过与某机关、某部门、某行业对某一类的法律服务事务进行垄断的方式争揽业务；②没有法律依据地要求行政机关超越行政职权，限定委托人接受其指定的律师或律师事务所提供的法律服务，限制其他律师正当的业务竞争。

⑶律师和律师事务所在与司法机关及司法人员的接触中，不得采用下列不正当手段与同行进行业务竞争：①利用律师兼有的其他身份影响所承办业务的正常处理和审理；②在司法机关内及附近200米范围内设立律师广告牌和其他宣传媒介；③向司法机关和司法人员散发附带律师广告内容的物品。

⑷依照有关规定取得从事特定范围法律服务的执业律师和律师事务所不得采取下列不正当竞争的行为：①限制委托人接受经过法定机构认可的其他律师或律师事务所提供法律服务；②强制委托人接受其提供的或者由其指定的其他律师提供的法律服务；③对抵制上述行为的委托人拒绝、中断、拖延、削减必要的法律服务或者滥收费用。

⑸律师和律师事务所相互之间不得采用下列手段排挤竞争对手的公平竞争，损害委托人的利益或者社会公共利益：①串通抬高或者压低收费；②为低价收费，不正当获取其他律师和律师事务所收费报价或者其他提供法律服务的条件；③非

法泄露收费报价或者其他提供法律服务的条件等暂未公开的信息，损害所属律师事务所的合法权益。

⑹律师和律师事务所不得擅自或非法使用社会特有名称或知名度较高的名称以及代表其名称的标志、图形文字、代号以混淆、误导委托人。所称的社会特有名称或知名度较高的名称是指：①有关政党、国家行政机关、行业协会名称；②具有较高社会知名度的高等法学院校名称；③为社会公众共知、具有较高知名度的非律师公众人物名称；④知名律师以及律师事务所名称。

⑺律师和律师事务所不得伪造或者冒用法律服务质量名优标志、荣誉称号。使用已获得的律师以及律师事务所法律服务质量名优标志、荣誉称号的应当注明获得时间和期限。

四、律师与行业管理机构关系中的规范

司法行政机关的行政管理和律师协会的行业管理相结合，是我国目前的律师管理体制的主要特点。在这种体制中，律师既要接受律师协会的行业管理，也要接受司法行政机关的行政管理。根据《律师执业行为规范》的规定，律师与律师行业管理机构或行政管理机构关系中的行为规范主要有以下内容：

（一）接受行业管理和行政管理的义务

1. 律师和律师事务所应当遵守司法行政管理机关制定的有关律师管理的规定、律师协会制定的律师行业规范和规则。律师和律师事务所享有律师协会章程规定的权利，承担律师协会章程规定的义务。

2. 律师和律师事务所应当办理入会登记手续和年度登记手续。

3. 律师和律师事务所应当参加、完成律师协会组织的律师业务学习及考核。

4. 律师和律师事务所应当按时缴纳会费。

（二）重大事项报告义务

1. 律师和律师事务所参加国际性律师组织或者其他组织并为会员的，应当提前报律师协会批准。律师以中国律师身份参加境外国际性组织的，应当报律师协会备案；在上述会议作交流发言的，其发言内容亦应当报律师协会备案。

2. 律师和律师事务所因执业成为民事被告或被确定为犯罪嫌疑人或受到行政机关调查、处罚的，应当向律师协会作出书面报告。

（三）参与律师协会活动的义务

律师和律师事务所应当参加律师协会组织的律师业务研究活动，完成律师协

会布置的业务研究任务，参加律师协会布置的公益活动。

（四）自觉接受调解处理的义务

律师和律师事务所应当妥善处理律师执业中发生的各类纠纷，自觉接受律师协会及其相关机构的调解处理。律师和律师事务所应当认真履行律师协会就律师执业纠纷作出的裁决。

五、律师执业机构的行为规范

律师事务所是律师的执业机构。根据《律师和律师事务所违法行为处罚办法》和《律师执业行为规范》的规定，律师的执业机构也是律师职业行为规则的规范对象，也要承担某些职业责任。根据这些规定，律师执业机构的行为规范可以分为以下几个方面：

（一）对司法行政机关和律师协会的行为规范

1. 遵守向管理机关登记管理行为的义务。司法行政机关和律师协会是我国的律师管理机构。这种管理的重要内容之一就是对律师事务所的重大事项的登记管理。因此，律师事务所变更名称、住所、章程、合伙人等重大事项或者解散，应当报原审核部门。根据有关规定，律师事务所不得从事下列行为：⑴使用未经核定的律师事务所名称从事活动，或者擅自改变、出借律师事务所名称；⑵变更名称、章程、负责人、合伙人、住所、合伙协议等事项，不在规定的时间内办理变更登记；⑶将不符合规定条件的人员发展为合伙人、合作人或者推选为律师事务所负责人；⑷未经批准，擅自在住所以外的地方设立办公点、接待室，或者擅自设立分支机构。

2. 维护律师管理严肃性的义务。律师事务所不得从事下列行为：⑴向司法行政机关、律师协会提供虚假证明材料、隐瞒重要事实或者有其他弄虚作假行为；⑵允许或者默许受到停止执业处罚的本所律师继续执业；⑶采用出具或者提供律师事务所介绍信、律师服务专用文书、收费票据等方式，为尚未取得律师执业证的人员或者其他律师事务所的律师违法执业提供便利；⑷为未取得律师执业证的人员印制律师名片、标志或者出具其他有关律师身份证明，或者已知本所人员有上述行为而不予制止。

（二）内部管理上的行为规范

1. 财务管理规范。律师事务所不得从事下列行为：⑴不按规定统一接受委托、签订书面委托合同和收费合同，统一收取委托人支付的各项费用，或者不按规定统一保管、使用律师服务专用文书、财务票据、业务档案；⑵不向委托人开具律师服务收费合法票据，或者不向委托人提交办案费用开支有效凭证；⑶违反律师服务收费管理规定或者收费合同约定，擅自扩大收费范围，提高收费标准，或者索取规定、约定之外的其他费用。

2. 依法纳税。根据《律师法》《律师执业行为规范》等有关规定，律师事务所应当依法纳税。

3. 内部监督管理规范。律师事务所有义务通过建立律师事务所的规章制度和有效的管理措施，规范自身执业行为并监督律师认真遵守律师执业行为规范。律师事务所对本所律师执业行为负有监督的责任，对律师违规行为负有干预和补救的责任。律师事务所有义务对律师、实习律师、律师助理、法律实习生、行政人员等辅助人员在律师业务及职业道德方面给予指导和监督。

（三）对委托人的行为规范

律师事务所不得从事下列行为：

1. 利用媒体、广告或者其他方式进行不真实或者不适当的宣传。

2. 在同一案件中，委派本所律师为双方当事人或者有利益冲突的当事人代理、辩护，但本县（市）内只有一家律师事务所，并经双方当事人同意的除外。

3. 泄露当事人的商业秘密或者个人隐私。

（四）同行之间的行为规范

律师事务所不得从事下列行为：

1. 采取不正当手段，阻挠合伙人、合作人、律师退所。

2. 利用与司法机关、行政机关或者其他具有社会管理职能组织的关系，进行不正当竞争。

3. 捏造、散布虚假事实，损害、诋毁其他律师事务所和律师的声誉。

（五）其他行为规范

1. 不得向法官、检察官、仲裁员行贿。不得为承揽案件事前和事后给予有关人员任何物质的或非物质的利益。

2. 律师事务所应当建立健全人事、财务、业务、收费等内部管理制度。

3. 律师事务所应当与所内执业律师、其他工作人员签订聘用合同，并按期如实交纳事务所律师、其他工作人员的失业保险金、养老保险金、医疗社保金、住房公积金等社会保障费用。

4. 律师事务所按照章程组织律师开展业务工作，学习法律和国家政策，总结、交流工作经验。

5. 律师事务所不得投资兴办公司、直接参与商业性经营活动。

6. 律师事务所不得拒绝或疏怠履行有关国家机关、律师协会指派承担的法律援助和其他公益法律服务的义务。

第四节　律师惩戒制度

对律师的惩戒，包括律师协会对律师违规行为的惩戒和司法行政机关对律师违规行为的惩戒。

一、律师协会对律师违规行为的惩戒

（一）惩戒律师违规行为的法理基础

联合国《关于律师作用的基本原则》中专门规定了“纪律诉讼”，明确指出，应由法律界通过其有关机构或经由立法，按照本国法律和习惯以及公认的国际标准和准则，制定律师职业行为守则。联合国《关于律师作用的基本原则》第二十七条规定：“对在职律师所提出的指控或控诉按适当程序迅速、公正地加以处理。律师应有受公正审讯的权利，包括有权得到其本人选定的一名律师的协助。”第二十八条规定：“针对律师提出的纪律诉讼应提交由法律界建立的公正无私的纪律委员会处理或提交一个独立的法定机构或法院处理，并应接受独立的司法审查。”第二十九条规定：“所有纪律诉讼都应按照职业行为守则和其他公认的准则和律师职业道德规范并参照本基本原则进行判决。”由此可知，对律师的违规行为进行惩戒不仅是律师职业组织的一项权力，也是律师职业组织的一项“义务”。

为什么需要由律师协会对律师违规行为进行惩戒呢？美国学者德博拉•罗德等人认为，律师惩戒程序主要有三大功能：保护民众、维护司法正义以及维护公众对法律职业的信任。[1] 综合国内外学者的研究成果，我们认为，由律师协会对律师违规行为进行惩戒具有以下合理性依据：

1. 从维护律师职业自主性的角度。维护律师的独立自主，必须集合律师团体

[1] [美] 德博拉•罗德，戴维•鲁本. 法律伦理（下）[M]. 林利芝，译. 上海：新学林出版股份有限公司，2018：555.

的力量来运作，这是律师自律自治的依据。我国台湾地区学者林山田在谈到“法律人的社会角色”时曾指出，一般认为，律师属于自由职业，自由职业一个非常显著的特点就是自主性，然而这种自主性必须通过律师协会来运作，不是单打独斗，而是整体的运作。

2. 从保护社会公众的角度。前文提到律师职业有一个非常显著的特征——“专业性”，这种专业性意味着其对应的知识与技能并非一般人所具有的，这也是社会公众在遭遇法律难题时需要律师介入的重要原因。然而，也正是因为此专业性，导致律师与社会公众之间存在严重的信息不平等，社会公众无法对这种专业性进行检验，而律师同行之间则可谓“知己知彼”。因此，由律师职业组织对律师违规行为进行惩戒可以有效地保护社会公众。

3. 从律师苛责机制的角度。国家的所有苛责机制应各安其位，目前对于律师的苛责机制中，律师除了对委托人负有民事责任外，还有违反国家法秩序的行为，因此需要接受国家的行政处罚甚至是刑事处罚，这三种机制已经基本满足了当事人及国家不同主体之间的究责目的。律师之间的关系具有协同性，律师的行为不仅仅关乎其个人，还与其他律师及整个律师职业息息相关，呈现一种“一荣俱荣，一损俱损”的关系。因此，从维护律师职业整体形象及信誉的角度，惩戒也应由律师职业组织依据自治自律精神，对于违反纪律规定的律师予以纪律处分。

4. 从维护司法正义的角度。综观世界各国之律师角色，维护司法正义是律师职业的应有之义。律师职业不同于商业，其具有很强的公益性，法律服务也并非一般意义上的“商品”，而是一种公共服务。律师制度已经深深嵌入到每一个国家的司法制度中，不论是经济正义的实现，还是社会正义的实现，都十分关键。因此，从维护司法正义的角度，由律师职业组织对律师的违规行为进行惩戒也是必要的，更是必需的。

我国《律师法》第四十六条规定，律师协会应当制定行业规范和惩戒规则，对律师、律师事务所实施奖励和惩戒，受理对律师的投诉或者举报，调解律师执业活动中发生的纠纷，受理律师的申诉。《中华全国律师协会章程》第六条秉承了《律师法》第四十六条的立法原意，对中华全国律师协会的职责进行了规定，包括制定行业规范和惩戒规则，对律师、律师事务所实施奖励和惩戒，受理对律师的投诉或者举报，调解律师执业活动中发生的纠纷。《律师执业行为规范（试行）》第一百零三条规定，律师应当妥善处理律师执业中发生的纠纷，履行经律师协会调解达成的调解协议。第一百零四条规定，律师应当执行律师协会就律师执业纠纷作出的处理决定。律师应当履行律师协会依照法律、法规、规章及律师协会章程、规则作出的处分决定。此外，《律师执业行为规范（试行）》第一百零一条还规定，律师和律师事务所因执业行为成为刑、民事被告，或者受到行政机关调查、处罚的，应当向律师协会书面报告。2017 年 3 月，中华全国律师协会修订了《律师协会会员违规行为处分规则（试行）》，对律师协会就会员的违规行为实施纪律处分的基本规则进行了规定。

（二）惩戒律师违规行为的组织机构

根据《律师协会会员违规行为处分规则（试行）》第八至十条和第十二至十四条的规定，中华全国律师协会设立惩戒委员会，负责律师行业处分相关规则的制定及对地方律师协会处分工作的指导与监督。各省、自治区、直辖市律师协会及设区的市律师协会设立惩戒委员会，负责对违规会员进行处分。

对会员涉嫌违规案件的调查和纪律处分，由涉嫌违规行为发生时该会员所属律师协会管辖；被调查的会员执业所在的行政区域未设立律师协会的，由该区域所属省、自治区、直辖市律师协会管辖。被调查的会员在涉嫌违规行为发生后，加入其他地方律师协会的，该地方律师协会应当协助其原属律师协会进行调查。违规行为持续期间，被调查的会员先后加入 2 个以上地方律师协会的，所涉及律师协会均有调查和纪律处分的管辖权，由最先立案的律师协会行使管辖权。

惩戒委员会由具有 8 年以上执业经历和相关工作经验，或者具有律师行业管理经验，熟悉律师行业情况的人员组成。根据工作需要，可以聘请相关领域专家担任顾问。惩戒委员会的主任、副主任由同级律师协会会长办公会提名，经常务理事会或者理事会决定产生，任期与理事会任期相同。惩戒委员会的委员由同级律师协会常务理事会或者理事会采取选举、推选、决定等方式产生，任期与理事会任期相同。惩戒委员会的组成人员名单应报上一级律师协会备案。惩戒委员会日常工作机构为设在律师协会秘书处的投诉受理查处中心，职责是：⑴参与起草投诉受理查处相关规则和制度；⑵接待投诉举报；⑶对投诉举报进行初审，对于符合规定的投诉提交惩戒委员会受理；⑷负责向惩戒委员会转交上一级律师协会交办、督办的案件；⑸负责向下一级律师协会转办、督办案件；⑹负责与相关办案机关、司法行政机关和律师协会间的组织协调有关工作，参与投诉案件调查、处置、反馈工作；⑺定期开展对投诉工作的汇总、归档、通报、信息披露和回访；⑻研究起草惩戒工作报告；⑼其他应当由投诉中心办理的工作。

（三）惩戒律师违规行为的具体种类

根据《律师协会会员违规行为处分规则（试行）》第十五至十九条的规定，律师协会对会员的违规行为实施纪律处分的种类有：⑴训诫；⑵警告；⑶通报批评；

⑷公开谴责；⑸中止会员权利1个月以上1年以下；⑹取消会员资格。

训诫，是一种警示性的纪律处分措施，是最轻微的惩戒方式，适用于会员初次因过失违规或者违规情节显著轻微的情形。训诫采取口头或者书面方式实施。采取口头训诫的，应当制作笔录存档。警告，是一种较轻的纪律处分措施，适用于会员的行为已经构成了违规，但情节较轻，应当予以及时纠正和警示的情形。通报批评、公开谴责适用于会员故意违规、违规情节严重，或者经警告、训诫后再次违规的行为。中止会员权利1个月以上1年以下，是指在会员权利中止期间，暂停会员享有律师协会章程规定的全部会员权利，但并不免除该会员的义务。除口头训诫外，其他处分均需作出书面决定。

律师协会决定给予警告及以上处分的，可以同时责令违规会员接受专门培训或者限期整改。专门培训可以采取集中培训、增加常规培训课时或者律师协会认可的其他方式进行。限期整改是指要求违规会员依据律师协会的处分决定或者整改意见书履行特定义务，包括：⑴责令会员向委托人返还违规收取的律师服务费及其他费用；⑵责令会员因不尽职或者不称职服务而向委托人退还部分或者全部已收取的律师服务费；⑶责令会员返还违规占有的委托人提供的原始材料或者实物；⑷责令会员因利益冲突退出代理或者辞去委托；⑸责令会员向委托人开具合法票据、向委托人书面致歉或者当面赔礼道歉等；⑹责令就某类专项业务连续发生违规执业行为的律师事务所或者律师进行专项整改，未按要求完成整改的，另行给予单项处分；⑺律师协会认为必要的其他整改措施。

训诫、警告、通报批评、公开谴责、中止会员权利1个月以上1年以下的纪律处分由省、自治区、直辖市律师协会或者设区的市律师协会作出；取消会员资格的纪律处分由省、自治区、直辖市律师协会作出；设区的市律师协会可以建议省、自治区、直辖市律师协会依上述规则给予会员取消会员资格的纪律处分。省、自治区、直辖市律师协会或者设区的市律师协会拟对违规会员作出中止会员权利1个月以上1年以下的纪律处分决定时，可以事先或者同时建议同级司法行政机关依法对该会员给予相应期限的停业整顿或者停止执业的行政处罚；会员被司法行政机关依法给予相应期限的停业整顿或者停止执业行政处罚的，该会员所在的律师协会应当直接对其作出中止会员权利相应期限的纪律处分决定；省、自治区、直辖市律师协会拟对违规会员作出取消会员资格的纪律处分决定时，应当事先建议同级司法行政机关依法吊销该会员的执业证书；会员被司法行政机关依法吊销执业证书的，该会员所在的省、自治区、直辖市律师协会应当直接对其作出取消会员资格的纪律处分决定。

会员有下列情形之一的，可以从轻、减轻或免予处分：⑴初次违规并且情节显著轻微或轻微的；⑵承认违规并作出诚恳书面反省的；⑶自觉改正不规范执业行为的；⑷及时采取有效措施，防止不良后果发生或减轻不良后果的。

会员有下列情形之一的，应当从重处分：⑴违规行为造成严重后果的；⑵逃避、抵制和阻挠调查的；⑶对投诉人、证人和有关人员打击报复的；⑷曾因违规行为受过行业处分或受过司法行政机关行政处罚的。

（四）惩戒律师违规行为的具体事由

根据《律师协会会员违规行为处分规则（试行）》第四章的规定，律师协会惩戒律师违规行为的具体事由包括利益冲突行为、代理不尽责行为、泄露秘密或者隐私的行为、违规收案或收费的行为、不正当竞争行为、妨碍司法公正的行为、以不正当方式影响依法办理案件的行为、违反司法行政管理或者行业管理的行为等。

1. 利益冲突行为

根据《律师协会会员违规行为处分规则（试行）》第二十条的规定，具有以下利益冲突行为之一的，给予训诫、警告或者通报批评的纪律处分；情节严重的，给予公开谴责、中止会员权利3个月以下的纪律处分：⑴律师在同一案件中为双方当事人担任代理人，或代理与本人或者其近亲属有利益冲突的法律事务的；⑵律师办理诉讼或者非诉讼业务，其近亲属是对方当事人的法定代表人或者代理人的；⑶曾经亲自处理或者审理过某一事项或者案件的行政机关工作人员、审判人员、检察人员、仲裁员，成为律师后又办理该事项或者案件的；⑷同一律师事务所的不同律师同时担任同一刑事案件的被害人的代理人和犯罪嫌疑人、被告人的辩护人，但在该县区域内只有一家律师事务所且事先征得当事人同意的除外；⑸在民事诉讼、行政诉讼、仲裁案件中，同一律师事务所的不同律师同时担任争议双方当事人的代理人，或者本所或其工作人员为一方当事人，本所其他律师担任对方当事人的代理人的；⑹在非诉讼业务中，除各方当事人共同委托外，同一律师事务所的律师同时担任彼此有利害关系的各方当事人的代理人的；⑺在委托关系终止后，同一律师事务所或同一律师在同一案件后续审理或者处理中又接受对方当事人委托的；⑻担任法律顾问期间，为顾问单位的对方当事人或者有利益冲突的当事人代理、辩护的；⑼曾经担任法官、检察官的律师从人民法院、人民检察院离任后2年内，以律师身份担任诉讼代理人或者辩护人的；⑽担任所在律师事务所其他律师任仲裁员的仲裁案件代理人的；⑾其他依据律师执业经验和行业常识能够判断为应当主动回避且不得办理的利益冲突情形。

根据《律师协会会员违规行为处分规则（试行）》第二十一条的规定，未征得各方委托人的同意而从事以下代理行为之一的，给予训诫、警告或者通报批评的纪律处分：⑴接受民事诉讼、仲裁案件一方当事人的委托，而同所的其他律师是该案件中对方当事人的近亲属的；⑵担任刑事案件犯罪嫌疑人、被告人的辩护人，而同所的其他律师是该案件被害人的近亲属的；⑶同一律师事务所接受正在代理的诉讼案件或者非诉讼业务当事人的对方当事人所委托的其他法律业务的；⑷律师事务所与委托人存在法律服务关系，在某一诉讼或仲裁案件中该委托人未要求该律师事务所律师担任其代理人，而该律师事务所律师担任该委托人对方当事人的代理人的；⑸在委托关系终止后一年内，律师又就同一法律事务接受与原委托人有利害关系的对方当事人的委托的；⑹其他与上述第⑴至第⑸项情况相似，且依据律师执业经验和行业常识能够判断的其他情形。

2. 代理不尽责行为

根据《律师协会会员违规行为处分规则（试行）》第二十二条的规定，提供法律服务不尽责，具有以下情形之一的，给予训诫、警告或者通报批评的纪律处分；情节严重的，给予公开谴责、中止会员权利 3 个月以上 1 年以下或者取消会员资格的纪律处分：⑴超越委托权限，从事代理活动的；⑵接受委托后，无正当理由，不向委托人提供约定的法律服务的，拒绝辩护或者代理的，包括：不及时调查了解案情，不及时收集、申请保全证据材料，或者无故延误参与诉讼、申请执行，逾期行使撤销权、异议权等权利，或者逾期申请办理批准、登记、变更、披露、备案、公告等手续，给委托人造成损失的；⑶无正当理由拒绝接受律师事务所或者法律援助机构指派的法律援助案件的，或者接受指派后，拖延、懈怠履行或者擅自停止履行法律援助职责的，或者接受指派后，未经律师事务所或者法律援助机构同意，擅自将法律援助案件转交其他人员办理的；⑷因过错导致出具的法律意见书存在重大遗漏或者错误，给当事人或者第三人造成重大损失的，或者对社会公共利益造成危害的。

根据《律师协会会员违规行为处分规则（试行）》第二十三条的规定，利用提供法律服务的便利，具有以下情形之一的，给予训诫、警告或者通报批评的纪律处分；情节严重的，给予公开谴责、中止会员权利 3 个月以上 1 年以下或者取消会员资格的纪律处分：⑴利用提供法律服务的便利牟取当事人利益；接受委托后，故意损害委托人利益的；⑵接受对方当事人的财物及其他利益，与对方当事人、第三人恶意串通，向对方当事人、第三人提供不利于委托人的信息、证据材料，侵害委托人的权益；⑶为阻挠当事人解除委托关系，威胁、恐吓当事人或者扣留当事人提供的材料的。

3. 泄露秘密或者隐私的行为

根据《律师协会会员违规行为处分规则（试行）》第二十四至二十六条的规定，泄露当事人的商业秘密或者个人隐私的，给予警告、通报批评或者公开谴责的纪律处分；情节严重的，给予中止会员权利3个月以上6个月以下的纪律处分。违反规定披露、散布不公开审理案件的信息、材料，或者本人、其他律师在办案过程中获悉的有关案件重要信息、证据材料的，给予通报批评、公开谴责或者中止会员权利6个月以上1年以下的纪律处分；情节严重的，给予取消会员资格的纪律处分。泄漏国家秘密的，给予公开谴责、中止会员权利6个月以上1年以下的纪律处分；情节严重的，给予取消会员资格的纪律处分。

4. 违规收案或收费的行为

根据《律师协会会员违规行为处分规则（试行）》第二十七、二十八条的规定，违规收案、收费具有以下情形之一的，给予训诫、警告或者通报批评的纪律处分；情节严重的，给予公开谴责、中止会员权利1个月以上1年以下或者取消会员资格的纪律处分：⑴不按规定与委托人签订书面委托合同的；⑵不按规定统一接受委托、签订书面委托合同和收费合同，统一收取委托人支付的各项费用的，或者不按规定统一保管、使用律师服务专用文书、财务票据、业务档案的；⑶私自接受委托，私自向委托人收取费用，或者收取规定、约定之外的费用或者财物的；违反律师服务收费管理规定或者收费协议约定，擅自提高收费的；⑷执业期间以非律师身份从事有偿法律服务的；⑸不向委托人开具律师服务收费合法票据，或者不向委托人提交办案费用开支有效凭证的；⑹在实行政府指导价的业务领域违反规定标准收取费用，或者违反风险代理管理规定收取费用。

假借法官、检察官、仲裁员以及其他工作人员的名义或者以联络、酬谢法官、检察官、仲裁员以及其他工作人员为由，向当事人索取财物或者其他利益的，给予公开谴责或者中止会员权利3个月以上6个月以下的纪律处分。

5. 不正当竞争行为

根据《律师协会会员违规行为处分规则（试行）》第二十九条的规定，具有下列以不正当手段争揽业务的行为之一的，给予训诫、警告或者通报批评的纪律处分；情节严重的，给予公开谴责、中止会员权利1个月以上1年以下或者取消会员资格的纪律处分：⑴为争揽业务，向委托人作虚假承诺的；⑵向当事人明示或者暗示与办案机关、政府部门及其工作人员有特殊关系的；⑶利用媒体、广告或者其他方式进行不真实或者不适当宣传的；⑷以支付介绍费等不正当手段争揽业务的；⑸在事前和事后为承办案件的法官、检察官、仲裁员牟取物质的或非物质的利益，为了争揽案件事前和事后给予有关人员物质的或非物质利益的；⑹在司法机关、监管场所周边违规设立办公场所、散发广告、举牌等不正当手段争揽业务的。

根据《律师协会会员违规行为处分规则（试行）》第三十条的规定，具有下列不正当竞争行为之一的，给予通报批评、公开谴责或者中止会员权利 1 个月以上 1 年以下的纪律处分；情节严重的，给予取消会员资格的纪律处分：⑴捏造、散布虚假事实，损害、诋毁其他律师、律师事务所声誉的；⑵哄骗、唆使当事人提起诉讼，制造、扩大矛盾，影响社会稳定的；⑶利用与司法机关、行政机关或其他具有社会管理职能组织的关系，进行不正当竞争的。

6. 妨碍司法公正的行为

根据《律师协会会员违规行为处分规则（试行）》第三十一至三十三条的规定，承办案件期间，为了不正当目的，在非工作期间、非工作场所，会见承办法官、检察官、仲裁员或者其他有关工作人员，或者违反规定单方面会见法官、检察官、仲裁员的，给予中止会员权利 6 个月以上 1 年以下的纪律处分；情节严重的给予取消会员资格的纪律处分。

利用与法官、检察官、仲裁员以及其他有关工作人员的特殊关系，打探办案机关内部对案件的办理意见，承办其介绍的案件，影响依法办理案件的，给予中止会员权利 6 个月以上 1 年以下的纪律处分；情节严重的给予取消会员资格的纪律处分。向法官、检察官、仲裁员及其他有关工作人员行贿，许诺提供利益、介绍贿赂或者指使、诱导当事人行贿的，给予中止会员权利 6 个月以上 1 年以下的纪律处分；情节严重的给予取消会员资格的纪律处分。

7. 以不正当方式影响依法办理案件的行为

根据《律师协会会员违规行为处分规则（试行）》第三十四条的规定，影响司法机关依法办理案件，具有以下情形之一的，给予中止会员权利 6 个月以上 1 年以下的纪律处分；情节严重的给予取消会员资格的纪律处分：⑴未经当事人委托或者法律援助机构指派，以律师名义为当事人提供法律服务、介入案件，干扰依法办理案件的；⑵对本人或者其他律师正在办理的案件进行歪曲、有误导性的宣传和评论，恶意炒作案件的；⑶以串联组团、联署签名、发表公开信、组织网上聚集、声援等方式或者借个案研讨之名，制造舆论压力，攻击、诋毁司法机关和司法制度的；⑷煽动、教唆和组织当事人或者其他人员采用到司法机关或者其他国家机关静坐、举牌、打横幅、喊口号、声援、围观等扰乱公共秩序、危害公共安全的非法手段，聚众滋事，制造影响，向有关机关施加压力的；⑸发表、散布否定宪法确立的根本政治制度、基本原则和危害国家安全的言论，利用网络、媒体挑动对党和政府的不满，发起、参与危害国家安全的组织或者支持、参与、实施危害国家安全的活动的；⑹以歪曲事实真相、明显违背社会公序良俗等方式，发表恶意诽谤他人的言论，或者发表严重扰乱法庭秩序的言论的。

根据《律师协会会员违规行为处分规则（试行）》第三十五、三十六条的规定，不遵守法庭、仲裁庭纪律和监管场所规定、行政处理规则，具有以下情形之一的，给予中止会员权利6个月以上1年以下的纪律处分；情节严重的给予取消会员资格的纪律处分：⑴会见在押犯罪嫌疑人、被告人时，违反有关规定，携带犯罪嫌疑人、被告人的近亲属或者其他利害关系人会见，将通信工具提供给在押犯罪嫌疑人、被告人使用，或者传递物品、文件；⑵无正当理由，拒不按照人民法院通知出庭参与诉讼，或者违反法庭规则，擅自退庭；⑶聚众哄闹、冲击法庭，侮辱、诽谤、威胁、殴打司法工作人员或者诉讼参与人，否定国家认定的邪教组织的性质，或者有其他严重扰乱法庭秩序的行为。

故意向司法机关、仲裁机构或者行政机关提供虚假证据或者威胁、利诱他人提供虚假证据，妨碍对方当事人合法取得证据的，给予中止会员权利6个月以上1年以下的纪律处分；情节严重的给予取消会员资格的纪律处分。

8. 违反司法行政管理或者行业管理的行为

根据《律师协会会员违规行为处分规则（试行）》第三十七、三十八条的规定，同时在2个律师事务所以上执业的或同时在律师事务所和其他法律服务机构执业的，给予警告、通报批评或者公开谴责的纪律处分；情节严重的，给予中止会员权利1个月以上3个月以下的纪律处分。不服从司法行政管理或者行业管理，具有以下情形之一的，给予中止会员权利6个月以上1年以下的纪律处分；情节严重的给予取消会员资格的纪律处分：⑴向司法行政机关或者律师协会提供虚假材料、隐瞒重要事实或者有其他弄虚作假行为的；⑵在受到停止执业处罚期间，或者在律师事务所被停业整顿、注销后继续执业的；⑶因违纪行为受到行业处分后在规定的期限内拒不改正的。

根据《律师协会会员违规行为处分规则（试行）》第三十九条的规定，律师事务所疏于管理，具有下列情形之一的，给予警告、通报批评或者公开谴责的纪律处分；情节严重的，给予中止会员权利1个月以上6个月以下的纪律处分；情节特别严重的，给予取消会员资格的纪律处分：⑴不按规定建立健全执业管理和其他各项内部管理制度，规范本所律师执业行为，履行监管职责，对本所律师遵守法律、法规、规章及行业规范，遵守职业道德和执业纪律的情况不予监督，发现问题未及时纠正的；⑵聘用律师或者其他工作人员，不按规定与应聘者签订聘用合同，不为其办理社会统筹保险的；⑶不依法纳税的；⑷受到停业整顿处罚后拒不改正，或者在停业整顿期间继续执业的；⑸允许或者默许受到停止执业处罚的本所律师继续执业的；⑹未经批准，擅自在住所以外的地方设立办公点、接待室，或者擅自设立分支机构的；⑺恶意逃避律师事务所及其分支机构债务的；⑻律师事务所无正当理由拒绝接受法律援助机构指派的法律援助案件；或者接受指派后，不按规定及时安排本所律师承办法律援助案件或者拒绝为法律援助案件的办理提供条件和便利的；⑼允许或者默许本所律师为承办案件的法官、检察官、仲裁员牟取物质的或非物质的利益的；允许或者默许给予有关人员物质的或非物质利益的。

根据《律师协会会员违规行为处分规则（试行）》第四十条的规定，律师事务所具有下列情形之一的，给予警告、通报批评或者公开谴责的纪律处分；情节严重的，给予中止会员权利 1 个月以上 6 个月以下的纪律处分；情节特别严重的，给予取消会员资格的纪律处分：⑴使用未经核定的律师事务所名称从事活动，或者擅自改变、出借律师事务所名称的；⑵变更名称、章程、负责人、合伙人、住所、合伙人协议等事项，未在规定的时间内办理变更登记的；⑶采取不正当手段阻挠合伙人、合作人、律师退所的；⑷将不符合规定条件的人员发展为合伙人或者推选为律师事务所负责人的；⑸以独资、与他人合资或者委托持股方式兴办企业，并委派律师担任企业法定代表人、总经理职务，或者从事与法律服务无关的中介服务和其他经营性活动的；⑹采用出具或者提供律师事务所介绍信、律师服务专用文书、收费票据等方式，为尚未取得律师执业证书的人员或者其他律师事务所的律师违法执业提供便利的；⑺为未取得律师执业证的人员印制律师名片、标志或者出具其他有关律师身份证明，或者已知本所人员有上述行为而不制止的。

（五）惩戒律师违规行为的主要程序

根据《律师协会会员违规行为处分规则（试行）》第五章的规定，律师协会对律师违规行为进行惩戒时需要遵守如下程序，具体包括受理与立案、回避、调查、作出决定、复查等。

1. 受理与立案

根据《律师协会会员违规行为处分规则（试行）》第四十三至五十一条的规定，投诉人可以采用信函、邮件和直接来访等方式投诉，也可以委托他人代为投诉。对于没有投诉人投诉的会员涉嫌违规行为，律师协会有权主动调查并作出处分决定。律师协会受理投诉时应当要求投诉人提供具体的事实和相关证据材料。律师协会应当制作接待投诉记录，填写投诉登记表，妥善保管投诉材料，建立会员诚信档案。

接待投诉的工作人员应当完成以下工作：⑴当面投诉的，应当认真做好笔录，必要时征得投诉人同意可以录音。投诉时，无关人员不得在场旁听和询问；对记录的主要内容须经投诉人确认无误后签字或者盖章。⑵信函投诉的，应当做好收发登记、转办和保管等工作。口头或者电话投诉的，要耐心接听，认真记录，并告知投诉人应当提交的书面材料。⑶对司法行政机关委托律师协会调查的投诉案件，应当办理移交手续。

惩戒委员会应当在接到投诉之日起10个工作日内对案件作出是否立案的决定。具有下列情形之一的不予立案：⑴不属于本协会受理范围的；⑵不能提供相关证据材料或者证据材料不足的；⑶证据材料与投诉事实没有直接或者必然联系的；⑷匿名投诉或者投诉人身份无法核实，导致相关事实无法查清的；⑸超过处分时效的；⑹投诉人就被投诉会员的违规行为已提起诉讼、仲裁等司法程序案件的；⑺对律师协会已经处理过的违规行为，没有新的事由和证据而重复投诉的；⑻其他不应立案的情形。对不予立案的，律师协会应当在惩戒委员会决定作出之日起7个工作日内向投诉人书面说明不予立案的理由，但匿名投诉的除外。需由司法行政机关或者其他律师协会处理的投诉案件，律师协会应当制作转移处理书，随投诉资料移送有管辖权的部门，并告知投诉人。

律师协会惩戒委员会应当自立案之日起10个工作日内向投诉人、被调查会员发出书面立案通知。立案通知中应当载明立案的主要内容，有投诉人的，应当列明投诉人名称、投诉内容等事项；投诉人递交了书面投诉文件的，可以将投诉文件的副本与通知一并送达被调查会员；该通知应当要求被调查会员在20个工作日内作出书面申辩，并有义务在同一期限内提交业务档案等书面材料。送达立案通知时，同时告知本案调查组组成人员和日常工作机构工作人员名单，告知被调查会员有申请回避的权利。

2. 回避

根据《律师协会会员违规行为处分规则（试行）》第五十二至五十四条的规定，惩戒委员会委员有下列情形之一的，应当自行回避，投诉人、被调查会员也有权向律师协会申请其回避：⑴本人与本案投诉人或者被调查的会员有近亲属关系的；⑵与本案被调查会员在同一律师事务所执业的；⑶被调查会员为本人所在的律师事务所的；⑷其他可能影响案件公正处理的情形。前面的规定，也适用于惩戒委员会日常工作机构工作人员。律师协会、惩戒委员会、日常工作机构等机构不属于被申请回避的主体，不适用回避。

惩戒委员会主任的回避由所在律师协会会长或者主管惩戒工作的副会长决定；副主任的回避由惩戒委员会主任决定。惩戒委员会委员的回避，由惩戒委员会主任或者副主任决定。被调查会员提出回避申请的，应当说明理由，并在申辩期限内提出。对提出的回避申请，律师协会或者惩戒委员会应当在申请提出的3个工作日内，以口头或者书面形式作出决定，并记录在案，此决定为终局决定。

3. 调查

根据《律师协会会员违规行为处分规则（试行）》第五十五至五十八条的规定，惩戒委员会对决定立案调查的案件应当委派2名以上委员组成调查组进行调查，并出具调查函。重大、疑难、复杂案件可以成立由惩戒委员会委员和律师协会邀请的相关部门人员组成联合调查组进行共同调查。调查人员应当全面、客观、公正的调查案情。调查范围不受投诉内容的限制。调查发现投诉以外的其他违纪违规行为的，应当一并调查，无须另行立案。发现其他会员有与本案关联的涉嫌违规行为的，律师协会可以依职权进行调查。

调查人员可以询问被调查会员，出示相关材料，并制作笔录。被调查会员拒绝提交业务档案、拒绝回答询问或者拒绝申辩的，视为逃避、抵制和阻挠调查，应当从重处分。调查人员可以通过电话、电子邮件或者直接与投诉人面对面调查等调查方式进行，要求投诉人提供相关证据材料。

调查人员应当按照所在省、自治区、直辖市律师协会规定的期限完成调查工作，并在调查、收集、整理、归纳、分析全部案卷调查材料的基础上，形成本案的调查终结报告，报告应当载明会员行为是否构成违规，是否建议给予相应的纪律处分。与案件有直接关联的事实或者争议进入诉讼、仲裁程序或者发生其他导致调查无法进行的情形的，经惩戒委员会主任及主管会长批准可以中止调查，待相关程序结束后或者相关情形消失后，再行决定是否恢复调查，中止期间不计入调查时限。

4. 作出决定

根据《律师协会会员违规行为处分规则（试行）》的规定，纪律处分的决定程序主要包括听证、评议、审核、送达等程序。

⑴听证。根据《律师协会会员违规行为处分规则（试行）》第五十九至六十二条的规定，惩戒委员会在作出处分决定前，应当告知被调查会员有要求听证的权利。被调查会员要求听证的，应当在惩戒委员会告知后的7个工作日内提出书面听证申请；惩戒委员会认为有必要举行听证的，可以组成听证庭进行。决定举行听证的案件，律师协会应当在召开听证庭7个工作日前向被调查的会员送达《听

证通知书》，告知其听证庭的时间、地点、听证庭组成人员名单及可以申请回避等事项，并通知案件相关人员。《听证通知书》除直接送达外，可以委托被调查会员所在律师事务所送达，也可以邮寄送达。被调查会员应当按期参加听证，有正当理由要求延期的，经批准可以延期一次，未申请延期并且未按期参加听证的，视为放弃听证权利。被调查会员不陈述、不申辩或者不参加听证的视为放弃，不影响惩戒委员会作出决定。

听证庭成员由惩戒委员会 3 ～ 5 名委员担任，调查人员不得担任听证庭成员。听证庭依照以下程序进行：①询问被调查会员是否申请听证庭组成人员回避；②投诉人陈述投诉的事实、理由和投诉请求，投诉人未到庭的，不影响听证程序进行，由调查人员宣读投诉书；被调查会员有权进行申辩；调查人员陈述调查的事实，被调查会员、投诉人对调查的事实发表意见；③听证庭组成人员可以就案件有关事实向各方进行询问；④听证应当制作笔录，笔录应当交被调查会员、投诉人审核无误后签字或者盖章。听证庭根据查明的事实，在充分考虑各方意见基础上，拟定评议报告交惩戒委员会集体作出决定。

⑵评议。根据《律师协会会员违规行为处分规则（试行）》第六十三至六十五条的规定，惩戒委员会应当在听取或者审阅听证庭评议报告或者调查终结报告后集体作出决定。会议应当有 2/3 以上的委员出席，决定由出席会议委员的 1/2 以上多数通过，如评议出现三种以上意见，且均不过半数时，将最不利于被调查会员的意见票数依次计入次不利于被调查会员的票数，直至超过半数为止。调查人员和应回避人员不参加表决，不计入出席会议委员基数。

惩戒委员会成员及其工作人员应当严格遵守工作纪律，对决定评议情况保密。惩戒委员会会议作出决定后，应当制作书面决定书，决定书应当载明下列事项：①投诉人的基本信息；②被调查会员的基本信息、律师执业证书号码、所在律师事务所；③投诉的基本事实和诉求；④被调查会员的答辩意见；⑤惩戒委员会依据相关证据查明的事实；⑥惩戒委员会对本案作出的决定及其依据；⑦申请复查的权利、期限；⑧作出决定的律师协会名称；⑨作出决定的日期；⑩其他应当载明的事项。

⑶审核。根据《律师协会会员违规行为处分规则（试行）》第六十六条的规定，决定书经惩戒委员会主任审核后，由律师协会会长或者主管副会长签发。处分决定书应当在签发后的 15 个工作日内，由律师协会送达被调查会员，同时将决定书报上一级律师协会备案。惩戒委员会作出撤销案件、不予处分的决定书应当在签发后 10 个工作日内由律师协会日常工作机构人员送达投诉人、被调查会员。

达成和解或者投诉人撤销投诉，但是涉嫌违规的行为应当予以处分的，可以继续进行处分程序，必要时应当依照《律师协会会员违规行为处分规则（试行）》第四十四条的规定启动调查程序。

⑷送达。根据《律师协会会员违规行为处分规则（试行）》第六十七至七十三条的规定，决定书可以直接送达，也可以通过邮寄方式送达。决定书送达应当由受送达人在送达回证上注明收到日期并签名盖章，受送达人在送达回证上的签收日期为送达日期。决定书采用邮寄方式送达的，以挂号回证上注明的收件日期为送达日期。

受送达人是个人会员的，可以由其所在律师事务所主任、行政主管或者其他合伙人签收；受送达人是团体会员的，可以交其律师事务所主任、行政主管或者合伙人签收。受送达人拒收时，可以由送达人邀请律师协会理事或者律师代表作为见证人到场，说明情况，在送达回证上记明拒收事由和日期，由送达人、见证人签名，把决定书留在受送达人的住所或者其所在律师事务所的住所，视为送达。

会员对惩戒委员会作出的处分决定未在规定的期限内申请复查的，或者申请复查后由复查委员会作出维持或者变更原处分决定的，为生效的处分决定。生效的处分决定由该决定书生效时直接管理被处分会员的律师协会执行。惩戒委员会认为会员的违规行为依法应当给予行政处罚的，应当及时移送有管辖权的司法行政机关，并向其提出处罚建议。同一个违法行为已被行政处罚的不再建议行政处罚。投诉的案件涉及违反《律师法》《律师和律师事务所违法行为处罚办法》可能构成刑事犯罪的，或有重大社会影响的，惩戒委员会应及时报告同级司法行政机关和上一级律师协会。

训诫、警告处分决定应当由作出决定的律师协会告知所属律师事务所。重大典型律师违法违规案件和律师受到通报批评处分决定生效的，应当在本地区律师行业内进行通报。公开谴责及以上处分决定生效的，应当向社会公开披露。因严重违法违规行为受到吊销执业证书、取消会员资格等行政处罚、行业处分决定生效的和社会关注度较高的违法违规案件，可以通过官方网站、微博、微信、报刊、新闻发布会等形式向社会披露。

5. 复查

根据《律师协会会员违规行为处分规则（试行）》第七十四至八十条的规定，各省、自治区、直辖市律师协会应设立会员处分复查委员会，负责受理复查申请和作出复查决定。复查委员会应当由业内和业外人士组成。业内人士包括：执业律师、律师协会及司法行政机关工作人员；业外人士包括：法学界专家、教授；

司法机关或者其他机关、组织的有关人员。复查委员会的主任、副主任由同级律师协会会长办公会提名，经常务理事会或者理事会决定产生，任期与理事会任期相同。复查委员会的委员由同级律师协会常务理事会或者理事会采取选举、推选、决定等方式产生，任期与理事会任期相同。

各省、自治区、直辖市律师协会和设区的市律师协会惩戒委员会委员不能同时成为复查委员会组成人员，不得参与其所在地方律师协会会员处分的复查案件。复查委员会应当履行下列职责：⑴受理复查申请；⑵审查申请复查事项；⑶作出复查决定；⑷其他职责。本案被调查会员对省、自治区、直辖市律师协会或者设区的市律师协会惩戒委员会作出的处分决定不服的，可以在决定书送达之次日起的 15 个工作日内向所在省、自治区、直辖市律师协会复查委员会申请复查。省、自治区、直辖市律师协会秘书长办公会议或者复查委员会主任、副主任集体认为本地区各律师协会惩戒委员会所作出的处分决定可能存在事实认定不清，或者适用法律、法规、规范错误，或调查、作出决定的程序不当的，有权在该处分决定做出后一年内提请复查委员会启动复查程序。

申请复查的会员为申请人应当具备以下条件：⑴所申请复查的决定应当是本省、自治区、直辖市律师协会惩戒委员会或者设区的市律师协会惩戒委员会作出的；⑵复查申请应当包括具体的复查请求、事实和证据；⑶复查申请必须在规定的期限内提出。复查申请应当以书面形式提出，内容包括：⑴申请人的姓名或者单位名称、地址、执业证书号码及电话等；⑵作出原决定的律师协会惩戒委员会名称；⑶复查申请的具体事实、理由、证据和要求等；⑷提起复查申请的日期；⑸惩戒委员会处分决定书。

二、司法行政机关对律师违规行为的惩戒

（一）司法行政机关对律师的处罚

司法行政机关对律师的处罚，在学理上，常常用“律师行政法律责任”予以替代。所谓的“律师行政法律责任”，是指律师个人违反《律师法》进行违法执业行为所应承担的行政法律后果。行政法律责任是一种常见的、适用面较为广泛且灵活的法律责任形式，也是《律师法》引入刑罚理论用以丰富和发展行政处罚的有益尝试。

根据《律师法》第四十七条之规定，律师有下列行为之一的，由设区的市级或者直辖市的区人民政府司法行政部门给予警告，可以处 5000 元以下的罚款；有

违法所得的，没收违法所得；情节严重的，给予停止执业3个月以下的处罚：⑴同时在2个以上律师事务所执业的：⑵以不正当手段承揽业务的：⑶在同一案件中为双方当事人担任代理人，或者代理与本人及其近亲属有利益冲突的法律事务的；⑷从人民法院、人民检察院离任后2年内担任诉讼代理人或者辩护人的；⑸拒绝履行法律援助义务的。

根据《律师法》第四十八条之规定，律师有下列行为之一的，由设区的市级或者直辖市的区人民政府司法行政部门给予警告，可以处1万元以下的罚款；有违法所得的，没收违法所得；情节严重的，给予停止执业3个月以上6个月以下的处罚：⑴私自接受委托、收取费用，接受委托人财物或者其他利益的；⑵接受委托后，无正当理由，拒绝辩护或者代理，不按时出庭参加诉讼或者仲裁的；⑶利用提供法律服务的便利牟取当事人争议的权益的；⑷泄露商业秘密或者个人隐私的。

根据《律师法》第四十九条之规定，律师有下列行为之一的，由设区的市级或者直辖市的区人民政府司法行政部门给予停止执业6个月以上1年以下的处罚，可以处5万元以下的罚款；有违法所得的，没收违法所得；情节严重的，由省、自治区、直辖市人民政府司法行政部门吊销其律师执业证书；构成犯罪的，依法追究刑事责任：⑴违反规定会见法官、检察官、仲裁员以及其他有关工作人员，或者以其他不正当方式影响依法办理案件的；⑵向法官、检察官、仲裁员以及其他有关工作人员行贿，介绍贿赂或者指使、诱导当事人行贿的；⑶向司法行政部门提供虚假材料或者有其他弄虚作假行为的；⑷故意提供虚假证据或者威胁、利诱他人提供虚假证据，妨碍对方当事人合法取得证据的；⑸接受对方当事人财物或者其他利益，与对方当事人或者第三人恶意串通，侵害委托人权益的；⑹扰乱法庭、仲裁庭秩序，干扰诉讼、仲裁活动的正常进行的；⑺煽动、教唆当事人采取扰乱公共秩序、危害公共安全等非法手段解决争议的；⑻发表危害国家安全、恶意诽谤他人、严重扰乱法庭秩序的言论的；⑼泄露国家秘密的。律师因故意犯罪受到刑事处罚的，由省、自治区、直辖市人民政府司法行政部门吊销其律师执业证书。

《律师和律师事务所违法行为处罚办法》对《律师法》第四十七条、第四十八条、第四十九条的规定进行了具体化规定，律师应予处罚的情形如下：

1. 同时在两个以上律师事务所执业的

有下列情形之一的，属于《律师法》第四十七条第一项规定的律师“同时在两个以上律师事务所执业的”违法行为：⑴在律师事务所执业的同时又在其他律师事务所或者社会法律服务机构执业的；⑵在获准变更执业机构前以拟变更律师事务所律师的名义承办业务，或者在获准变更后仍以原所在律师事务所律师的名义承办业务的。

2. 以不正当手段承揽业务的

有下列情形之一的，属于《律师法》第四十七条第二项规定的律师“以不正当手段承揽业务的”违法行为：⑴以误导、利诱、威胁或者作虚假承诺等方式承揽业务的；⑵以支付介绍费、给予回扣、许诺提供利益等方式承揽业务的；⑶以对本人及所在律师事务所进行不真实、不适当宣传或者诋毁其他律师、律师事务所声誉等方式承揽业务的；⑷在律师事务所住所以外设立办公室、接待室承揽业务的。

3. 在同一案件中为双方当事人担任代理人，或者代理与本人及其近亲属有利益冲突的法律事务的

有下列情形之一的，属于《律师法》第四十七条第三项规定的律师“在同一案件中为双方当事人担任代理人，或者代理与本人及其近亲属有利益冲突的法律事务的”违法行为：⑴在同一民事诉讼、行政诉讼或者非诉讼法律事务中同时为有利益冲突的当事人担任代理人或者提供相关法律服务的；⑵在同一刑事案件中同时为被告人和被害人担任辩护人、代理人，或者同时为2名以上的犯罪嫌疑人、被告人担任辩护人的；⑶担任法律顾问期间，为与顾问单位有利益冲突的当事人提供法律服务的；⑷曾担任法官、检察官的律师，以代理人、辩护人的身份承办原任职法院、检察院办理过的案件的；⑸曾经担任仲裁员或者仍在担任仲裁员的律师，以代理人身份承办本人原任职或者现任职的仲裁机构办理的案件的。

4. 从人民法院、人民检察院离任后2年内担任诉讼代理人或者辩护人的

曾经担任法官、检察官的律师，从人民法院、人民检察院离任后2年内，担任诉讼代理人、辩护人或者以其他方式参与所在律师事务所承办的诉讼法律事务的，属于《律师法》第四十七条第四项规定的“从人民法院、人民检察院离任后2年内担任诉讼代理人或者辩护人的”违法行为。

5. 拒绝履行法律援助义务的

有下列情形之一的，属于《律师法》第四十七条第五项规定的律师“拒绝履行法律援助义务的”违法行为：⑴无正当理由拒绝接受律师事务所或者法律援助机构指派的法律援助案件的；⑵接受指派后，懈怠履行或者擅自停止履行法律援助职责的。

6. 私自接受委托、收取费用，接受委托人财物或者其他利益的

有下列情形之一的，属于《律师法》第四十八条第一项规定的律师“私自接

受委托、收取费用，接受委托人财物或者其他利益的”违法行为：⑴违反统一接受委托规定或者在被处以停止执业期间，私自接受委托，承办法律事务的；⑵违反收费管理规定，私自收取、使用、侵占律师服务费以及律师异地办案差旅费用的；⑶在律师事务所统一收费外又向委托人索要其他费用、财物或者获取其他利益的；⑷向法律援助受援人索要费用或者接受受援人的财物或者其他利益的。

7. 接受委托后，无正当理由，拒绝辩护或者代理，不按时出庭参加诉讼或者仲裁的

律师接受委托后，除有下列情形之外，拒绝辩护或者代理，不按时出庭参加诉讼或者仲裁的，属于《律师法》第四十八条第二项规定的违法行为：⑴委托事项违法，或者委托人利用律师提供的法律服务从事违法活动的；⑵委托人故意隐瞒与案件有关的重要事实或者提供虚假、伪造的证据材料的；⑶委托人不履行委托合同约定义务的；⑷律师因患严重疾病或者受到停止执业以上行政处罚的；⑸其他依法可以拒绝辩护、代理的情形。

8. 利用提供法律服务的便利牟取当事人争议的权益的

有下列情形之一的，属于《律师法》第四十八条第三项规定的律师“利用提供法律服务的便利牟取当事人争议的权益的”违法行为：⑴采用诱导、欺骗、胁迫、敲诈等手段获取当事人与他人争议的财物、权益的；⑵指使、诱导当事人将争议的财物、权益转让、出售、租赁给他人，并从中获取利益的。

9. 泄露商业秘密或者个人隐私的

律师未经委托人或者其他当事人的授权或者同意，在承办案件的过程中或者结束后，擅自披露、散布在执业中知悉的委托人或者其他当事人的商业秘密、个人隐私或者其他不愿泄露的情况和信息的，属于《律师法》第四十八条第四项规定的“泄露商业秘密或者个人隐私的”违法行为。

10. 违反规定会见法官、检察官、仲裁员以及其他有关工作人员，或者以其他不正当方式影响依法办理案件的

有下列情形之一的，属于《律师法》第四十九条第一项规定的律师“违反规定会见法官、检察官、仲裁员以及其他有关工作人员，或者以其他不正当方式影响依法办理案件的”违法行为：⑴在承办代理、辩护业务期间，以影响案件办理结果为目的，在非工作时间、非工作场所会见法官、检察官、仲裁员或者其他有关工作人员的；⑵利用与法官、检察官、仲裁员或者其他有关工作人员的特殊关系，影响依法办理案件的；⑶以对案件进行歪曲、不实、有误导性的宣传或者诋毁有关办案机关和工作人员以及对方当事人声誉等方式，影响依法办理案件的。

11. 向法官、检察官、仲裁员以及其他有关工作人员行贿，介绍贿赂或者指使、诱导当事人行贿的

有下列情形之一的，属于《律师法》第四十九条第二项规定的律师“向法官、检察官、仲裁员以及其他有关工作人员行贿，介绍贿赂或者指使、诱导当事人行贿的”违法行为：⑴利用承办案件的法官、检察官、仲裁员以及其他工作人员或者其近亲属举办婚丧喜庆事宜等时机，以向其馈赠礼品、金钱、有价证券等方式行贿的；⑵以装修住宅、报销个人费用、资助旅游娱乐等方式向法官、检察官、仲裁员以及其他工作人员行贿的；⑶以提供交通工具、通信工具、住房或者其他物品等方式向法官、检察官、仲裁员以及其他工作人员行贿的；⑷以影响案件办理结果为目的，直接向法官、检察官、仲裁员以及其他工作人员行贿、介绍贿赂或者指使、诱导当事人行贿的。

12. 向司法行政部门提供虚假材料或者有其他弄虚作假行为的

有下列情形之一的，属于《律师法》第四十九条第三项规定的律师“向司法行政部门提供虚假材料或者有其他弄虚作假行为的”违法行为：⑴在司法行法政机关实施检查、监督工作中，向其隐瞒真实情况，拒不提供或者提供不实、虚假材料，或者隐匿、毁灭、伪造证据材料的；⑵在参加律师执业年度考核、执业评价、评先创优活动中，提供不实、虚假、伪造的材料或者有其他弄虚作假行为的；⑶在申请变更执业机构、办理执业终止、注销等手续时，提供不实、虚假、伪造的材料的。

13. 故意提供虚假证据或者威胁、利诱他人提供虚假证据，妨碍对方当事人合法取得证据的

有下列情形之一的，属于《律师法》第四十九条第四项规定的律师“故意提供虚假证据或者威胁、利诱他人提供虚假证据，妨碍对方当事人合法取得证据的”违法行为：⑴故意向司法机关、行政机关或者仲裁机构提交虚假证据，或者指使、威胁、利诱他人提供虚假证据的；⑵指示或者帮助委托人或者他人伪造、隐匿、毁灭证据，指使或者帮助犯罪嫌疑人、被告人串供，威胁、利诱证人不作证或者作伪证的；⑶妨碍对方当事人及其代理人、辩护人合法取证的，或者阻止他人向案件承办机关或者对方当事人提供证据的。

14. 接受对方当事人财物或者其他利益，与对方当事人或者第三人恶意串通，侵害委托人权益的

有下列情形之一的，属于《律师法》第四十九条第五项规定的律师“接受对方当事人财物或者其他利益，与对方当事人或者第三人恶意串通，侵害委托人权

益的”违法行为：(1)向对方当事人或者第三人提供不利于委托人的信息或者证据材料的；(2)与对方当事人或者第三人恶意串通、暗中配合，妨碍委托人合法行使权利的；(3)接受对方当事人财物或者其他利益，故意延误、懈怠或者不依法履行代理、辩护职责，给委托人及委托事项的办理造成不利影响和损失的。

15. 扰乱法庭、仲裁庭秩序，干扰诉讼、仲裁活动的正常进行的

有下列情形之一的，属于《律师法》第四十九条第六项规定的律师“扰乱法庭、仲裁庭秩序，干扰诉讼、仲裁活动的正常进行的”违法行为：(1)在法庭、仲裁庭上发表或者指使、诱导委托人发表扰乱诉讼、仲裁活动正常进行的言论的；(2)阻止委托人或者其他诉讼参与人出庭，致使诉讼、仲裁活动不能正常进行的；(3)煽动、教唆他人扰乱法庭、仲裁庭秩序的；(4)无正当理由，当庭拒绝辩护、代理，拒绝签收司法文书或者拒绝在有关诉讼文书上签署意见的。

16. 煽动、教唆当事人采取扰乱公共秩序、危害公共安全等非法手段解决争议的

有下列情形之一的，属于《律师法》第四十九条第七项规定的律师“煽动、教唆当事人采取扰乱公共秩序、危害公共安全等非法手段解决争议的”违法行为：(1)煽动、教唆当事人采取非法集会、游行示威，聚众扰乱公共场所秩序、交通秩序，围堵、冲击国家机关等非法手段表达诉求，妨害国家机关及其工作人员依法履行职责，抗拒执法活动或者判决执行的；(2)利用媒体或者其他方式，煽动、教唆当事人以扰乱公共秩序、危害公共安全等手段干扰诉讼、仲裁及行政执法活动正常进行的。

17. 发表危害国家安全、恶意诽谤他人、严重扰乱法庭秩序的言论的

有下列情形之一的，属于《律师法》第四十九条第八项规定的律师“发表危害国家安全、恶意诽谤他人、严重扰乱法庭秩序的言论的”违法行为：(1)在承办代理、辩护业务期间，发表、散布危害国家安全，恶意诽谤法官、检察官、仲裁员及对方当事人、第三人，严重扰乱法庭秩序的言论的；(2)在执业期间，发表、制作、传播危害国家安全的言论、信息、音像制品或者支持、参与、实施以危害国家安全为目的活动的。

18. 泄露国家秘密的

律师违反保密义务规定，故意或者过失泄露在执业中知悉的国家秘密的，属于《律师法》第四十九条第九项规定的“泄露国家秘密的”违法行为。

课后练习题：

1. 刘律师出身建筑世家并曾就读建筑专业，现主要从事施工纠纷法律服务。开发商李某因开发的楼房倒塌被诉至法院，欲委托刘律师代理诉讼。关于接受委托和代理案件，刘律师的下列哪些做法符合律师职业有关规定？（ ）

A. 接受委托，了解并运用建筑和房地产知识分析案件，寻求对李某有利的理由

B. 接受委托，告知李某楼房倒塌系建筑风水原因，使其接受败诉结果

C. 明知不懂房地产开发业务会影响代理效果，但为经济效益极力宣扬建筑世家背景并接受委托

D. 考虑到不懂房地产业务会影响代理效果，决定不接受委托

[**答案**]AD

[**解析**]

A 选项正确。《律师执业行为规范（试行）》第三十六条规定：“律师应当充分运用专业知识，依照法律和委托协议完成委托事项，维护委托人或者当事人的合法权益。”因此，本题 A 选项中，刘律师的行为符合该条的规定。

B 选项错误。《律师法》第三条第二款规定：“律师执业必须以事实为根据，以法律为准绳。”根据《律师执业行为规范（试行）》第四十四条的规定：“律师根据委托人提供的事实和证据，依据法律规定进行分析，向委托人提出分析性意见。”据此可知，B 选项中，刘律师依据封建迷信思想向委托人就案件的判决结果作出承诺的行为是不符合律师执业有关规定的。

C 选项错误。《律师执业行为规范（试行）》第三十二、三十三条规定：“律师和律师事务所不得进行歪曲事实和法律，或者可能使公众对律师产生不合理期望的宣传。”“律师和律师事务所可以宣传所从事的某一专业法律服务领域，但不得自我声明或者暗示其被公认或者证明为某一专业领域的权威或专家。”据此可知，C 选项中，刘律师为了谋取代理业务而向委托人作出虚假宣传的行为是不符合律师执业有关规定的。

D 选项正确。《律师法》第二条第二款规定：“律师应当维护当事人合法权益，维护法律正确实施，维护社会公平和正义。”据此可知，维护受托人的合法利益是律师的职责，本题中，如果刘律师专业知识欠缺，在考虑到不能更好地维护委托人的合法利益的情况下，拒绝委托是符合律师职业有关规定的。

2. 律师事务所应当建立健全执业管理和各项内部管理制度，履行监管职责，规范本所律师执业行为。根据《律师事务所管理办法》，某律师事务所下列哪一做

法是正确的？（　）

A. 委派钟律师担任该所出资成立的某信息咨询公司的总经理

B. 合伙人会议决定将年度考核不称职的刘律师除名，报县司法局和律协备案

C. 对本所律师执业表现和遵守职业道德情况进行考核，报律协批准后给予奖励

D. 对受到 6 个月停止执业处罚的祝律师，在其处罚期满 1 年后，决定恢复其合伙人身份

[**答案**]B

[**解析**]

A 选项错误。《律师事务所管理办法》第四十四条规定："律师事务所应当在法定业务范围内开展业务活动，不得以独资、与他人合资或者委托持股方式兴办企业，并委派律师担任企业法定代表人、总经理职务，不得从事与法律服务无关的其他经营性活动。"

B 选项正确。《律师事务所管理办法》第四十三条规定："律师事务所应当建立违规律师辞退和除名制度，对违法违规执业、违反本所章程及管理制度或者年度考核不称职的律师，可以将其辞退或者经合伙人会议通过将其除名，有关处理结果报所在地县级司法行政机关和律师协会备案。"合伙人会议决定将年度考核不称职的刘律师除名，报县司法局和律协备案符合规定。

C 选项错误。《律师事务所管理办法》第五十八条规定："律师事务所应当建立律师执业年度考核制度，按照规定对本所律师的执业表现和遵守职业道德、执业纪律的情况进行考核，评定等次，实施奖惩，建立律师执业档案和诚信档案。"该所对本所律师执业表现和遵守职业道德情况进行考核后，应实施奖惩，建立律师执业档案和诚信档案。

D 选项错误。《律师事务所管理办法》第五十七条第二款规定："已担任合伙人的律师受到 6 个月以上停止执业处罚的，自处罚决定生效之日起至处罚期满后 3 年内，不得担任合伙人。"在其处罚期满 3 年后，才能恢复其合伙人身份。

3. 某法律援助机构实施法律援助的下列做法，哪一项是正确的？（　）

A. 经审查后指派律师担任甲的代理人，并根据甲的经济情况免除其 80% 的律师服务费

B. 指派律师担任乙的辩护人以后，乙自行另外委托辩护人，故决定终止对乙的法律援助

C. 为未成年人丙指派熟悉未成年人身心特点但无律师执业证的本机构工作人员担任辩护人

D. 经审查后认为丁的经济状况较好，不符合法律援助的经济条件，故拒绝向其提供法律咨询

[**答案**]B

[**解析**]

选项A错误。《法律援助条例》第二条规定："符合本条例规定的公民，可以依照本条例获得法律咨询、代理、刑事辩护等无偿法律服务。"由此可知，法律援助服务是完全无偿的，而不是免除部分费用。

选项B正确。《法律援助条例》第二十三条规定："办理法律援助案件的人员遇有下列情形之一的，应当向法律援助机构报告，法律援助机构经审查核实的，应当终止该项法律援助：①受援人的经济收入状况发生变化，不再符合法律援助条件的；②案件终止审理或者已被撤销的；③受援人又自行委托律师或者其他代理人的；④受援人要求终止法律援助的。"由此可知，本题选项B中，乙又自行另外委托了辩护人，决定终止法律援助是正确的。

选项C错误。《刑事诉讼法》第二百七十八条规定："未成年犯罪嫌疑人、被告人没有委托辩护人的，人民法院、人民检察院、公安机关应当通知法律援助机构指派律师为其提供辩护。"由此可知，法律援助只能指派执业律师为未成年犯罪嫌疑人、被告人提供辩护，不能指派无律师执业证的人员。

选项D错误。法律援助机构提供的法律咨询是对咨询者提出的有关法律援助方面的问题以及日常碰到的简单法律问题进行解答。法律咨询不需要审查经济条件。故拒绝提供法律咨询的行为错误。

第七章　公证员职业伦理

第一节 公证员的角色定位与职业属性

一、公证员的概念及角色定位

公证机构是实施公证的唯一机构，这也使公证员成为整个公证行为中最为重要的角色，公证员个人素质的高低直接影响到公证行为的质量与效力。公证员在国际上一般称为“公证人”。由于法律文化传统不同，因而世界各国对于公证员的概念界定、角色定位也有所不同。

（一）国外公证员的概念及角色定位

通过对各国有关公证员的法律规范进行梳理，我们发现，目前国外对公证员的概念及角色定位主要有三种类型。

1. 公证员是公职人员。采用这种立法例的主要是德国、法国、西班牙等国家。根据《德意志联邦公证人法》第一条之规定，公证人是各州为了对法律事实予以证明，以及对纠纷进行预防所任命的独立的公职人员。此外，《德意志联邦公证人法》还规定，公证人持有公章并具有公证人头衔，公证人执业为非营利性质，专职公证人职务为终身制。《法国公证机关条例》规定，公证人是为从事辅助性司法活动而设立的公务员，即受理当事人必须或者愿意使真实性得到确认的一切文件和合同，赋予其公证效力。根据《西班牙公证员职业法》第一条之规定，公证员应当是能够根据法律法规来对契约及裁判外的其他文书行使公证职权的国家公务员。具有公证职权的公证员职业在全西班牙王国境内具有唯一性。根据《韩国公证人法》第二条之规定，公证人根据当事人或者其他的关系人委托处理公证事务，公证人在职务方面相当于公务员的地位。

2. 公证员是自由职业者。采用这种立法例的主要是英国（英格尔与威尔士）、美国（大部分州）等国家。根据英国《2011 年公证人行为与纪律规则》的规定，“公证人”指的是登记在由法院维护的公证人名册中的公证人。根据美国《模范公证法》之规定，公证人是指被任命依据《模范公证法》从事公证行为的人。在这种情况下，申请人只要按照任命条件提出申请，经过考核或宣誓后，就可取得公证人资格，其业务性质也可以是营利性的。

3. 公职人员与自由职业者并存。在一些国家或地区，并未采用单一立法例，而是允许两种身份的公证员同时存在。例如，在美国阿拉斯加州，公证人分为两类：一类是无限制公证人，其经授权可为一切法律目的使用公证人印章；另一类是有限政府公证人，其作为州、市或联邦政府雇员，被授权可将公证人印章用于官方政府业务。在俄罗斯，公证人也分为国有公证处公证人与私人执业公证人，其中，国有公证处的公证人类似于公务员，私人执业者类似于自由职业者，不过，与阿拉斯加州不同的是，俄罗斯明确要求，无论是哪种公证人，都无权从事商业性或其他有报酬的活动，但教学、科研或其他创造性活动除外。

（二）中国关于公证员的概念及角色定位

根据我国《公证法》第十六条之规定：“公证员是符合本法规定的条件，在公证机构从事公证业务的执业人员。”由此可知，公证员是必须符合《公证法》规定的条件，并在公证机构从事公证业务的执业人员。这从法律上确定了公证员的职业化，公证员是从事公证业务的法律工作者。

不过从我国的实践来看，目前我国公证机构多元性质并存，因此，公证员的身份也是多元的，在不同性质的公证机构执业的公证员身份并不相同。

行政性质的公证机构中，公证员的身份类似于公务员；

事业法人性质的公证机构中，又有全额拨款、自收自支之分；

合作制公证机构中，公证员的身份则类似于私营企业职工。[1]

二、公证员的职业属性

（一）中立性

所谓公证人的中立性，是指公证人在开展执业活动时，与当事人之间并不存在利害关系，公证人也并不代表涉及公证事项的任何一方当事人的利益。以公证人作为证明人的身份而言，公证人之义务乃是中立地履行其证明职能。

[1] 许身健 . 法律职业伦理 [M]. 北京：中国政法大学出版社，2019：417-418.

公证人所具有的中立性特点促成了公证人与律师在现实法律制度层面的诸多区别，仅以执业的权限而言，我国《律师法》第三十九条规定：“律师不得在同一案件中为双方当事人担任代理人，不得代理与本人或者其近亲属有利益冲突的法律事务。”然而，法律却并没有禁止公证人同时为同一案件的双方当事人办理公证之限制。早在2000年，在广受关注的我国首起网络侵权案“刘京胜诉搜狐爱特信信息技术（北京）有限公司侵犯著作权纠纷案”中，就出现了原被告双方向同一公证机构分别申请进行公证保全证据的情形。基于公证人职业立场的中立性，公证人在开展公证证明活动时无须考量当事人之间具体的利益关系，亦无须为某一方当事人之利益负责，故公证人的中立性，乃是为当事人一方利益代言的律师所难以具有的。

（二）客观性

公证人所具有的另一个职业特征即是公证人的客观性。

保持客观是追求真实的前提，它意味着公证员在公证活动的过程中不应受到个人主观倾向的左右，而应力求忠实于事物的本来面目。

公证人职业的客观性要求公证人在进行公证证明活动时，不仅需要排除主观臆测的因素，同时也要求公证人必须在公证过程中谨守旁站者的立场，不应当过多介入到当事人的法律活动中去，更不能干涉或代替当事人作出决定和判断。旁站者的身份立场是维护公证活动客观性的前提，因为只有置身事外，方能保持客观、冷静而不带偏见，而这样一种职业立场对于同为法律服务行业的律师而言殊难做到。[1]

我国司法部编发的《2006年全国公证岗位培训大纲》在阐述公证执业技能时特别重申了公证人在执业活动中应“保持客观”，《大纲》评述道：客观是《公证法》所确立的公证活动的一项原则，保持客观是公证员这一法律职业的基本特征。这一特征使公证员与法律职业群体的其他成员如律师、法官、检察官的执业特征产生了鲜明的区分。同样，公证人在执业活动中的客观性是公证人职业中立性的前提。公证员特别是大陆法系国家的公证员俗称“中人”“中立第三人”或“旁站者”，这些称谓表明，公证员在公证活动中应坚守执业的独立性，采取不偏不倚的立场，如同国外有句谚语所说，“只有旁站者才能综观全局”，从而防止自己角色错位，成为当事人、利害关系人的化身，或受当事人、利害关系人的影响而有失公道、公正。

---

[1] 张宇衡．论公证人的法律职业属性及其定位 [D]. 上海：复旦大学，2014：28-30.

第二节　公证员职业伦理概述

公证员职业伦理，也可以称为公证伦理或公证员职业道德，是指公证员在职务活动中遵循的伦理准则。

公证是指国家法律授权公证机构依法对当事人的法律行为、有法律意义的文书和事实的真实性与合法性进行证明的活动。公证是相对于私证的一种证明活动，具有一般证据和诉讼证据的效力，可以成为法律行为成立的要件并可作为法院强制执行的根据。对社会上重大的法律行为、法律事件具有普遍的引导效力。公证员是依法取得资格，由国家按照法定程序任命的，在公证机构专门从事公证证明工作的法律职业者。

公证制度起源于古罗马，在大陆法系和拉丁美洲国家得到迅猛发展。1948 年成立的国际拉丁公证联盟，是目前最有影响力的公证业国际组织。2003 年该联盟接受中国公证员协会为其正式成员。

新中国的公证制度始建于 20 世纪 50 年代，受苏联的影响很大。进入 20 世纪 80 年代以后，得到了高速发展，在体制上也发生了很大变化，借鉴了大陆法系公证法律制度方面的很多宝贵经验，在市场经济法律体系中发挥了重大作用。公证处由原来的行政体制转变为事业体制，成为执行国家公证职能、自主开展业务、独立承担责任、按市场规律和自律机制运行的公益性、非营利的事业法人。公证员也改变了原来国家公务员的身份，成为通过国家统一法律职业资格考试遴选、执行国家公证职能的专业法律工作者，进入到法律职业共同体中。公证员必须具备坚定的政治信念、优良的道德品质、丰富的法律知识和社会经验等基本素质。《中华人民共和国公证法》由第十届全国人民代表大会常务委员会第十七次会议于 2005 年 8 月 28 日通过，自 2006 年 3 月 1 日起施行。该法律的颁布对于完善我国公证制度，规范公证员的职业伦理，促进公证事业的健康发展，具有十分重要的作用。

公证员进入法律职业共同体，需要人们有一个认识过程，很多人总认为公证员就是一种证明人，无须多高的素质及法律专业水平，与律师、法官、检察官无法相比。殊不知公证证明要解决的是法律行为、事实、文书的真实性、合法性问题，其涉及的内容可能发生在过去、现在或将来，对社会具有预防纠纷、减少诉讼、促进稳定、发展经济的重要作用，而且世界各国的公证员与辖区人口大都保持一定的比例，不允许盲目发展，少而精，多易滥，使人们不得不对公证员刮目相看；预防纠纷比解决纠纷要求更高，公证活动的特点促使人们重新审视公证员的作用，对公证员的素质和职业道德也提出了更高的要求。

公证员的职业伦理，是指在公证活动中，公证人员从思想到具体事务的处理所应遵循的行为规范和基本准则。就适用对象而言，不仅指依法取得资格的执业公证员，也包括办理公证的辅助人员和其他工作人员；从道德规范调整的内容看，既包括办理公证业务的行为，也包括办证人员的思想意识。公证人员职业道德建设对公证业的发展具有重大意义，关系到公证业的发展，高尚的职业道德情操是公证员提供高效优质法律服务并赢得社会信赖的根本保障，也是发展高素质公证员队伍的重要途径。

加强公证员职业伦理建设必须牢固树立德才兼备的思想，建立和完善公证人员职业道德规范体系，提高公证人员的思想认识，实现自我约束、自我管理的功能，加强对公证机构的管理，完善内部管理制度，提高公证员的主人翁意识，建立奖惩制度，弘扬传统美德和奉献精神，急当事人之所急，想当事人之所想，全心全意为人民服务，杜绝私心，惩治腐败，一切服从法律，以国家利益和社会公共利益为第一需要，保质保量地完成公证法律服务事项。

公证人员的职业道德建设主要包括以下内容：

(1)坚定的政治方向和远大的奋斗目标；

(2)高度的事业心和强烈的责任感：

(3)勤奋好学的作风与苦干实干的精神；

(4)忠于事实真相，忠于宪法和法律；

(5)主持公道，伸张正义；

(6)忠于职守，严守职务秘密；

(7)率先垂范，严于律己；

(8)清正廉洁，一尘不染；

(9)严肃认真，一丝不苟；

(10)勇于同各种违法违纪行为作斗争。

公证员作为法律职业共同体的组成部分，应当和法官、检察官、律师在法律意识和道德意识上具有相同的标准，忠于宪法和法律，坚持以事实为根据，以法律为准绳，按照真实合法的原则和法定的程序办理公证事务。公证员的核心任务就是通过对法律行为、有法律意义的事实或文书的真实性、合法性进行证明，来维护当事人的合法权益，稳定市场经济秩序和社会秩序，实现公平正义。从行使国家证明权的角度来说，公证员的业务活动具有国家属性，公证员属于公职人员，其证明的法律效力高于一般的私证，受到法律的特殊保护。

公证员必须按照法定程序去办理公证事务，用法律的标准去衡量申办事项是否达到真实、合法的标准。在对真实性、合法性的判定上，公证员的道德水准和法官一样，必须是中立而公正的，应当恪守独立、公正、客观的原则，不受非客观事实和法律之外因素的影响，忠实地维护法律的尊严，切实保障法律的正确实施和公众权利的平等实现。要按照法定程序去判明申办事项的真实与否，不能简单地凭借直觉。现代社会的发展，使得表面上看起来很简单的事物在内部关系上具有复杂性和隐蔽性，正因为如此，市场经济条件下的社会公众才对公证活动寄予厚望，希望公证能够成为识别真假的锐利武器，成为保护公民合法权益的一道重要防线。人们对公证作用的认识与期盼，会随着司法改革的深入、证据法则的严谨、市场经济体制改革的深化而更加强烈。

从公证活动的后果来看，主要是申办公证的当事人得到益处，与国家及社会公共利益没有直接的联系，所以，公证活动的成本不应由国家来承担，如果国家因为公证的国家属性来支付公证费用，就意味着直接受益的当事人没有因其受益而支付代价，反而将其以国家支出的方式分摊给所有的纳税人，这显然是不公平的。所以，世界各国在确立公证法律制度时，都规定公证费由当事人来承担，因为这是私权的范畴，不应由国家来承担费用。这一特点也同时反映出公证员自由职业的属性，公证员办理公证事项，完全凭借其个人的知识和技能，并非国家意志的体现，这一点又与律师的职业特点相似，但关键的不同在于公证员办理公证事务时，并不是站在公证当事人的立场上来维护其合法权益，而是以中立的第三人身份作出证明，并非当事人的代理人，收费也不能改变中立的立场。这使得公证员的职业道德规范，既有与法官、检察官的共性，又有与律师的共性，还有自己的固有特点。

第三节　公证员职业伦理规范

一、公证员与当事人的关系规范

（一）公证员的保密义务

中国公证员协会审议通过并颁布实施的《公证员职业道德基本准则》第四条规定："公证员应当自觉履行保密的法定义务。不得用知悉的秘密为自己或他人谋取利益。"公证员在办理公证事务中，不可避免地会涉及当事人不愿让他人知道的信息，例如遗嘱、收养、婚前财产公证等事项中涉及的一些内容，公证员对此负有保密的义务，这种保密义务意味着公证员不得向办理公证事务之外的任何人泄漏，包括公证员的亲属、同事，也不得利用通过办理公证事项所知晓的秘密为自己或他人谋取利益。随着公证业务范围的不断开拓，公证员在办理公证事务中会接触到很多有可能给自己或亲友带来利益的信息，如开奖公证、拍卖公证、合同公证、证据保全公证等，公证员必须牢记职业道德规范，不能为一己私利，而毁了公证员的信誉，要公私分明，利益面前不动摇，不利用公证员的职务为自己或他人谋取利益。保密义务对公证员来说非常重要，不仅体现在不能随便跟他人谈及这些秘密上，还表现在其他形式上。在公证员著书立说及进行科学研讨时，难免会以自己办理的公证事项进行举例说明，此时必须对所举事项进行加工处理，不能让相关人士对号入座，猜到某些内容，以从中牟利，或损害当事人的利益。在一些会议及宣传活动中，也要注意对相关信息的保密，在涉及公证书的内容需要出庭作证时，可就有关情况先向法官通报说明，在公开审判的场合应当注意表达方式。总之，公证员保守职务秘密既是法律规定的义务，也是职业道德的要求。

（二）公证员的告知义务

《公证员职业道德基本准则》第八条规定："公证员在履行职责时，应当告知当事人、代理人和参加人的权利和义务，并就权利和义务的真实意思做出明确解释，避免形式上的简单告知。"公证员是法律职业者，精通法律知识和程序，而其所接触的当事人可能对相关法律一无所知，公证员应当不厌其烦地将有关规定和当事人依法享有的权利义务一一告知，还要将有关的法律概念讲解清楚，使得当事人在办理公证过程中很好地行使权利、承担义务，配合公证员顺利办理好公证事项。对于不同民族、种族、国籍和宗教信仰的当事人，公证员应当注意语言和宗教信仰的差异，选择适当的语言和表达方式，使其真正了解依法享有的权利和承担的义务；对于老年人及健康状况较差的当事人，不仅要明确告知法律的相关规定，还要用通俗的语言作出解释，使其了解法律规定的内涵，在理解法律的基础上，真实地反映自己的思想意识；对于行动不便的当事人，公证员还应当到当事人的住所办理公证事项，讲解有关法律。在执行职务时，公证员要特别注意自己的语言、语气和表达方法、态度，满腔热情地对待当事人，体现出服务意识，避免在思想交流上产生误解，切实办好公证事项。

（三）注重礼仪，举止文明

《公证员职业道德基本准则》第十二条规定："公证员应当注重礼仪，做到着装规范、举止文明，维护公证员的职业形象。现场宣读公证词时，应当语言规范、吐字清晰，避免使用可能引起他人反感的语言表达方式。"公证员作为法律职业者，行使的是国家证明权，必须树立良好的职业形象，维护公证行业的声誉。在执行职务时，应当注重礼仪，着装整洁规范，举止文明大方；接待会谈，调查访问，查阅材料及制作笔录，应表现出法律职业者的儒雅风范；现场宣读公证词时，庄重、严肃，在形体动作上反映出法律的至高无上和威严，用清晰流畅、有节奏的规范语言表达公证词的内容，使现场人员感到法律的神圣与公正，增强合法性和安全感，使人有一种庄重而不疏远、亲切而又有距离的感觉，充分发挥现场公证的作用。

（四）提高素质，依法办证

《公证员职业道德基本准则》第六条规定："公证员应当珍爱公证事业，努力做到勤勉敬业、恪尽职守，为当事人提供优质的法律服务。"第十条规定："公证员应当按照规定的程序和期限办理公证事务，及时受理、审查、出证，不得因个人原因和其他主观因素拖延推诿。"第十五条规定："公证员应当道德高尚、诚实信用、谦虚谨慎，具有良好的个人修养和品行。"第十七条规定："公证员应当不断提高自身的道德素养和业务素质，保证自己的执业品质和专业技能能够满足正确履行职责的需要。"公证职业的社会作用在于预防纠纷、减少诉讼，是防患于未然的一项系统工程，需要高素质的人经过不懈的努力才能完成，并非像有些人所说的盖一个橡皮图章就完事，要知道这颗图章背后是国家证明权的行使，是真实性、合法性的确认，具有强制执行效力的债权文书公证，还会产生既判力的效果，没有高水平法律专业素质和一定实践经验的公证员是无法履行其职责的。

公证员是一个理性的职业，并非完全程序性操作的熟练工种，很多公证事项都需要公证员进行理性的思考，并且还要把思考判断的过程反映在公证书上，让人看罢公证书能够接受其结论，而非凭职权硬性认定的结论，要素式公证书就充分体现了公证员的这一职业特点，缺乏法律知识和技能的人以后很难胜任公证员的工作了，而且也很难蒙混过关了。公证员职业又是艰苦而高尚的，只有较高的业务素质，没有高尚的道德情操，也难以适应公证员职业的需要。公证员的执业过程，本身就是去粗取精、去伪存真、由表及里的过程，完成这个过程需要艰苦的努力，要不怕困难，勇于吃苦，积极收集相关证据材料，在此基础上还要认真分析、独立思考、自主判断，而且要敢于坚持正确意见，只服从法律，排除一切干扰。公证员是在用自己的良知和品行开展工作，高尚的道德情操和高超的法律专业技能是公证员办理公证的基本条件。同时，公证员还要不断学习、提高，以适应社会发展的需要。

（五）清正廉洁，忠于职守

《公证员职业道德基本准则》第十六条规定："公证员应当具有忠于职守、不徇私情的理念和维护平等、弘扬正义的良知，自觉维护社会正义和社会秩序。"第二十三条规定："公证员不得经商和从事与公证员职务、身份不相符的活动。"第二十四条规定："公证员应当妥善处理个人事务，不得利用公证员的身份和职务为自己、家属或他人谋取私人利益。"第二十五条规定："公证员不得接受当事人及其代理人、利害关系人的答谢、款待、馈赠财物和其他利益。"公证员也是法律工作者，其职务活动使得公证书可以在诉讼活动中直接作为证据来使用，如果没有足以推翻的相关证据，人民法院就会将其直接作为定案依据；公证书还可以用作法院强制执行的根据，可以不经审判直接进入执行程序，与生效裁判产生同样的法律效果；公证书还可以引导社会行为，在市场经济条件下可以帮助人们识别真假，具有较高的社会地位。公证员虽然不是国家机关工作人员，也不是司法官员，但是其对国家证明权的行使，以及其在司法活动和社会活动中的地位，依然没有改变其社会公共管理的职能。公证员中立公正的职业行为特点也进一步印证了其公共管理职能的属性。因此，公证员必须保持清正廉洁的职业道德，不被物质利益所惑，不得接受当事人及其代理人、利害关系人的请客送礼，不拿法律做交易，要严格按照法律规定审查申办事项，维护公证书的权威性，维护公证员的良好声誉。基于公证员行使的是国家证明权，因而其不得再从事其他与公证员职务、身份不相符的活动，例如，不得担任法官、检察官，不得从事其他商业活动。因为审判职能、法律监督职能与证明职能在诉讼活动中不能集于一身来行使。从理论上讲，公证员也不能担任行政职务。在某些特殊情况下，行政官员可以行使一部分公证职能，是公证活动的特例，但并不意味着公证员可以兼做行政官员。在英美法系，律师也可以兼做公证员，公证员也纳入律师的管理体系。在英国，公证处、审判机关和行政机关都有办理公证业务的权利。在美国，公证人可以由律师或其他职业者担任，公证证明只对文书上的签名、盖章的真实性负责，而不对文书内容的真实性负责。在拉丁美洲的一些国家，大学的法学教授可以兼职做公证员，公证员也可以兼职做大学教授。我国法律规定公证员都是专职的，不能兼职做其他工作，公证员职务必须通过公证处来履行。其实，我国律师制度中目前依然允许高等法律院校（系）及科研机构的教学科研人员担任兼职律师，开创了律师制度的先例，在实践中取得了较好的效果，一方面积累了实践经验，理论联系实际，促进了法学教育与科研工作；同时，兼职律师都是高学历、高职称，理论功底深厚，也提升了律师的整体水平，促进了律师队伍的发展。公证制度为什么不能借鉴律师制度的成功经验和拉丁美洲国家成熟完善的公证法律制度，允许存在兼职公证员呢？这是一个非常值得探讨的问题。大学教授兼职做公证员，与现行的职业道德规范和法律制度并不矛盾。

公证员办理的公证事务渗透到社会生活的各个方面，尤其是经济领域，绝大部分都涉及财产权益。公证员在办理公证事务时，必须妥善处理好个人事务，不得利用公证员的身份和职务为自己、家属或他人谋取私人利益。我国的公证法律制度尚不完善，法律上的监督制约机制也不够，主要靠公证员的职业道德来调整，公证员与律师的人才流动渠道也仅仅是公证员转向律师的单向流动。有些公证员在履行公证员职务时，承接了一些必须公证的事项，与相关当事人结识，通过律师资格考试以后，摇身一变就成了律师，原有的公证事项当事人也就成了律师的客户，主要体现在房地产及金融法律服务方面，对其他律师则构成了不正当竞争，公证法规及职业道德规范都缺乏对此方面的调整，应予完善。

公证员还应当树立为当事人服务的良好意识，一切为当事人着想，让自己的个人利益服从为当事人办证的需要，按照规定的程序和期限办理公证事务，对于紧急事项，要特事特办，即使是加班加点，也要及时受理、审查、公证，不能因为公证员个人的原因和其他主观因素拖延推诿、耽误时间，而使当事人的利益受损。需要注意的是，加快办证的时间，只能是提高工作效率，而不能在审查工作上打折扣，不能以损失真实性、合法性的代价来换取时间上的节省，既要抓紧时间，又要保证不出错证。

二、公证员同行之间的关系规范

《公证法》第六条规定，公证机构是依法设立，不以营利为目的，依法独立行使公证职能、承担民事责任的证明机构。第七条规定，公证机构按照统筹规划、合理布局的原则，可以在县、不设区的市、设区的市、直辖市或者市辖区设立；在设区的市、直辖市可以设立一个或者若干个公证机构。公证机构不按行政区划层层设立。由于我国的公证处是事业法人组织，互相之间没有隶属关系，公证员虽然实行专业技术职务制度，但公证员都是平等的，所出具的公证书具有同等的法律效力，公证处与公证处之间、公证员与公证员之间都是公平竞争的平等关系。在市场经济条件下，特别是在没有国家财政拨款支持的情况下，创设公平竞争机制、加强职业道德建设就显得特别重要了。

（一）独立办证原则

根据《公证员职业道德基本准则》第十四条的规定，公证员在执业过程中，应当独立思考、自主判断、敢于坚持正确的意见。独立办证是公证员应当坚持的一项基本原则，公证员要凭借自己的知识和技能，对受理的公证事项依法进行审查，对重大、疑难案件，可以请示汇报，对难以判定的可以向领导或有经验的公证员请教。除审批程序外，公证员都是独立办理公证事务。同时，在向他人请教和讨论公证疑难问题时，注意不得泄露有关公证事项的秘密。经过讨论、请教，最终还需公证员自己作出判断，提请审批也要有自己的明确意见。公证员要养成独立思考的良好习惯，认真分析，自主判断，对自己认为是正确的意见，要找出充分的理由和根据，敢于坚持，并善于和持不同意见者进行辩论，真理越辩越明，这样才能最终确保公证书的正确性。

（二）不干涉他人办证原则

《公证员职业道德基本准则》第二十条规定："公证员不得通过非正常程序或不恰当场合，对其他公证员正在办理的公证事项或处理结果发表不同意见。"公证员在同一个公证处内，应当互相尊重，各自对依法受理的公证事项认真履行职责，不得干涉他人的正常工作，不得为当事人说情送礼，也不得将公证员的住宅电话和其他私人信息披露给当事人，不得向正在办理公证事务的公证人员打听办证情况，也不得了解相关内容。对于其他公证员正在办理的公证事项或者处理结果，除非在正常的讨论程序或审批程序中，否则不得发表有可能影响公证员独立自主判断的不同意见。对于有充分理由的不同意见，不发表有可能导致错证发生的情况，可以按管理权限向公证处的相关负责人汇报，并充分阐述不同意见之理由，通过审批程序来维护正常的办证秩序。

（三）维护公证书权威的原则

《公证员职业道德基本准则》第二十一条规定：“公证员不得在公众场合或新闻媒体上，发表泄私愤、不负责任的有损公证严肃性和权威性的言论。”任何一个公证员都要自觉地维护每一份公证书的严肃性和权威性，对于办理公证事项的不同看法，允许各自保留，在出具公证书时要尊重主办公证员和审批者的意见。如果确认是错证，可以按照法定程序予以纠正，依法向公证处领导和司法行政机关反映。对于学术上不同观点的争议和讨论，要选择适当的场合及方式进行研究探讨，但不得干涉他人依法出具公证书，更不得出于泄私愤的目的，不负责任地发表言论，也不得在公众场合或新闻媒体上发表不适当的言论，使公证书的严肃性和权威性受到影响。学术上的不同观点以及对办理公证事项的不同意见都有可能存在，而且也是正常的，没有被别人接受，也是正常的，科学本身就是不断探讨、不断争论的过程。公证员作为有较高水准的法律专业人员，因此而产生私愤是极不应该的，也是职业道德所不能允许的，在公开场合发泄则更有损公证员的形象，与其身份极不相称，不仅破坏了公证书的权威和严肃性，也会导致对公证员的不良评价。

（四）尊重同行，公平竞争

《公证员职业道德基本准则》第二十六条规定：“公证员应当与同行保持良好的合作关系，尊重同行，公平竞争，同业互助，共谋发展。公证员应当相互尊重，不得在任何场合损害其他同事的威信和名誉。”公证业是竞争的行业，也是充满理性的行业，公证员都是受过良好法律教育的人，在这样的执业群体中，尊重同行，遵守公平竞争的职业道德规范是不言而喻的。只有互相尊重，公平竞争，才能找到差距，提高水平，才能携手并进，共谋发展。尊重是最基本的道德水准，公平是竞争的规则，互助是良好的风尚，发展才是目的。公证职业的发展取决于公证员这支队伍的建设，不懂得尊重他人就无法发展，公证员的威信和名誉要靠自己来维护。

公证员的职业道德要求公证员不得利用新闻媒体或其他手段炫耀自己，贬损他人，排斥同行，为自己招揽业务。公证业的广告宣传，目前还缺乏相应的规范来约束，公证业的特点使得其不适宜宣传自己。关于公证管辖的法律规定，已经划出了各自的业务领域，只是在直辖市、省辖市和设区的市，存在个别公证处之间的业务竞争，但并不具有普遍意义，可以通过调整公证辖区和公证处的整合来解决。而公证员的不恰当宣传，则应当限制，并应当以相关法律来规范。公证员不得利用与行政机关、社会团体、经济组织的特殊关系进行业务垄断，公证员的业务垄断极有可能与腐败联系在一起，并有可能导致公证员队伍的两极分化、畸形发展，对公证员素质的提高造成巨大障碍。有了特殊关系构成的业务垄断，公证员就控制了一定范围内的业务量，其他公证员则失去了这一市场，特别是有关房地产、金融、产权交易等公证收费高、专业性强的业务，而控制市场的公证员未必就是在该领域业务好的公证员，因为是凭借特殊关系垄断的市场，就会形成水平高、能力强、专业素质好的公证员手中没有案件、无事可做的局面；而不很熟悉专业公证特点，基于与行政机关、社会团体、经济组织的特殊关系而垄断了这部分公证业务的公证员，却又由于自己的业务水平低而办不好公证，不仅损害了其他公证员的利益，而且也损害了公证当事人的利益，破坏了公证法律服务秩序，对公证员的声誉及整个社会的良性循环造成极坏的影响。

三、公证员与律师的关系规范

公证职业与律师职业本来没有什么内在的必然联系。在普通法系国家，律师业的蓬勃发展，使其触角延伸到社会的各个层面，加之法律制度比较完备，以及判例法的特点，离开了律师就寸步难行；公证的职能并非公证员专属，律师也可以开展公证业务，从而使得本来在社会舞台上就非常活跃的律师更加光彩耀眼，而公证职业则显得有些黯然失色。在大陆法系国家，特别是法国，公证员的社会地位极高，属于国家公务员，由共和国总统任命，非争议性的法律事务几乎都通过公证来解决，形成了独立的公证法律制度，公证与审判的密切联系也抬升了其社会地位。欧洲列强的殖民统治，使宗主国的法律制度对殖民地产生深刻的影响，拉丁美洲国家的公证制度也逐步发展起来，构成了公证业与律师业并行的格局。

新中国的公证法律制度与律师制度相伴而生，共同度过了一波三折的岁月，律师制度在 20 世纪 50 年代曾一度处于鼎盛时期，继而受极“左”路线的影响，被扼杀在摇篮里。公证法律制度虽然也受到极“左”路线的摧残，所幸的是在一些大城市依然保留着公证处，附设在法院中，办理着少得可怜的公证业务。之后，公证制度又表现出旺盛的生命力，在改革开放中焕发青春，突飞猛进地发展，基本上实现了与国际接轨。

律师事务所、公证机构都被界定为市场中介组织，这就是它们最大的共性。我国的公证业与律师业同属法律服务业，都是凭借自身的法律知识和技能为委托人提供法律服务，都从委托人那里收取费用，公证员与律师都曾是国家的法律工作者，都经历了从国家机构中分离的过程，都由政府的司法行政机关管理，而且共同由一个职能部门行使管理权，都是法律专业人员，都受苏联法律制度的影响走过了初创阶段，留下了大陆法系的痕迹。所不同的是律师制度的恢复、发展虽然与公证制度相同，但在步伐上总比公证早一个节拍，也为公证制度的发展提供了宝贵的经验和教训。律师制度的改革，在与国际接轨的思想指导下，更多地吸收了美国律师制度的长处；而公证制度的改革，受国际拉丁公证联盟的影响很大，在实际操作中，又习惯性地仿效律师制度的改革，有点“犹抱琵琶半遮面”的感觉，这也许就是公证制度改革总比律师制度改革慢一个节拍的原因。美国是头号经济和军事强国，其政治影响也是潜移默化的，在公证制度的改革设计中应当充分重视这一点。律师的执业特点是站在委托人的立场上为其提供法律服务，委托人的合法权益是第一位的，是通过辩护、代理（含非诉讼法律事务的代理）、法律咨询和代书来完成法律赋予的任务；公证员行使的是国家证明权，属于国家权力的一部分，通过法律的授权或确认而取得，以出具公证书的形式实现法律预期的功能。律师的法律服务主要是为了解决纠纷，一部分非诉讼法律服务是为了避免纠纷，追求的都是维护委托人合法权益；公证是为了预防纠纷、减少诉讼，追求的是真实、合法。律师出庭要积极地运用一切合法手段说服法官，使其接受自己的意见，实现诉讼目的；公证员一旦出席法庭，仅仅是为了说明出具公证书的理由，维护的是公证书的权威性、合法性、真实性。律师的业务量没有止境，法律越细化、越完备，人们对律师的依赖也就越多，律师队伍的发展取决于市场；而公证业务比较固定，一般不会有太大的波动，公证员的数量与公证管辖区域的人口应当保持一定比例，公证员队伍不能突破比例盲目发展。

近年来，中国公证业出现了迅速发展的势头，在公证法律制度上也进行了较大幅度的改革，改变了公证处的体制，使其从行政机构转变为事业法人组织，公证员也改变了国家干部的身份，公证员队伍从数量和质量上都有了很大的发展，公证业务拓展很快。与此同时，也存在一些问题，需要进一步研究，突出的是公证业务与律师业务的划分，这不仅是一个法律问题，也需要从职业道德层面加以解决。此外，公证员的发展、公证处的设置及合作制公证处的问题也应引起重视。

2005 年的《公证法》基本厘清了律师业务与公证业务的关系，改变了公证业务与律师业务的界限不清，又没有法律、法规约束的状态。律师职业道德和公证员职业伦理都有同业竞争的规范，但调整律师与公证员业务关系的道德规范则没有，法律规范目前也没有。公证处改制以后，面对市场的压力，受生存所迫，必须最大限度地开发公证业务，在非诉讼领域必然会和律师发生激烈的竞争，这是一块没有法律规制的空间，对同属法律服务业的公证员与律师来说都很重要。公证员出具的是公证书，律师出具的是见证书；律师担任法律顾问，公证员送证上门，主动服务，也为客户提供法律意见；律师知道房地产、金融业务收取的律师费高，公证员也知道哪里的油水多，你做法律顾问，我实行资金监管；为了竞争，律师与公证员难免发生冲突。面对竞争的混乱，法官、检察官、司法行政官员也无可奈何。现实呼唤着法律的尽快诞生，职业道德在法律出台前则要协调好这个矛盾。律师协会和公证员协会应当在司法行政机关的主持协调下，认清形势，顾全大局，从法治的长远角度出发，划出各自的业务范围，把握各自的服务方式和特点，完成好自己的工作。公开的争斗要明令禁止，不能把业务上的矛盾冲突扩散到社会上去；要杜绝一切诋毁宣传，通过行业协会和司法行政机关协调解决矛盾，协商不成的争揽业务纠纷，由司法行政机关处理。

四、公证员与司法人员的关系规范

（一）公证员与司法行政机关的关系

司法行政机关是人民政府负责司法行政事务的部门，代表国家实施对司法行政事务的行政管理权。公证员的许多事务，司法行政机关都拥有管理权，诸如统一法律职业资格考试的组织实施，公证员的遴选，专业技术职务的聘任，公证处的设立、合并、终止审批，公证管辖区域的划定，公证管辖争议的裁决等。公证员的一般行政事务应服从司法行政机关的管理。

需要注意的是，司法行政机关虽然具有对公证员司法行政事务的行政管理权，但是并没有法律授权或确认的国家证明权，司法行政机关从理论上讲不得就公证事项的真实性、合法性进行审查，那是证明权的内容，当事人如有异议只能通过诉讼，由人民法院依审判权作出判决。对于违法的公证员，司法行政机关可以对其实施行政处罚，受处罚的公证员依法可以申诉或者提起行政诉讼。

（二）公证员与法官的关系

公证员与法官发生关系主要是以证人的身份出席法庭审判，履行作证的职责。在法庭上，公证员主要是对所出具公证书的真实性、合法性作出解释和说明，回答法官、检察官及其他诉讼参与人就所出具的公证书提出的有关问题。当公证处被公证当事人因公证事项起诉到法院时，公证员可以作为公证处的诉讼代理人出席法庭，参加诉讼，依法就原告的指控进行答辩，陈述办理公证的程序事实，运用相关法律与原告辩论，维护公证处的合法权益，行使当事人的权利并承担诉讼义务。公证员对于司法行政机关的行政处罚不服而向人民法院起诉时，公证员是行政诉讼的原告，通过庭审活动，请求法官支持原告的诉讼请求，依法撤销行政处罚决定书。

（三）公证员与检察官的关系

在《关于深化公证工作改革的方案》实施前，公证处是国家行政机关，公证员是国家干部，必须接受检察官对其履行职务的法律监督。该方案施行后，公证处和公证员都在性质上发生了变化。主体身份发生这种变化后应否继续接受检察监督，在法律上没有明确的规定，理论上有继续研究的必要。从公证的社会公共管理职能和行使国家证明权的职业特点来看，检察官的法律监督还是必要的，但和对国家机关工作人员的监督略有不同，某些基于国家机关工作人员身份的罪名，公证员不具备主体要件，不能受到相应指控，而其履行职务的行为应当受到检察官的法律监督，在审判监督程序中，公证员也可以当事人身份请求检察官抗诉。

第四节　公证员惩戒制度

公证员惩戒制度是指公证协会对违反执业纪律和职业伦理的成员行为作出对其不利处分的制度。有学者将这种“不利处分”称为“非法律惩罚”，并认为，非法律惩罚是社会自治团体进行有效自治不可或缺的制度设计，行业协会之所以要采用大量非法律惩罚的原因包括：⑴行业协会是一种关系网络，在关系网络中，非法律惩罚比法律惩罚更有效。⑵行业协会非法律惩罚更具有专业性和针对性。⑶行业协会建构有效的非法律惩罚机制更有助于行业协会实行自治。[1] 还有学者认为，惩戒制度的核心是职业协会的惩戒权，这种“权力”可以为“善”，也可以为“恶”，因此，应从主体、客体、程序等方面加以控制。[2] 中国公证协会作为公证员职业的自律组织，负有对公证员职业伦理的监督与引导之责任。根据《公证员执业管理办法》第三十二条之规定，公证协会依据章程和有关行业规范，对公证员违反职业道德和执业纪律的行为，视其情节轻重，给予相应的行业处分。公证

[1] 鲁篱 . 论非法律惩罚——以行业协会为中心展开的研究 [J]. 河北大学学报（哲学社会科学版），2004（5）：75-78.

[2] 谭九生 . 职业协会惩戒权边界之界定 [J]. 法学评论，2011（4）：84-92.

协会在查处公证员违反职业道德和执业纪律行为的过程中，发现有依据《公证法》的规定应当给予行政处罚情形的，应当提交有管辖权的司法行政机关处理。

2004 年 1 月 20 日，中国公证协会发布《公证员惩戒规则（试行）》，对发挥行业自律作用，规范对公证员的惩戒工作，维护公证行业执业秩序具有重要意义。根据《公证员惩戒规则（试行）》第二至四条的规定，依法取得中华人民共和国公证员执业证书的公证员，违反法律、法规、规章、执业纪律和职业道德的，应根据《公证员惩戒规则（试行）》给予惩戒。对公证员的惩戒必须以事实为根据，以法律为准绳，坚持惩戒与教育相结合，遵循客观、公正、公开的原则。公证机构和公证员有义务执行惩戒委员会作出的惩戒决定。

（一）惩戒委员会

根据《公证员惩戒规则（试行）》第五至七条的规定，中国公证协会和省、自治区、直辖市公证协会设立惩戒委员会，惩戒委员会是对公证员实施惩戒的专门机构。惩戒委员会由同级公证协会领导，接受同级司法行政机关的指导和监督。惩戒委员会设主任委员 1 人、副主任委员 2 ～ 3 人，委员若干人。委员会由公证协会负责人、资深执业公证员和其他法律专业人士组成。惩戒委员会主任委员、副主任委员 由协会常务理事会选聘，其他委员由主任委员选聘。

根据《公证员惩戒规则（试行）》第八条的规定，惩戒委员会负责以下工作：⑴受理投诉案件和有关部门移送的案件；⑵审查当事人提交的有关证明材料；⑶对违规行为进行调查核实；⑷制作惩戒委员会会议记录和惩戒决定书；⑸检查惩戒决定的执行情况。

（二）惩戒措施与惩戒事由

根据《公证员惩戒规则（试行）》第十一条之规定，对公证员的惩戒种类有：⑴警告；⑵严重警告；⑶罚款；⑷记过；⑸暂停会员资格；⑹取消会员资格。暂停会员资格期限为 3 ～ 12 个月。公证员有违反《公证员惩戒规则（试行）》第十二条至第十六条规定的，根据违反行业规范行为的性质，可以并处 50 ～ 5000 元的罚款。

1. 警告的具体事由。根据《公证员惩戒规则（试行）》第十二条之规定，公证员有下列行为之一的，予以警告：⑴无正当理由，不接受指定的公益性公证事项的；⑵无正当理由，不按期出具公证书的；⑶在媒体上或者利用其他手段提供虚假信息，对本公证机构或者本公证机构的公证员进行夸大、虚假宣传，误导当事人、公众或者社会舆论的；⑷违反规定减免公证收费的；⑸在公证员名片上印有曾担任过的行政职务、荣誉职务、专业技术职务或者其他头衔的；⑹采用不正当方式垄断公证业务的；⑺公证书经常出现质量问题的；⑻其他损害公证行业利益的行为，但后果尚不严重的。

2. 严重警告的具体事由。根据《公证员惩戒规则（试行）》第十三条之规定，公证员有下列行为之一的，予以严重警告：⑴刁难当事人，服务态度恶劣，造成不良影响的；⑵对应当受理的公证事项，无故推诿不予受理的；⑶故意诋毁、贬损其他公证机构或公证人员声誉的；⑷利用非法手段诱使公证当事人，干扰其他公证机构或者公证人员正常的公证业务的；⑸给付公证当事人回扣或者其他利益的；⑹违反回避规定的；⑺违反公证程序，降低受理、出证标准的；⑻违反职业道德和执业纪律的；⑼1年内连续出现2件以内错误公证文书的；⑽受到警告惩戒后，6个月内又有《公证员惩戒规则（试行）》第十二条所列行为的。

3. 记过的具体事由。根据《公证员惩戒规则（试行）》第十四条之规定，公证员有下列行为之一的，予以记过：⑴1年内连续出现3件以上5件以下错误公证文书的；⑵违反公证法规、规章规定的；⑶违反公证管辖办理公证的；⑷违反职业道德和执业纪律，拒不改正的；⑸受到严重警告惩戒后，6个月内又有《公证员惩戒规则（试行）》第十三条所列行为的；⑹其他损害公证行业利益的行为，后果较为严重的。

4. 暂停会员资格的具体事由。根据《公证员惩戒规则（试行）》第十五条之规定，公证员有下列行为之一的，予以暂停公证员协会会员资格，并建议司法行政机关给予暂停执业的行政处罚：⑴利用职务之便牟取或收受不当利益的；⑵违反职业道德和执业纪律，情节严重的；⑶1年内连续出现6件以上错误公证文书的；⑷受到记过惩戒后，6个月内又有《公证员惩戒规则（试行）》第十四条所列行为的；⑸其他损害公证行业利益的行为，后果严重的。

5. 取消会员资格的具体事由。根据《公证员惩戒规则（试行）》第十六条之规定，公证员有下列行为之一的，予以取消公证协会会员资格，并建议司法行政机关给予吊销执业证的行政处罚：⑴泄露国家机密、商业秘密和个人隐私给国家或者公证当事人造成重大损失或者产生恶劣社会影响的；⑵故意出具错误公证书的；⑶制作假公证书的；⑷受刑事处罚的，但非职务的过失犯罪除外；⑸违反公证法规、规章规定，后果严重的；⑹对投诉人、举报人、证人等有关人员打击报复的；⑺案发后订立攻守同盟或隐匿、销毁证据，阻挠调查的；⑻违反职业道德和执业纪律，情节特别严重的；⑼受到暂停会员资格惩戒，恢复会员资格12个月内，又有《公证员惩戒规则（试行）》第十五条所列行为的；⑽其他违法违纪或者损害公证行业利益的行为，后果特别严重的。

根据《公证员惩戒规则（试行）》第十七至十九条的规定，受到严重警告、记过惩戒的，当年不得晋升职务、级别，不得参加外事考察活动。受到暂停会员资格惩戒的，3 年内不得晋升职务、级别，不得参加各级公证协会组织的外事及具有福利性质的活动。有办理涉外公证业务资格的公证员受到记过和暂停会员资格惩戒的，暂停办理涉外公证业务。对于受到惩戒处理的公证员，将通过适当的方式予以通报。

（三）惩戒程序

根据《公证员惩戒规则（试行）》之规定，对公证员的不当行为进行惩戒主要包括投诉与处理、调查、作出决定、申请复核等程序。

1. 投诉与处理。根据《公证员惩戒规则（试行）》第二十至二十三条之规定，中国公证协会和省级公证协会应当向社会公布惩戒委员会的投诉电话及投诉方式，惩戒委员会应当指定专人负责受理。投诉人可以直接投诉，也可以委托他人投诉，受理投诉的惩戒委员会有权要求投诉人提出具体的事实和有关证据材料。司法行政机关建议给予惩戒的，惩戒委员会应该受理。对于投诉的案件，惩戒委员会应当填写登记表，进行初步审查，按下列不同情况作出处理：⑴投诉材料事实不清的，通知投诉人补充材料。投诉人无法补充的，可不予受理。⑵认为违法、违纪的事实不存在，不予审理。⑶有违纪事实，但情节显著轻微，依照规定不需要实施惩戒，应予以结案，并通知投诉人或其代理人；对于需要批评教育的，将情况告知被投诉人所在的公证机构。⑷认为有违法、违纪的事实，应当予以审理的。惩戒委员会受理后，应当在 15 日内通知投诉人、被投诉人及其所在公证机构负责人，并告知被投诉人及其所在公证机构负责人到惩戒委员会说明情况或者提供书面答辩材料。

2. 调查。根据《公证员惩戒规则（试行）》第二十四条之规定，投诉人、被投诉人及有关人员应当如实回答调查人员的询问，并协助调查，不得阻挠。调查应当制作笔录，接受调查的人应当在调查笔录上签字或盖章。

3. 作出决定。根据《公证员惩戒规则（试行）》第二十五至二十九条之规定，调查终结，惩戒委员会应当对调查结果进行审查，根据不同情况，分别作出如下决定：⑴举证不足的，终止审理；⑵情节显著轻微的，予以批评教育，不做惩戒处理；⑶投诉属实的，予以惩戒处理；⑷应当由司法行政机关予以行政处罚的，书面建议司法行政机关予以行政处罚。对可能给予暂停会员资格或者取消会员资格的案件，惩戒委员会应告知当事人本人及其所在公证机构负责人有陈述、申辩的权利，当事人放弃陈述或者申辩权利的，不影响作出决定。惩戒决定由 3 名以上单数惩戒委员会委员共同作出。给予记过以上惩戒的，由 5 名以上单数惩戒委员会委员共同作出。惩戒案件审理过程应当制作审理记录，参与审理的委员应当在记录上签名。审理记录应当存入惩戒卷宗。

惩戒决定采用惩戒决定书形式作出。决定书应当载明下列事项：⑴被惩戒人的姓名、性别、年龄、住所和其所在公证机构；⑵有关的事实和证据；⑶惩戒决定；⑷不服惩戒决定申请复核的途径和期限；⑸作出惩戒决定的公证协会惩戒委员会名称和作出决定的日期。惩戒决定书应当加盖惩戒委员会印章。惩戒决定书应当在 15 日内送达被惩戒人及其所在的公证机构。惩戒决定应当报同级司法行政机关备案，省级公证员协会惩戒委员会作出的惩戒决定应当报中国公证协会备案。除直接送达外，惩戒决定书可以委托被惩戒人所在公证机构或所属司法行政机关送达，也可以邮寄送达。

4. 申请复核。根据《公证员惩戒规则（试行）》之规定，被惩戒的公证员对惩戒决定不服的，可以自收到决定书 10 日内，书面向作出惩戒决定的惩戒委员会申请复核。复核由惩戒委员会主任委员主持，由 5 名以上未参与作出该惩戒决定的委员集体作出复核决定，参与复核的委员人数应当为单数。复核决定应当于收到复核申请后 2 个月内作出。复核所发生的费用，经复核后，维持惩戒决定的，由申请人承担；撤销或变更惩戒决定的，由作出决定的公证协会承担。对于中国公证协会督办的案件，省级公证协会应及时进行调查核实，并在 1 个月内将核实的情况和结果上报。对无故拖延不予办理，且不向中国公证协会报告的，中国公证协会有权进行通报批评。

课后练习题：

1. 公证制度是司法制度的重要组成部分，设立公证机构、担任公证员具有严格的条件及程序。关于公证机构和公证员，下列哪一选项是正确的？（　）

A. 公证机构可接受易某申请为其保管遗嘱及遗产并出具相应公证书

B. 设立公证机构应由省级司法行政机关报司法部依规批准后，颁发公证机构执业证书

C. 贾教授在高校讲授法学 11 年，离职并经考核合格，可以担任公证员

D. 甄某交通肇事受过刑事处罚，因此不具备申请担任公证员的条件

[答案]C

[解析]

A 选项错误。根据《公证法》第十一条的规定:“根据自然人、法人或者其他组织的申请，公证机构办理下列公证事项:……③委托、声明、赠予、遗嘱……”因此，公证机构可接受公民易某申请公证遗嘱。根据《公证法》第十二条的规定:“根据自然人、法人或者其他组织的申请，公证机构可以办理下列事务:……③保管遗嘱、遗产或者其他与公证事项有关的财产、物品、文书……”因此，公证机构可以为易某公证其遗嘱并出具公证书，其遗产可以由公证机构保管，但不能就保管遗产出具公证书。

B 选项错误。根据《公证法》第九条的规定:“设立公证机构，由所在地的司法行政部门报省、自治区、直辖市人民政府司法行政机关按照规定程序批准后，颁发公证机构执业证书。”因此，设立公证机构直接报省司法行政机关审核批准，无须报司法部批准。

C 选项正确。《公证员执业管理办法》第七条规定:“担任公证员，应当具备下列条件:①具有中华人民共和国国籍;②年龄 25 周岁以上 65 周岁以下;③公道正派，遵纪守法，品行良好;④通过国家司法考试;⑤在公证机构实习 2 年以上或者具有 3 年以上其他法律职业经历并在公证机构实习 1 年以上，经考核合格。”第八条规定:“符合本办法第七条第①项、第②项、第③项规定，并具备下列条件之一，已经离开原工作岗位的，经考核合格，可以担任公证员:①从事法学教学、研究工作，具有高级职称的人员;②具有本科以上学历，从事审判、检察、法制工作、法律服务满 10 年的公务员、律师。”本题中，贾教授具有高级职称并已从高校离职，经考核合格，可以担任公证员。

D 选项错误。《公证员执业管理办法》第九条规定:“有下列情形之一的，不得担任公证员:①无民事行为能力或者限制民事行为能力的;②因故意犯罪或者职务过失犯罪受过刑事处罚的;③被开除公职的;④被吊销执业证书的。”本题中，甄某交通肇事，是过失犯罪受过刑事处罚，可以担任公证员。

2. 甲病危，欲将部分财产留给保姆，咨询如何处理。下列哪一意见是正确的?(　)

A. 甲行走不便，可由身为公证员的侄子办理公证遗嘱

B. 甲提出申请，可由公证机构到医院办理公证遗嘱

C. 公证机构无权办理甲的遗嘱文书及财产保管事务

D. 甲如对该财产曾有其他形式遗嘱，以后公证的遗嘱无效

[答案]B

[解析]

选项A错误。《公证程序规则》第十一条规定："当事人可以委托他人代理申办公证，但申办遗嘱、遗赠扶养协议、赠予、认领亲子、收养关系、解除收养关系、生存状况、委托、声明、保证及其他与自然人人身有密切关系的公证事项，应当由其本人亲自申办。公证员、公证机构的其他工作人员不得代理当事人在本公证机构申办公证。"甲申办的是遗嘱公证，应由其本人亲自申办，不能让其侄子代为申办。另外，其侄子本身是公证员，也不得代理甲在其公证机构申办公证。

选项B正确。公证人员可以前往现场办理公证业务。

选项C错误。根据《公证法》第十二条第三项的规定，根据自然人、法人或者其他组织的申请，公证机构可以办理保管遗嘱、遗产或者其他与公证事项有关的财产、物品、文书。

选项D错误。《最高人民法院关于贯彻执行〈中华人民共和国继承法〉若干问题的意见》第四十二条规定，遗嘱人以不同形式立有数份内容相抵触的遗嘱，其中有公证遗嘱的，以最后所立公证遗嘱为准；没有公证遗嘱的，以最后所立的遗嘱为准。因此，经公证的遗嘱的法律效力要高于其他形式的遗嘱。

3. 下列哪一选项属于违反律师或公证有关制度及执业规范规定的情形？（ ）

A. 刘律师受当事人甲委托为其追索1万元欠款，因该事项与另一委托事项时间冲突，经甲同意后另交本所律师办理，但未告知其支出增加

B. 李律师承办当事人乙的继承纠纷案，表示乙依法可以继承2间房屋，并作为代理意见提交法庭，未被采纳，乙仅分得万元存款

C. 林公证员对丙以贵重金饰用于抵押的事项，办理了抵押登记

D. 王公证员对丁代理他人申办合同和公司章程公证的事项，出具了公证书

[答案]A

[解析]

选项A符合题意。《律师执业行为规范（试行）》第五十八条规定："非经委托人的同意，不能因转委托而增加委托人的费用支出。"由此可知，本题选项A中，刘律师的行为违反了律师执业行为规范。

选项B不符合题意。《律师执业行为规范（试行）》第四十四条规定："律师根据委托人提供的事实和证据，依据法律规定进行分析，向委托人提出分析性意见。"第四十五条规定："律师的辩护、代理意见未被采纳，不属于虚假承诺。"由此可知，本题选项B中，李律师的行为没有违反律师执业行为规范。

选项C不符合题意。《公证法》第十二条规定："根据自然人、法人或者其他

组织的申请，公证机构可以办理下列事务：①法律、行政法规规定由公证机构登记的事务；②提存；③保管遗嘱、遗产或者其他与公证事项有关的财产、物品、文书；④代写与公证事项有关的法律事务文书；⑤提供公证法律咨询。”由此可知，本题选项C中，林公证员办理抵押登记符合公证员行为规范。

选项D不符合题意。《公证法》第十一条规定：“根据自然人、法人或者其他组织的申请，公证机构办理下列公证事项：①合同；②继承；③委托、声明、赠予、遗嘱；④财产分割；⑤招标投标、拍卖；⑥婚姻状况、亲属关系、收养关系；⑦出生、生存、死亡、身份、经历、学历、学位、职务、职称、有无违法犯罪记录；⑧公司章程；⑨保全证据；⑩文书上的签名、印鉴、日期，文书的副本、影印本与原本相符；⑪自然人、法人或者其他组织自愿申请办理的其他公证事项。法律、行政法规规定应当公证的事项，有关自然人、法人或者其他组织应当向公证机构申请办理公证。”由此可知，本题选项D中，王公证员的行为符合公证员行为规范。

第八章　仲裁员职业伦理

第一节　仲裁员的角色定位与职业属性

一、仲裁员的概念

仲裁员在整个仲裁过程中居于核心地位。我国《仲裁法》并未对仲裁员的概念进行明确界定。在理论上，一般认为，就仲裁员的概念而言，有广义和狭义之分。广义的仲裁员是指符合法定任职资格，为仲裁机构聘任，并列入仲裁员名册的人。狭义的仲裁员是指被当事人选定或被依法指定，对具体案件进行审理并作出裁决的人。

二、仲裁员的资格条件

根据我国《仲裁法》的规定，仲裁员的资格条件主要体现在两个方面：一是道德条件；二是专业条件。

（一）道德条件

道德产生于人类社会生活的需要，它是一种“应该”，是一种“价值”。仲裁作为一种纠纷解决方式，其所具有的公信力一般就体现在仲裁员的仲裁行为上。如果一个不诚实、贪得无厌、臭名昭著的人来参与仲裁，那么人们势必会对仲裁裁决的公正性产生怀疑。因此，社会对于仲裁员提出了高于一般人的道德标准。换言之，作为仲裁员，既要具有良好的公共道德素养，还要具有严谨的职业伦理素养。我国《仲裁法》第十三条第一款规定：“仲裁委员会应当从公道正派的人员中聘任仲裁员。”

（二）专业条件

仲裁之所以成为让人信服的纠纷解决方式之一，不仅在于其保密性、灵活性、自愿性、经济性等诸多优势，更重要的是其权威性，这种权威性更多地体现为专业性。仲裁的专业性是通过仲裁员自身的专业素养等来体现的。根据我国《仲裁法》第十三条第二款之规定，仲裁员应当符合下列条件之一：⑴通过国家统一法律职业资格考试取得法律职业资格，从事仲裁工作满 8 年的；⑵从事律师工作满 8 年的；⑶曾任法官满 8 年的；⑷从事法律研究、教学工作并具有高级职称的；⑸具有法律知识、从事经济贸易等专业工作并具有高级职称或者具有同等专业水平的。

三、仲裁员的角色定位

仲裁员的角色定位，可以从仲裁员与当事人之间的法律关系来分析。关于仲裁员与当事人之间的法律关系，存在以下几种学说：一是准契约关系说（quasi contract）；二是契约关系说；三是特定身份关系说（status approach）。以下简要概述上述几种学说。

（一）准契约关系说

准契约关系说认为，虽然仲裁人与当事人之间因无要约、承诺等成立要件，故无正式契约关系存在，但当事人选任仲裁员时，无论是自己选任之第一仲裁人，或由第一仲裁人推选第三仲裁人，还是申请仲裁机构或法院代为选人时，均明示要求仲裁人能够提供仲裁服务，而仲裁人接受仲裁职务时，亦预期该服务将收有报酬，构成准契约之成立要件“偿还请求权”（restitutory remedies）。因此，应该以准契约关系规范仲裁人与当事人之间的权利义务。

（二）契约关系说

传统理论认为，仲裁员与当事人之间存在合同关系：仲裁人接受当事人之选定，提供专业知识解决争端，并于作出仲裁判断后接受报酬，系一种劳务契约，如当事人不给付报酬，仲裁人可依法向当事人请求之；若仲裁人怠于执行职务或有侵害当事人之不当行为，则当事人可以契约不履行或侵权行为诉请仲裁人赔偿之。

（三）特定身份关系说

英国学者主张，仲裁人一旦接受选任，即立于“准司法官”之地位施行职权，影响当事人甚巨，非经依法撤换、回避，其仲裁人身份将持续至程序终结，且因当事人系基于对特定仲裁人事业能力、人格操守之信任而加以选任，故该职权除被选任仲裁人本人外，不得由他人代为行使，此与委任契约中得为复委任之规定亦有不同。故学者主张，仲裁人与当事人间之法律关系，乃基于一种特殊“既定身份”（permanent status）而定，易言之，是一种特定身份之法律关系，当事人在选定仲裁人后即负有依仲裁人指示进行仲裁程序与遵守仲裁人仲裁判断之义务，且不得以当事人身份，指挥、影响仲裁人执行职务，仲裁人接受委任后，即享有此特定身份，有权独立（independently）进行仲裁程序，作出判断不受当事人指挥、影响，无须像委任契约中受任人有遵循委任人指示之义务，此特定身份说弥补了契约关系说理论上不周延之缺点。

从上述学说可以看出，仲裁人与申请仲裁的当事人之间的法律关系，是确定仲裁人在仲裁活动中权利和义务关系的基本根据，也是仲裁伦理的依据。

四、仲裁员的职业属性

仲裁员的职业属性，即仲裁员行为的性质。仲裁员的行为，是指仲裁委员会仲裁员名册中的人，被指定为某一案件的仲裁庭成员以后，为仲裁案件，在仲裁程序中进行的职务行为。仲裁员的行为该具有独立性、民间性和公正性。

（一）独立性

仲裁权有着与司法权不同的权力来源。根据仲裁法的规定，仲裁权来源于当事人的授权，仲裁机构只有在当事人自愿达成仲裁协议后，才有权受理仲裁案件。同样，仲裁员办理仲裁案件的权力也来源于当事人的选择和授予，而不是来源于仲裁机构。这就使得仲裁员仲裁纠纷时具有相当的独立性。

仲裁员虽然只有通过仲裁委员会的聘任，才能列入仲裁员名单，但是仲裁委员会主任、副主任、委员、秘书长与仲裁员之间并不因为聘任就产生了领导与被领导或上级与下级的关系。通常情况下，仲裁员能否参加某一仲裁案件的审理，并不依赖于仲裁委员会，而是取决于当事人直接或间接的指定。仲裁庭对仲裁案件独立作出裁决，无须获得仲裁委员会的批准。仲裁委员会在仲裁案件中的作用，主要体现在对仲裁程序的管理和推动方面，如案件的受理、收费、各种通知和文件的送达、安排开庭设备和差旅等。仲裁员组成的仲裁庭作出的裁决，是以仲裁员个人的名义作出的，无须经仲裁委员会主任签发，而且裁决一经作出即发生法律效力，仲裁委员会无权变更或撤销。在裁决书发出前，仲裁机构一般也要求核阅裁决书草案，但仅仅是审核裁决书的形式，保证其符合法律的要求以便得到强制执行；对实体问题，仲裁机构在不影响仲裁员独立裁决的情况下，可提出建议。这种做法，中外仲裁机构基本相同。

（二）民间性

仲裁员接受当事人直接或间接的指定，成为某一仲裁庭的成员后，就应当按照法律和仲裁规则的规定，以其专业知识、社会经验、办案经验和判断力独立地仲裁纠纷，并作出公正的裁决，其仲裁行为只依据事实和法律，而不受任何机关、社会团体和个人的干涉，甚至也不受仲裁委员会的干涉。从这个意义上理解，仲裁员的仲裁行为是在法律控制下的私人裁判行为，也可以说是民间性的行为。就仲裁的本意而言，当事人是授权仲裁员审理和裁决案件，而非授权仲裁委员会去审理和裁决案件。仲裁机构的职能只是组织仲裁、提供管理服务。所以，仲裁员的行为也好，仲裁委员会的行为也好，都不可能是国家裁判行为或行政行为，只能是民间性的行为。

（三）公正性

仲裁员的仲裁行为与代理人的代理行为不同。尽管表面上看指定仲裁员和委托代理人都体现了当事人的意志，但是代理人在代理权限内实施代理行为，代表一方当事人的意志和利益，而仲裁员一经委任，即作为居中者，其不代表任何一方当事人的意志和利益；仲裁员必须在事实和法律的范围内以自己的名义独立公正地实施仲裁行为。显然，仲裁员的仲裁行为具有公正性，仲裁员在仲裁案件中应公正行事。[1]

第二节　仲裁员职业伦理概述

一、仲裁员职业伦理的概念

仲裁员职业伦理是仲裁员在长期的仲裁实践过程中所形成的职业认知与行为规范。有观点认为，仲裁员与法官不同，法官是国家各级审判机关的工作人员，而仲裁员则不是一种专门职业，他可能是商人、教授、会计师、技术专家等。职业伦理一般与职业的形成密切相关，似乎按照前述观点，既然仲裁员不属于专门职业人员，自然也就不存在职业伦理了。事实上，这种观点值得商榷。

[1] 李政，徐秋菊，韩红俊．仲裁法实训教程 [M]. 北京：法律出版社，2017：96-98.

从各国仲裁制度的发展来看，基本都已经形成了一套独有的仲裁规则，对于仲裁员的资格条件、行为规范也提出了特定的要求。前述观点否认仲裁员作为专门职业人员的逻辑起点是：仲裁员基本都是来自其他各行各业的人。事实上，就仲裁员的来源而言，一般分为专任仲裁员与兼任仲裁员。兼任仲裁员主要是从其他各个领域中选择一定的专业性人士作为仲裁员，以应对各种复杂的仲裁事务，但并不能以此认定仲裁员不属于一种专门的职业。正如在法院审判中也引入了陪审员制度，陪审员虽不是专门的法官，但依然要遵守法官职业伦理。此外，根据《国家统一法律职业资格考试实施办法》的规定，国家统一法律职业资格考试是国家统一组织的选拔合格法律职业人才的国家考试。初次担任法律类仲裁员应当通过国家统一法律职业资格考试，取得法律职业资格。这些都说明：仲裁员具备作为一种专门职业的现实基础，因而也需要专门的职业伦理规范。

目前，我国有关仲裁员的职业伦理规范主要包括两大类：一类是全国性仲裁委员会制定的仲裁员职业伦理规范，如《中国国际经济贸易仲裁委员会、中国海事仲裁员委员会仲裁员守则》；另一类是地方仲裁委员会制定的仲裁员职业伦理规范，如《北京仲裁委员会仲裁员守则》《上海仲裁委员会仲裁员守则》《珠海仲裁委员会仲裁员守则》等。由此可见，我国目前尚未制定全国统一的仲裁员职业伦理规范。根据我国《仲裁法》第十五条第二款之规定，中国仲裁协会是仲裁委员会的自律性组织，根据章程对仲裁委员会及其组成人员、仲裁员的违纪行为进行监督。因此，有观点认为，我国应该对已有的各类仲裁员守则进行总结，由中国仲裁协会制定全国性的仲裁员职业伦理规范，这不仅是仲裁员行业发展的需求，也具有很重要的现实意义与法律意义。我们基本上赞同前述观点，也主张应该由中国仲裁协会制定全国性仲裁员职业伦理规范。事实上，在我国台湾地区，仲裁员职业伦理规范也包括两个部分：一部分是各个专业性的仲裁协会制定的仲裁员职业伦理规范，如我国台湾地区营建仲裁协会制定的“仲裁人伦理规范”；另一部分就是由我国台湾地区仲裁协会制定的“仲裁人伦理规范”。

二、仲裁员职业伦理的意义

仲裁不仅是工商业发达的国家极为重视的制度，也是国际贸易间解决纠纷的利器。仲裁员是整个仲裁制度有效运作的根本，其行为是否符合伦理要求，直接关系到公众对于仲裁制度的公信力。因此，建构仲裁员职业伦理具有十分重要的现实意义。

（一）有利于提高人们对仲裁员的信任度

仲裁员能否达到社会与公众期许的较高的道德水准，在于仲裁员能否自觉地遵守职业行为规则。仲裁员只有严守职业行为规则，才能在处理案件的过程中获得社会的信任与尊重。仲裁员与法官不同，其权力不是来源于法律的授予，而是来源于当事人的信任和授权。只有“好的仲裁员”才可能被当事人信任，从而被选择担当解决问题的重任。否则，仲裁员的公信度就会大打折扣。作为仲裁员也要自觉遵守行业守则，努力增强公众对仲裁的信心。

（二）有利于提高案件的质量

瑞士学者 Lalive 的名言“仲裁的质量只取决于仲裁员”，即通常所说的“有什么样的仲裁员，就有什么样的仲裁”。仲裁员恪守职业行为规范，坚持公正办案，可以使案件得到正确的处理，也有利于提高案件的质量。案件是否能得到公正的处理，不仅在于办案人员的学识，还在于办案人员是否能站在中立的立场，秉公办案，不偏袒任何一方，这一切都有赖于仲裁员用自己行业的规范来约束自己。

（三）有利于提高仲裁员的素质，保证仲裁员队伍的纯洁性

规定仲裁员行为规范，告诉仲裁员应当做什么、不应当做什么，有利于仲裁员自我教育、自我约束，从而提高仲裁员的素质。仲裁行为规范是以仲裁员自觉遵守和服从的意愿为前提的。一般来说，仲裁员在办理案件时的行为是免责的，但仲裁员有如下行为，则须承担法律责任：私自会见当事人、代理人或者接受当事人、代理人的请客送礼，有索贿受贿、徇私舞弊、枉法裁决行为。对上述仲裁员，仲裁委员会将不再续聘甚至解聘，从而纯洁仲裁员队伍，维护仲裁员的声誉。[1]

第三节　仲裁员职业伦理规范

一、公正独立

公正独立是仲裁员的基本要求。根据我国《仲裁法》第七条、第八条规定，仲裁应当根据事实，符合法律规定，公平合理地解决纠纷。仲裁依法独立进行，

[1] 许身健 . 法律职业伦理 [M]. 北京：中国政法大学出版社，2019：455-457.

不受行政机关、社会团体和个人的干涉。从法律角度来看，公平公正是法律的最高价值形态。正义规范是法律职业伦理的最核心内容，法律职业者将维护司法公正作为其使命具有应当性。与此同时，没有独立的仲裁就不是真正的仲裁：首先，独立是确保公正实现正义的基本前提。其次，仲裁委员会作为民间性纠纷解决机构，其本质上独立于行政机关，且各仲裁委员会之间没有隶属关系。然而，社会关系、舆论压力、上级指示等时刻都有可能对仲裁员的裁决判断产生影响。所以，为了维护仲裁决定的公正性，世界各国的共识是，仲裁员应当坚定地遵循公平合理原则、独立仲裁原则，公正独立地进行仲裁程序并公正地作出仲裁裁决。

公正独立不仅及于仲裁期间，美国 2004 年生效的《商事争议中仲裁员的行为道德规范》甚至将要求公正独立的时间延长到仲裁裁决作出后的一段时间。

二、诚实信用

双方当事人基于意思自治原则将纠纷交于仲裁庭裁决，其前提是当事人对仲裁员能够公正独立地处理案件的信任。诚实信用原则作为现代私法的帝王条款，可以说是仲裁员立足于该行业的根本。也正因为如此，各个仲裁机构的仲裁员守则中关于诚实信用的内容都比较丰富。如《北京仲裁委员会仲裁员守则》第三条详细规定了仲裁员应诚实信用，只有确信自己具备下列条件，方可接受当事人的选定或北京仲裁委员会主任的指定：⑴能够毫不偏袒地履行职责；⑵具有解决案件所需的知识、经验和能力；⑶能够付出相应的时间、精力，并按照《仲裁规则》与《北京仲裁委员会关于提高仲裁效率的若干规定》要求的期限审理案件；⑷参与审理且尚未审结的案件不满 10 件。

实际上，我国各地的仲裁员守则基本上都要求仲裁员应当熟悉仲裁程序及庭审办法，不断提高专业水平和办案能力，基于个人原因有可能影响案件办理的，应当主动说明情况并向仲裁委员会主任提交不能担任该案件仲裁员的申请。诚实信用作为一项道德义务，在仲裁制度中扮演着保护仲裁程序快捷、公正、保密的重要角色。

三、主动披露

仲裁员主动披露规范，是指仲裁员接受选定或指定时，有义务书面披露可能引起当事人对其公正性或独立性产生合理怀疑的任何事由。

许多仲裁机构明确要求，仲裁员应当尽量了解并持续向当事人和其他仲裁员披露现存的或以往的与当事人之间或重要证人之间的金钱、商业、职业、家庭或社交方面的关系，以及与仲裁结果直接或间接的金钱或个人利害关系。披露之后，除非当事人同意，不宜担任本案仲裁员。若全体当事人要求某仲裁员回避，即应回避。仲裁员的披露义务不仅仅局限于回避的情形，遇到任何有可能影响公正的情况，仲裁员都应尽披露义务。美国仲裁协会（AAA）和美国律师协会（ABA）规定，非全体当事人要求某仲裁员回避的，一般也应回避，但该仲裁员仔细考虑事实后，认为回避理由不充分，能担当此任并能无私和公平地裁决案件，而回避会造成另一方当事人不恰当或不合理的花费或将有违公平待遇原则的，仍可继续担任仲裁员。国际仲裁员协会的准则还规定，若当事人就其是否有资格担任仲裁员的有关事项进行查询，该仲裁员也应予以答复，以往曾被本案当事人指定为仲裁员的情况也应披露。

我国《仲裁法》目前尚未根据披露规则制定相应的法律条文，但是仲裁员披露制度作为国际商事仲裁中确保仲裁中立性、独立性的重要规则，已经在国内仲裁机构的仲裁规则或仲裁员管理办法中得到广泛的运用。比如《深圳仲裁委员会仲裁员管理办法》第十六条规定，仲裁员接受选定或指定后，知悉与案件当事人或者代理人存在应当回避情形以外的其他下列可能影响独立、公正审理案件情形的，仲裁员应自行向本会披露：⑴与案件有关联或与当事人有过业务往来的；⑵与当事人、当事人单位的高级管理人员或当事人的代理人在同一社会组织担任职务，有经常性的工作接触的；⑶近亲属在当事人或其代理人单位工作的；⑷在与案件有关联的机构担任职务的；⑸仲裁员或其近亲属对胜诉或败诉一方存在可能的追索权的；⑹两年内在其他诉讼、仲裁案件中与当事人或其代理人为同一方当事人、代理人或为对方当事人、代理人的；⑺与当事人或代理人存在交谊或嫌怨关系的；⑻有其他可能致使当事人对仲裁员信任产生怀疑的情形的。

四、勤勉高效

勤勉高效包括勤勉和高效两个紧密相关却又有区别的职业伦理规范。

勤勉，是指仲裁员在办理仲裁案件时应当按时守约、认真尽力。当事人与仲裁员之间的关系是基于信赖建立的，仲裁员应当具有高度的责任感，公正、勤勉地履行职责以实现案件的快速、合理解决。一方面，仲裁员应当量力而行，在确定自身有足够的能力与精力的前提下接受指定。另一方面，仲裁员在接受指定后，应当认真办理案件，公平公正地解决争议。国内大部分的仲裁委员会的仲裁员守则明确规定，仲裁员在接受当事人选定或仲裁委员会主任指定时，应签署声明，说明其独立与公正在任何情况下都不容置疑，并保证时间，认真、勤勉、高效地解决案件争议。这不仅有利于保证仲裁效率，也有利于增强当事人对仲裁的信任。

高效，是指仲裁员应当注重办案效率，积极审理并作出裁决，在规定期间内结案。简便与快捷是仲裁的显著特点，也是当事人对仲裁的最大要求。如果仲裁员接受指定后不积极作为，极容易给当事人权益造成损害。有些仲裁机构对此有严格规定，例如，当发现仲裁员工作拖拉且未处理好本职工作和仲裁工作的关系导致仲裁工作严重拖延时，仲裁委员会主任将依职权予以撤换；仲裁庭因迟延导致超审限的，由有迟延行为的仲裁员承担责任。《北京市仲裁委员会关于提高仲裁效率的若干规定》从提高仲裁效率着眼，作了如下规定：⑴提前预防仲裁员因无法保证办案时间而导致案件超审限；⑵对开庭审理与裁决书制作时间予以明确规定，要求每一个环节均按时间要求进行，以保证整个程序高效、顺畅地开展；⑶仲裁员应在规定期限内提供制作裁决的书面意见；⑷仲裁员迟延情况下本会有权予以更换。

五、与当事人谨慎接触

与当事人谨慎接触，是指仲裁员基于纠纷解决的需要与当事人接触的，必须做到谨慎并且确保公正与中立。因为公正是仲裁得以生存的基础，仲裁员与当事人私下接触的行为将会直接影响仲裁员的中立地位以及仲裁程序的独立性，纵然仲裁员与当事人的私下接触未必与仲裁案件有关，但是也会造成另一方当事人对于仲裁制度以及结果公正性、中立性的怀疑。所以，几乎所有的仲裁员守则都明文规定甚至多次明文规定仲裁员不得与当事人私自接触以及牵涉任何利益关系。比如，《北京仲裁委员会仲裁员守则》第八条规定，仲裁员在仲裁期间不得私自会见一方当事人、代理人，接受其提供的证据材料；不得以任何直接或间接的方式（包括但不限于谈话、电话、信件、传真、电传、电子邮件等方式）单独同一方当事人、代理人谈论有关仲裁案件的情况。在调解过程中，仲裁庭应慎重决定由一名仲裁员单独会见一方当事人或代理人；如果仲裁庭决定委派一名仲裁员单独会见一方当事人或其代理人的，应当有秘书在场，并告知对方当事人。

对于仲裁员与当事人私下接触，各仲裁机构都有相关的规定进行约束，例如，《长沙仲裁委员会仲裁员管理办法》第二十二条规定，若发现仲裁员或其代理人私自会见当事人、代理人，将给予提示或者警示惩罚。国际仲裁员协会的准则还规定，若一仲裁员在仲裁过程中与一方当事人有不正当接触，其他仲裁员有权经协商采取一定行动，如要求其停止该种接触等。若仍不停止，可告知一方当事人在极端情况下提出质询，或采取其他措施。

六、保密

保密，是指根据仲裁程序的不公开审理原则，仲裁员不得将仲裁文件、案件实体情况及审理过程对外披露。

仲裁制度的保密性往往被认为是其相对于诉讼来说最大的优势。保密性的仲裁更容易维护双方当事人的形象，保护其商业秘密和其他不便公开的信息。而且在仲裁的过程中，当事人可以更为自由地作出抉择，不受外界或者其他因素干扰。所以为了保护当事人的商业秘密和隐私，维护仲裁过程中的中立性与独立性，仲裁员应当严守保密规范，不得向当事人或外界透露任何有关案件的信息。《北京仲裁委员会仲裁员守则》第十二条规定，仲裁员应当忠实履行保密义务，不得向当事人或外界透露本人的看法和仲裁庭合议的情况，对涉及仲裁程序、仲裁裁决、当事人的商业秘密等所有相关问题均应保守秘密。而上海仲裁委员会进一步规定，在案件审理期间和结案后，均不得对外界透露案件的仲裁情况，包括案情、审理过程、仲裁庭评议意见以及案件涉及的商业秘密等内容。不过国际仲裁员协会的准则规定，虽应保密，但若发现其他仲裁员有重大过失或欺诈行为并认为有责任披露时，可披露该类情况。

七、规范收费并披露收费根据

在发达国家和地区的仲裁制度中，收取合理的仲裁费用是仲裁员的一项权利。仲裁员作为各部门各行业的高级专业人才，在参与仲裁程序的过程中要付出大量的精力与时间，他们应当获得合理的报酬。国内仲裁机构依照《仲裁委员会仲裁收费办法》，按照标的收取费用后，给付仲裁员报酬，其中案件处理费包括：⑴仲裁员因办理仲裁案件出差、开庭而支出的住宿费、交通费及其他合理费用；⑵证人、鉴定人、翻译人员等因出庭而支出的住宿费、交通费、误工补贴；⑶咨询、鉴定、勘验、翻译等费用；⑷复制、送达案件材料、文书的费用；⑸其他应当由当事人承担的合理费用。仲裁员在收取费用时应当规范收费并向当事人披露并解释费用的根据，这是一项诚信义务。如《香港仲裁委员会仲裁员规范减范》规定："仲裁员的收费和费用必须是参校案件所有情况而显得合理。仲裁员应向当事人披露和解释其收费和费用的基础。”[1]

第四节　仲裁员的责任

一、仲裁员责任的理论

在仲裁法律制度中，为了充分有效地实现仲裁制度所承载的解决商事纠纷的功能，仲裁员的权利、义务及其责任是相伴而生的制度。仲裁员所享有的完善的权利，是其及时行使仲裁权解决商事争议的保障；仲裁员的义务，即仲裁员应当遵守的行为规范，则是防止仲裁员滥用其仲裁权，从而保障仲裁公正、合理解决商事纠纷所不可缺少的制度；而仲裁员的责任则是仲裁员应承担义务的保障性制度，离开了责任的义务则难免会成为法律文本中虚无的义务。事实上，就仲裁实践而言，一国的仲裁制度越发达，仲裁事业越繁荣，就越离不开一个有力的责任制度的支持。严格来说，仲裁员的责任应当包括三种形式，即当事人施加的责任、道德责任以及法律责任。其中法律责任最为复杂，争议也最多。关于仲裁员的法律责任，理论上应当包括行政责任、刑事责任与民事责任，但通常所谈到的仲裁员责任是指仲裁员的民事责任，即仲裁员是否应对在仲裁过程中实施的故意或者过失行为而给当事人造成的损失承担民事责任。目前主要有以下三种理论：

（一）仲裁员责任论

大陆法系国家基于仲裁为一种契约行为以及法官民事责任理论，认为仲裁员不应当享有职务豁免。仲裁员不仅应当承担违约责任，而且应承担违反法律的责任，承担责任的形式为专业小心责任和公正责任。

大陆法系国家确立仲裁员责任论的倾向性理论基础是契约说。当事人直接或者间接地指定仲裁员，让仲裁员为解决其争议服务，同时为此仲裁服务支付费用，当事人与仲裁员之间实际上形成了一种契约关系。仲裁员的仲裁权来源于当事人的协议授权，基于仲裁所解决争议案件的特性，仲裁员所实施的行为是一种专业行为，应同医生、建筑师、审计师和工程师等专业人员一样，在从事其专业行为

[1] 郭哲 . 法律职业伦理教程 [M]. 北京：高等教育出版社，2018：188-191.

时，要小心谨慎地履行其职责；如果因为不小心而给当事人造成损失，则应当承担民事责任，这就是专业小心责任。此外，为实现仲裁公正解决争议的目的，仲裁员应当公正地履行职责，平等地对待各方当事人，不得因接受贿赂等偏袒一方当事人，从而滥用其仲裁权，否则，仲裁员应当承担责任，这就是所谓的公正责任。总之，仲裁员基于契约关系承担责任的形式为专业小心责任和公正责任。[1]

接受仲裁员责任论的国家，如奥地利、秘鲁、法国等均要求仲裁员为自己的行为给当事人造成的损失承担民事责任。

（二）仲裁员责任豁免论

英美法系国家流行源自司法豁免论的仲裁豁免论。该理论认为，仲裁员的仲裁行为免于民事责任，仲裁员对仲裁过程中因其过失行为或者其他情况而导致的不公正裁决行为以及给一方当事人带来的损失不承担个人的民事责任。有些情况下，虽然当事人可能会基于仲裁员的故意或者过失，以失职为由申请法院撤换仲裁员或者撤销仲裁裁决，但终究不能通过诉讼的方式，要求法院责令仲裁员对其不适当的仲裁行为给当事人造成的损失，承担任何个人的民事责任。该理论的主要依据是：

1. 仲裁员责任豁免理论源自法官的司法豁免论。仲裁是一种替代法院解决争议的方式，仲裁程序被认为是一种准司法程序，仲裁员履行的是一种准司法职能，既然国家出于保证诉讼程序独立进行和司法活动权威性和严肃性的考虑，不要求法官对其职务行为承担民事责任，那么，对于作为实施准司法活动的仲裁员，其执法权也应当像法官那样受到保护，使其不受任意干扰。

2. 实行仲裁员责任豁免，有利于保证仲裁程序的完整性。如果确立仲裁员承担民事责任的制度，允许当事人对仲裁员提起诉讼或者指控，败诉一方当事人可能会滥用该权利，随意指控仲裁员缺乏应有的小心或者注意，而对仲裁员的行为提出异议，要求重新审理，这样可能会使仲裁员的行为甚至整个仲裁程序处于极为不确定的状态，客观上既不利于仲裁员独立地行使仲裁权，也不利于保证仲裁程序的完整性。

3. 实行仲裁员责任豁免，有利于排除仲裁员的心理顾虑。如果实行仲裁员责任制度，使仲裁员面临承担个人民事责任的风险，可能会导致仲裁员在仲裁过程中过于小心谨慎而影响仲裁程序的顺利进行，甚至还可能会导致一些有责任心和有能力的优秀仲裁员对于一些较为复杂疑难的争议案件，因担心承担个人民事责

[1] 黄进，宋连斌，徐前权．仲裁法学 [Ml. 北京：中国政法大学出版社，2006：68.

任而拒绝接受选定或者指定，从而引起仲裁质量的降低。

接受仲裁员责任豁免论的国家，如美国、英国等国均认为仲裁员在履行其职务时，如同法院法官在行使其司法职能时一样享有相同的豁免，不负民事责任。

（三）有限的仲裁员责任豁免论

上述两种观点，无论是仲裁员豁免论还是仲裁员责任论，都有其合理的成分，但其偏颇之处也非常明显，前者可能会因仲裁员完全豁免于民事责任而丧失其应有的责任心，不利于保障仲裁解决商事争议案件的质量；而后者又可能会使优秀仲裁员因担心承担民事责任的高风险而不愿意涉足仲裁领域，不利于支持仲裁事业的发展，因此，两种观点均难以服众。在这种状况之下，有学者提出了有限的仲裁员责任豁免论。

有限的仲裁员责任豁免论认为，仲裁员仅在一定的范围内享有免于承担民事责任的权利，如果仲裁员因故意或者重大过失导致其未能履行其接受指定时当事人所赋予的职责，则必须为其过错行为给当事人造成的损失承担法律责任。仲裁员的过错行为主要包括两个方面：

1. 程序上的过错行为。即仲裁员在仲裁程序的进行以及争议案件的及时审理方面出现的过错行为。如仲裁员积极参与因无效仲裁协议引起的仲裁程序，特别是欺骗性地把当事人引入仲裁程序；仲裁员明知自己与争议案件有利害关系而未依照仲裁规则的规定予以披露；仲裁员未能在仲裁规则规定的期限内及时作出仲裁裁决等。

2. 契约上的过错行为。由于仲裁员与当事人之间存在一种特殊的契约关系，仲裁员应当负有契约法上的诚实信用、实际履行等义务，如果仲裁员在仲裁程序中无正当理由退出仲裁程序，违反了其在接受指定时对当事人应承担的契约责任，由此给当事人造成损失，仲裁员应承担法律责任。此外，如果仲裁员违反了保密义务，泄露了当事人的商业秘密或者商业信用，致使当事人的商业活动受到影响或者遭受损失，则仲裁员也应当承担责任。

接受有限的仲裁员责任豁免论的国家，如德国、挪威、瑞士、日本等国的法律，要求仲裁员承担有限的责任。

二、我国的仲裁员责任制度

（一）我国建立仲裁员责任制度的必要性

我国《仲裁法》实施之前，关于仲裁员的责任制度，既没有相关的法律规定，也没有仲裁员承担责任的实践案例，理论上对此颇有争议，主要观点有两种：第一，认为在一定程度上、一定范围内承认仲裁员的民事责任是应予肯定的。[1]第二，认为就中国内地的现状而言，即使在将来制定有关仲裁员责任方面的法律，也不宜改变现状而刻意要求仲裁员承担民事责任。[2]

其实，从其他国家仲裁立法关于仲裁员责任制度的规定来看，无论是仲裁员责任制度，还是仲裁员责任豁免制度，仲裁的独立性与公正性都是其赖以存在的基本价值，两者并不是对立的，过于强调一方面而压制另一方面都非明智之举，绝对的仲裁员责任制度与绝对的仲裁员责任豁免制度都是行不通的。因此，有限的仲裁员责任豁免制度较为现实可行，一方面，可以通过对仲裁员行使仲裁权的行为所面临的民事责任予以豁免，以保证仲裁员行为的独立性，同时，为了保证仲裁员行为的公正性，这种豁免仅限于仲裁员的一般过失行为。另一方面，为了使仲裁员行为规范真正起到规范仲裁员行为的作用，确立有限的仲裁员责任豁免制度也是必要的。

1. 仲裁员有限责任符合权力制约的理论。在仲裁程序中，作为仲裁权的行使主体，仲裁员直接决定着案件的仲裁程序进程以及仲裁裁决的结果，如果仲裁员的权力失去必要的监督必然会导致权力的滥用，从而侵犯当事人的合法权益。因此，从立法上规定仲裁员对因其滥用权力而给当事人造成的损失承担相应的法律责任，则可以有效地防止仲裁员滥用其权力，从而维护当事人的合法权益。

2. 符合权利义务相一致的原理。就国家与仲裁员的关系而言，既然国家法律对仲裁员的仲裁权、对仲裁裁决的终局性和强制执行的效力予以保证，仲裁员就应当在行使当事人授予的得到国家法律认可的仲裁权的时候，遵守其行为规范，勤勉、独立、公正地完成仲裁任务。否则，就应当依法承担法律责任。[3]此外，就仲裁员与当事人之间的关系而言，既然仲裁员与当事人之间存在一种特殊的契约关系，仲裁员在享有依法收取合理报酬权利的同时，就应当承担一种基于当事人的合理期待而产生的以其专业知识、社会经验以及对争议案件的处理与判断能力而提供公正仲裁服务的义务。如果仲裁员违背了该项义务而给当事人造成相应的损失，基于权利义务相一致的原理，仲裁员理应承担违背其义务的相应法律责任。

3. 仲裁员有限责任制度作为一种对当事人的救济制度是必要的。设置撤销仲

---

[1] 黄进 . 国际私法与国际商事仲裁 [M]. 武汉：武汉大学出版社，1994：114.

[2] 陈敏 . 仲裁员的行为规范 [J]. 仲裁与法律通讯，1994（3）：35.

[3] 黄进，宋连斌，徐前权 . 仲裁法学 [Ml. 北京：中国政法大学出版社，2006：73.

裁裁决制度的目的虽然也是对当事人的权利予以救济，但该制度只是一种事后的补救措施。因此，这一事后补救程序不能从根本上阻止仲裁员故意或者过失实施不公正或者不适当的仲裁行为。而且，就当事人而言，撤销仲裁裁决制度客观上只能排除仲裁员不适当仲裁行为的结果，即撤销对当事人之间的争议案件所作出的仲裁裁决，并不能为受到该不适当仲裁行为侵害的当事人提供有效的损害补偿，因此，仲裁员对因其不适当行为遭受损失的当事人承担民事责任也是合理的。

（二）我国仲裁员责任制度现状

《仲裁法》实施后，我国现行《仲裁法》第三十八条规定，仲裁员在本法第三十四条第四项规定的情形，即私自会见当事人、代理人，或者接受当事人、代理人的请客送礼，情节严重的，或者有本法第五十八条第六项规定的情形，即仲裁员在仲裁该案时有索贿受贿，徇私舞弊，枉法裁决行为的，应当依法承担法律责任，仲裁委员会应当将其除名。事实上，我国现行《仲裁法》第三十八条的规定已经可以认为是一种有限的仲裁员责任豁免论的具体体现，即仲裁员出现法定应承担法律责任的两种情形时，即应承担法律责任；在两种法定情形之外，仲裁员的行为应当豁免于法律责任。

当然，关于仲裁员的责任问题，目前也有学者认为仲裁法把仲裁责任仅仅限制在这两种情况下，是不合适的。还有其他一些重大的故意行为，如仲裁员（包括仲裁机构及相关人员）泄密、仲裁员故意不披露应予回避的其他情形从而未回避的、无故拖延程序等，对仲裁员的重大疏忽，《仲裁法》都未规定仲裁员应承担相应责任，这显然是没有充分理由的。可以说，在制定《仲裁法》时，立法人员疏忽了解国际上关于仲裁员责任的理论与实践动态，是该法在此问题上存在不足之处的主要原因。[1]

此外，我国《仲裁法》虽然规定了仲裁员在法定情形之下应当承担法律责任，但并未明确规定该法律责任究竟是何种性质的法律责任。从仲裁员承担法律责任的必要性主要在于对当事人因仲裁员的不当行为而遭受的损失予以补偿这一点来看，仲裁员承担的应主要是民事责任。当然，这并不排除仲裁员的违法行为触犯刑法时仲裁员应承担相应的刑事责任，对此，2006 年 6 月 29 日第十届全国人民代表大会常务委员会第二十二次会议通过的《中华人民共和国刑法修正案（六）》中第二十条规定，在《刑法》第三百九十九条后增加一条，作为第三百九十九条之一：“依法承担仲裁职责的人员，在仲裁活动中故意违背事实和法律做枉法裁决，情节严重的，处

[1] 黄进，宋连斌，徐前权 . 仲裁法学 [M]. 北京：中国政法大学出版社，2006：74.

三年以下有期徒刑或者拘役；情节特别严重的，处三年以上七年以下有期徒刑。”由此可见，我国仲裁员枉法裁决情节严重的可以被追究刑事责任。

第五节 仲裁员惩戒制度

一、仲裁员惩戒的内涵

仲裁员惩戒是指当仲裁员违反职业伦理规范时，由监管机构对仲裁员的不当行为作出不利处分。根据我国《仲裁法》第十五条之规定：“中国仲裁协会是社会团体法人。仲裁委员会是中国仲裁协会的会员。中国仲裁协会的章程由全国会员大会制定。中国仲裁协会是仲裁委员会的自律性组织，根据章程对仲裁委员会及其组成人员、仲裁员的违纪行为进行监督。”由此可知，从《仲裁法》的规定来看，中国仲裁协会对仲裁员的违纪行为具有“监督权”。然而，由于“中国仲裁协会”目前尚未成立，统一的仲裁员职业伦理规范（执业纪律）也尚未制定，对于“监督权”的内容也尚不明晰，因此，从这个意义上说，我国尚未建立成熟的仲裁员惩戒制度。

从任何一个职业的发展历史来看，完善的惩戒制度都是促进该职业健康有序发展的重要保障。然而，我国理论界与实务界未就仲裁员惩戒进行深入的讨论，目前也并无太多研究成果。不过，在理论界有关中国仲裁协会的讨论中，有部分学者在对中国仲裁协会的职能进行构建时“一笔带过”地提到了仲裁员惩戒这一问题，但也存在分歧。

1. 仲裁员是否属于仲裁协会的会员。有观点认为，中国仲裁协会的会员是仲裁委员会，换言之，仲裁员不是仲裁协会的会员。仲裁协会的监督对象应当是其会员，对属于第三人的仲裁员进行监督是没有理论依据的。同时，仲裁委员会的组成人员包括行政秘书、办公室主任等，对这些人员的赏罚应当由仲裁委员会自行决定，而按照仲裁法的精神，仲裁协会同样享有监督权。[1]还有观点认为，将仲

[1] 詹礼愿．中国内地与中国港澳台地区仲裁制度比较研究 [M]. 武汉：武汉大学出版社，2006：80.

裁协会的会员扩大到个人会员是十分必要的，这对于维护仲裁员的合法权益、促进仲裁制度的发展是具有重要意义的。[1]

2. 谁来惩戒仲裁员。有观点认为，从仲裁委员会的职责来看，仲裁委员会有权决定仲裁员的聘任、解聘和除名。因此，对于仲裁员的惩戒，仲裁委员会具有天然的优势，只需要进行完善，比如，制定仲裁惩戒规则，设立仲裁惩戒机构。随着案件的增多，加上社会上一些不良习气的影响，仲裁员不能秉公办案甚至枉法裁决的可能性就会增大，仲裁员惩戒机构的设立就有其必要性。[2] 还有观点认为，就仲裁协会与仲裁机构的关系而言，两者不应相互隶属，而是一种指导、服务与监督的关系。就仲裁协会的职能而言，其大致可包括如下几项：⑴根据协会章程依法对各仲裁委员会、各仲裁委员会的组成人员、各仲裁委员会的仲裁员进行监督、保护、管理、服务；⑵协调仲裁工作，总结仲裁经验，开展仲裁国际、国内交流，培训仲裁员队伍，奖励优秀仲裁员和惩戒违纪仲裁员，组织仲裁活动的区域协作，推动仲裁理论发展与实践研讨；⑶制定并公布仲裁规则的示范文本，供各仲裁机构根据自己的实际情况酌情采用；⑷维护仲裁机构及仲裁员的合法权益。[3]

仲裁员的发展与我国律师、公证员等职业群体发展类似，但对于其惩戒制度能否也采用职业协会进行惩戒，值得进一步思考。关于仲裁员惩戒制度的主体问题，涉及仲裁协会的性质、职能以及其与仲裁机构、仲裁员之间的关系问题。不过可以确定的是，在各国的立法例中很少看到仲裁员惩戒之规定，基本都是由仲裁规则进行确立。换言之，对于仲裁员之惩戒具有很强的自律性。因此，无论是由仲裁委员会行使惩戒权，还是由仲裁协会行使惩戒权，都需要制定明确的惩戒规范、具体的惩戒程序，既要保证当事人的合法权益，也要保证仲裁员应该享有的权利，维护仲裁制度的公信力。如果确实需要在二者之间进行选择，可以考虑由仲裁机构进行具体的监督管理，而对于仲裁员的惩戒则由仲裁协会负责。一方面，可以避免仲裁机构的“内部寻租”行为；另一方面，也有利于统一仲裁员职业行为标准，加强仲裁员的职业认同。

---

[1] 江伟 . 仲裁法 [M]. 北京：中国人民大学出版社，2012：123.

[2] 任永安，卢显洋 . 中国特色司法行政制度新论 [M]. 北京：中国政法大学出版社，2014：435.

[3] 周江 . 也谈仲裁机构的民间性 [J]. 北京仲裁，2007（2）：65-85.

二、仲裁员惩戒的现状

尽管目前我国尚未建立完善的仲裁员惩戒制度，但是在实践中，对于仲裁员的违纪行为，还是有一些具体的应对办法的。

根据中国国际经济贸易仲裁委员会《仲裁员行为考察规定》第十条之规定，仲裁员违反仲裁员守则和仲裁员办案规范中的其他任何情形，综合各种因素，仲裁委员会认为对其行为存在合理怀疑，影响当事人对仲裁委员会的信任或损害仲裁委员会形象，但不宜回避、撤换、解聘的，均应予以警告。仲裁员应予警告的情形包括但不限于：(1)借故拖延办案时间的；(2)在庭审中存在接打电话、收发短信、随意离庭情形或着装不得体的；(3)在开庭审理及仲裁程序中，表现出偏袒倾向，包括代替或变相代替一方向另一方质证、辩论、提出请求或明显具有诱导性问题的；(4)无正当理由不参加合议、调查或者开庭迟到的；(5)确定开庭时间后又要求变更开庭时间的；未预留足够开庭时间，导致案件不得不再次开庭的；(6)未经仲裁委员会同意，擅自对外发表关于仲裁案件的不当言论的。

根据中国国际经济贸易仲裁委员会《仲裁员行为考察规定》第十一条之规定，仲裁员聘任期限内有下列情形之一的，仲裁委员会有权将其解聘：(1)被法院定罪或因违反法律受到严重行政处罚的；(2)故意隐瞒应当回避的事实；(3)无正当理由不到庭审理案件；(4)不参加合议、调查 2 次或者 1 年内开庭迟到 2 次的；(5) 1 年内变更开庭时间 2 次的；或者 1 年内 2 次未预留足够开庭时间，导致案件不得不再次开庭的；(6)在案件审理中，有违仲裁员的公正立场的；(7)对案件审理严重迟延负有主要责任的；(8)向当事人透露本人看法或仲裁庭合议情况的；(9)违反仲裁员勤勉审慎义务，不认真阅卷，不熟悉案情，严重不负责任的；(10)徇私舞弊，枉法裁决的；(11)私自会见当事人，接受当事人请客、馈赠或提供的其他利益的；(12)仲裁员代人打听案件情况、请客送礼、提供好处和利益的；(13)执意支持一方当事人的请求和主张或坚决反对一方当事人的请求和主张，不能说明理由的；(14)私下联络同案仲裁员，不顾事实和法律，人为制造多数意见，为当事人谋求不正当利益的；(15)未按照仲裁员培训规定参加仲裁员培训的；(16)在一个聘期内被警告 2 次的；(17)其他违反仲裁员守则，不宜继续担任仲裁员的情形。无论关于何种情形，仲裁员在接到仲裁委员会转送的当事人的投诉或抱怨后，均应当认真对待，并向仲裁委员会如实全面准确地做出书面说明。

我国台湾地区“仲裁人伦理规范”专门对仲裁员惩戒制度进行了规定，主要包含以下几个方面的内容：

1. 惩戒的主体。根据“仲裁人伦理规范”第十七条之规定，我国台湾地区仲裁协会设置“仲裁人伦理委员会”，委员人数 13 ～ 17 人，由我国台湾地区仲裁协会理事会从社会中名声很好且熟悉仲裁制度的公正人士中聘任，其中一人为主任委员，由委员自由选举，任期为 3 年，到期后可以续聘一次，其任务如下：⑴仲裁人伦理规范的研议；⑵仲裁人伦理教育的促进；⑶仲裁人违反规范事件的审议；⑷其他维护仲裁人伦理有关事项的研处。

2. 惩戒的方式。根据“仲裁人伦理规范”第二十六条之规定，仲裁人伦理委员会认为被投诉人有违反职业伦理规范的情事时，按其情节之轻重，可以按照下列方式处理：⑴劝告；⑵停止担任我国台湾地区仲裁协会仲裁人 6 个月至 3 年；⑶禁止担任我国台湾地区仲裁协会仲裁人，注销其仲裁人登记。

3. 惩戒的程序。根据“仲裁人伦理规范”第十九条、第二十条、第二十一条、第二十二条、第二十三条、第二十五条之规定，仲裁员惩戒程序包括以下内容：⑴投诉。当事人或其代理人认为仲裁人有违反职业伦理规范的情形，可以书面向伦理委员会投诉。⑵审议。伦理委员会审议投诉事件时，应避免不当损及被申诉人及关系人的名誉与权益。伦理委员会的程序，不对外公开。伦理委员会审议投诉事件，应给予投诉人或被投诉人充分陈述的机会，必要时应调查取证，举行言词辩论，由双方诘问证人，以发现事实，作成决定。投诉人或被投诉人均可以委托代理人出席，但伦理委员会认为必要时，可以要求其出席。⑶决定。伦理委员会审议案件时由 7 人以上委员会出席，由出席委员公开表决，以过半数同意决定。⑷再审议。投诉人与被投诉人对决定有异议时，应在收到决定书之日起 7 日内，就不可归责于再审议申请人未提出的新事实或新证据，可以通过书面形式向伦理委员会申请再审议。

事实上，目前国际上仲裁实务基本上都以由各种仲裁机构依自治、自律原则，视情节自行规定其处置为大多数。但是各国国情不同，法治程度差异，应该结合自己的国情与法治程度确定相符的仲裁制度。无论是《商事争议中仲裁员的行为道德规范》，还是《国际仲裁员伦理规则》，都没有规定仲裁员的法定资格及仲裁员惩戒制度。我们认为，从目前我国仲裁制度的长远发展来看，由行业自治组织建立一套严谨周密的仲裁员惩戒制度，不但有助于督促仲裁员公正与独立地处理仲裁事务，以建立当事人对仲裁员的信赖，而且有助于吸引国际商务双方当事人，使其乐于将仲裁协议约定为以中国为仲裁地。

课后练习题：

1. 下列关于仲裁员任职条件的说法正确的一项是（　）

A. 甲于 2016 年通过了国家统一法律职业资格考试，曾于 2015 年在某仲裁机构实习

B. 乙是某大学法学院的讲师

C. 丙于 2012 年至 2018 年在某律师事务所从事非诉讼业务，尚未取得律师执业证书

D. 丁于 2010 年起在某法院从事法官工作，刚刚离职

[答案]D

[解析]

选项 A、B、C 错误。《仲裁法》第十三条规定："仲裁委员会应当从公道正派的人员中聘任仲裁员。仲裁员应当符合下列条件之一：①通过国家统一法律职业资格考试取得法律职业资格，从事仲裁工作满 8 年的；②从事律师工作满 8 年的；③曾任法官满 8 年的；④从事法律研究、教学工作并具有高级职称的；⑤具有法律知识、从事经济贸易等专业工作并具有高级职称或者具有同等专业水平的。仲裁委员会按照不同专业设仲裁员名册。"由此可知，甲、乙、丙的条件均不符合该条规定。

选项 D 正确。丁于 2010 年起在某法院从事法官工作符合"曾任法官满 8 年的"。

2. 下列仲裁员的行为符合仲裁员职业伦理的是（　）

A. 甲是某房地产买卖合同纠纷案的仲裁员，由于该案涉及的标的较大，影响较广，一些居民在网上发帖爆料房产公司的各种问题，甲结合自己参与案件获知的信息，转发评论了相关帖子

B. 乙是 H 仲裁委员会的仲裁员，K 是 N 仲裁委员会的仲裁员，在对一起案件进行评论时，乙直接在评论中指出 K 的业务水平不过关，缺乏基本常识，难以胜任仲裁员工作

C. 丙是 M 仲裁委员会的仲裁员，在一起案件中，丙作为仲裁员，而仲裁申请人的代理人 L 是丙的朋友。对此，丙向仲裁庭说明了情况，并退出了仲裁

D. 丁是律师事务所的合伙人，同时是 G 仲裁委员会的仲裁员。在某案件中，丁作为该案的首席仲裁员，负责起草仲裁裁决书。由于丁忙于自己代理的案件，丁让其助理代为起草裁决书

[答案]C

[**解析**]

选项 A 错误。仲裁员要忠实地履行保密义务。保密义务包括仲裁员不得向当事人或外界透露本人的看法和合议庭合议的情况，对涉及仲裁程序、仲裁裁决的事项应保守秘密。

选项 B 错误。仲裁员应该尊重其他仲裁员对案件发表意见的权利，以宽容的态度理解和接受分歧，在互敬的基础上，自由地探讨，真诚地交流。

选项 C 正确。根据《北京仲裁委员会仲裁员守则》的规定，仲裁员接受选定或指定时，有义务书面披露可能引起当事人对其公正性或独立性产生合理怀疑的任何事由。

选项 D 错误。仲裁员要有高度的责任感，应把当事人的授权，视作病人将治病的权利交给医生。认认真真地对待每一起案件，一丝不苟，认真核实证据，查明事实，正确适用法律，公平、公正地解决争议，才能不辜负当事人的信任与期望。

致　谢

本书编写的过程中，燕山大学文法学院 2018 级法学的本科生杨荟加、王家璇、王君剑、刘月娜、明何佳、段杨和 2019 级法学的本科生乔天祥、王金金、王悦扬、冯思怡、王海洋同学参与了资料的收集整理和书稿的编辑校对工作，在此表示感谢！